Zu diesem Buch

Auf den ersten Blick scheinen ein Psychotherapeut und ein Mystiker nur wenig gemeinsam zu haben. Doch der amerikanische Psychologe Arthur J. Deikman, der auf dem Gebiet der Meditationsforschung einen internationalen Ruf genießt, beweist brillant, wie verwandt das Ziel der beiden ist: die Linderung des menschlichen Leidens. Der Psychotherapeut macht das, indem er schiefe, Leiden verursachende Weltsicht des Neurotikers zurechtrückt, und der Mystiker erweitert das Bewußtsein des «normalen» Menschen, indem er ihn die willkürlichen und einschränkenden Grenzen seiner bisherigen Erfahrung erleben läßt und ihm hilft, sie zu überschreiten. Beide wollen den Klienten bzw. den Schüler in die Lage versetzen, seinen eigenen Weg zu einem sinnvollen und erfüllten Leben zu finden.

Deikman demonstriert, daß der unvoreingenommene Psychotherapeut eine Menge von den Einsichten und Techniken des Mystikers lernen kann.

ARTHUR J. DEIKMAN, M. D., ist ein Experte auf dem Gebiet der Meditationsforschung und praktizierender Psychotherapeut in Berkeley, Kalifornien.

Arthur J. Deikman

Therapie
und
Erleuchtung

Die Erweiterung des
menschlichen Bewußtseins

Aus dem Amerikanischen
von Sabine Reinhardt

transformation

rororo transformation
Herausgegeben von Bernd Jost
und Jutta Schwarz
Umschlagentwurf Peter Keller

Wir danken dem Insel Verlag für die Abdruckgenehmigung
von Rainer Maria Rilkes Archaischer Torso Apollos
und dem Manesse Verlag für die Abdruckgenehmigung von vier
Erzählungen der Chassidim von Martin Buber.

Deutsche Erstausgabe
Veröffentlicht im Rowohlt Taschenbuch Verlag GmbH,
Reinbek bei Hamburg, August 1986
Die Originalausgabe erschien bei Beacon Press, Boston
unter dem Titel «The Observing Self»
Copyright © 1982 by Arthur J. Deikman
Alle Rechte vorbehalten
Satz Trump Mediaeval (Linotron 202)
Gesamtherstellung Clausen & Bosse, Leck
Printed in Germany
980-ISBN 3 499 18089 8

Inhalt

Meiner Mutter
Elsie Deikman
1903—1979

Vorwort

Seit mehreren Jahren befasse ich mich mit den mystischen Traditionen und versuche, sie von der Perspektive der modernen Psychologie her zu verstehen, besonders der Entwicklungspsychologie und der psychodynamischen Theorie. Als Resultat betrachte ich jetzt die Mystik als eine Art Wissenschaft, die auf ein praktisches Ziel ausgerichtet und für die westliche Kultur wie auch für die Psychotherapie von Bedeutung ist. Ich habe auch erkannt, daß die Mystik besonders im Westen gründlich mißverstanden wird, was uns daran gehindert hat, die Möglichkeiten zu erkennen, die Wirksamkeit der Psychotherapie zu erhöhen und unser Verständnis vom Leben zu vertiefen.

Es ist schwer, über das Verhältnis von mystischen Traditionen und Psychotherapie zu schreiben, da beide Gebiete weit und vielschichtig sind. Außerdem lassen sich deren Aspekte ohne unmittelbare Erfahrung nur schwer verstehen, doch nur wenige kennen sich genügend in beiden Bereichen zugleich aus. Und was die Sache noch kompliziert, ist, daß die Verfechter der jeweiligen Domäne dazu neigen, denen der Gegenseite Selbsttäuschung zu unterstellen. Viele Naturwissenschaftler und Psychologen betrachten die Mystik als ein Relikt aus finsteren Zeiten und eine Bedrohung für den wissenschaftlichen Fortschritt. Und jene, die am «höheren Bewußtsein» interessiert sind, nehmen häufig eine gönnerhafte, herablassende Haltung gegenüber der Psychiatrie und Psychotherapie ein. Jemand, der positiv über beide Disziplinen schreibt, gerät leicht in die Lage von William Carlos Williams, der sich darüber beklagte, daß er als Arzt und Dichter in einer Person durch seine Mitgliedschaft in der einen Gruppe jeweils die Ablehnung in der anderen hervorrufe.

Dabei ist es möglich, die mystische Wissenschaft mit den Begriffen der westlichen Psychologie zu erfassen, und «*Therapie und Erleuchtung*» versucht einen Rahmen dafür zu liefern. Man muß sich nicht unbedingt der esoterisch-religiösen Terminologie bedienen, um auszudrücken, worum es in der Mystik geht. Man benutzte in der Vergangenheit eine solche Sprache aus Gründen der Geheimhaltung oder der Konvention. Es ist nicht nötig, Mystik mit der Religion zu verknüpfen, und es wäre in unserer modernen Kultur, deren Zugang zur Natur und zur menschlichen Erfahrung über die Naturwissenschaften und die Psychologie erfolgt, wohl eher ein Hindernis.

Ich hoffe, daß ich es der westlichen Psychologie mit diesem zeitgemäßen Rahmen leichter mache, die Perspektiven und das Wissen der Mystik zu nutzen. Das würde helfen, ein umfassenderes und tieferes Verständnis für die Menschen, ihr Leiden, ihr Glück und ihre Erfüllung zu entwickeln. Es ist nicht mein Ziel, den Lesern zu zeigen, wie sie mystische Techniken für die Psychotherapie adaptieren können. Das wäre für die meisten Therapeuten und Patienten nicht das Richtige. Im Augenblick liegt der Wert der mystischen Traditionen für uns erst einmal in deren Auffassung über das Selbst und den Sinn des menschlichen Daseins. Das Verständnis für diese Perspektive vermag dem Psychotherapeuten eine neue Orientierung zu geben, mit deren Hilfe er, ohne auf die übliche Therapietechnik zu verzichten, bessere Resultate erzielen kann. Ich habe das Buch *Therapie und Erleuchtung* jedoch nicht nur für die psychologischen Berufsgruppen geschrieben, sondern auch für den normalen Leser, der sich für die Zusammenhänge von Psychologie und Mystik interessiert.

Da ich annehme, daß die meisten Leser mehr über Psychotherapie wissen als über Mystik, habe ich größeres Gewicht auf letztere gelegt. Und weil beide Gebiete, die Psychotherapie wie auch die Mystik, so weitreichend und komplex sind wie das menschliche Leben selbst, würde eine vollständige Beschreibung auch nur des einen den Rahmen dieses Buches sprengen. Ich habe mich deshalb darauf beschränkt, bestimmte Ideen herauszuarbeiten, die als Brücke zwischen diesen beiden Wissensbereichen dienen können.

Danksagung

Das Zustandekommen dieses Buches wurde durch eine Spende des Commonwealth Fund und durch den administrativen Beistand des Langley Porter Institutes unterstützt. Eugene Brody, M. D., stand mir mit besonderer Hilfe und Ermutigung bei der Durchführung dieses Projekts zur Seite, ebenso Robert Wallerstein, M. D.

Eine Reihe von Personen, die das Manuskript oder Teile davon, zu unterschiedlichen Stadien der Entstehung lasen, halfen mit Kommentaren und Vorschlägen: Arthur Colman, M. D., Etta Deikman, Gordon Globus, M. D., Silas Hoadley, Lynn Howard, Joanne Kamiya, John Levy, John Mack, M. D., Michael Murphy, Robert Ornstein, Ph. D., Donald Sandner, M. D., Stephen Schoen, M. D., Ronald Spinka, M. D., und Robert Wallerstein, M. D. John Levy und Michael Murphy waren besonders großzügig mit ihrer Hilfe.

Suzanne Lipsett und Marie Cantlon gaben wichtige redaktionelle Hinweise, für die ich sehr dankbar bin.

Ich danke auch Fred Hill für sein unerschütterliches Engagement für diese Arbeit und seinem Geschick, sie bis zu ihrer Veröffentlichung zu bringen.

Die Stimme in der Nacht

Eine Stimme flüsterte mir letzte Nacht zu:
  «Es gibt nicht so etwas wie eine Stimme, die in der
Nacht flüstert!»

Haidar Ansari

1. Eine Einladung

Psychotherapie

Psychotherapie entstand als Reaktion auf menschliches Leiden, und so weit wir wissen, hat es dieses Leiden seit Anbeginn gegeben. Die frühen Formen der Psychotherapie werden nur selten beachtet, weil die westliche Kultur die Psychotherapie als eine relativ neue Entwicklung der Psychiatrie, eine ihrer Unterabteilungen, ansieht. Doch definieren wir Psychotherapie als eine Methode zur Behandlung geistiger Störungen mit Hilfe psychologischer Mittel, finden wir Berichte solcher Praktiken von Anbeginn der Zivilisation, wo immer es Priester, Schamanen und Medizinmänner gab. Während die Psychiatrie, als eine Abteilung der wissenschaftlichen Medizin, eine moderne Entwicklung darstellt, ist die Psychotherapie seit Tausenden von Jahren mit dem Heiligen in Zusammenhang gebracht worden. Die Historiker der Psychotherapie erkennen Priester und Schamanen als die ersten Heiler der Psyche an. Ein Zauberer, dessen Kopf von einem Hirschgeweih geschmückt wird, ist auf der Wand einer Höhle in Südfrankreich zu erkennen, und diese Malerei stammt aus der Zeit von 1500 v. Chr.[1] Psychotherapeuten dieser oder jener Art gibt es also schon lange.

Schulmäßige Psychotherapie geht auf das 18. und 19. Jahrhundert zurück, als die rationalistische Medizin die Behandlung von der Geistlichkeit übernahm und schließlich zu einem Spezialgebiet der Psychiatrie machte. Psychiatrie befaßte sich anfangs hauptsächlich mit Wahnsinn, aber Freuds Psychoanalyse dehnte die Psychiatrie und Psychotherapie auch auf neurotische und Charakterprobleme aus. Der Rahmen der Schul-Psychotherapie ist nach und nach erweitert worden und befaßt sich jetzt mit den Problemen existentiellen menschlichen Leidens, die traditionelle Domäne der Religion, von der die Psychotherapie historisch gesehen abstammt.

Die Psychotherapie scheint einen Kreis vollzogen zu haben. Wenn die moderne Version sich auch sehr von den archaischen Zeremonien, die Magie, Tabus und Götter in den Mittelpunkt stellten, und den dramatischen exorzistischen Ritualen unterscheidet, hat es doch noch andere als nur äußere Veränderungen gegeben. Die Verbindung mit der rationalen Medizin brachte für die Psychotherapie ein systematisches Verstehen neurotischer und psychotischer Symptome und ausgefeilte Techniken mit sich. Und eine völlig neue Dimension ist hinzugekommen: die der Betonung des beobachtenden Selbst.

Die westliche Wissenschaft kennzeichnet jedoch eine Trennung von Heiligem und Vernunft, was die moderne Psychotherapie im Umgang mit manchen Problemen schlechter ausgerüstet sein läßt als die abgelösten primitiven Versionen. Der Verlust der dramatischen Placebo-Techniken ist dabei nicht die Schwierigkeit. Die Sache geht tiefer und berührt die Grundpfeiler westlichen Denkens. Freuds Sicht der Wirklichkeit und die der meisten zeitgenössischen Theoretiker der Psychotherapie basiert auf einem physikalischen und biologischen Wissenschaftsmodell des 19. Jahrhunderts, das viel zu eng ist, um menschliches Bewußtsein vollständig zu erfassen. Von daher können innerhalb des westlichen Rahmens gewisse Ursachen des Leidens nicht behandelt werden. Wir sind mit schwerwiegenden Problemen konfrontiert, die danach verlangen, unsere Perspektive zu erweitern und unsere Wissenschaft auszubauen.

Die mystischen Traditionen

Der Ursprung der mystischen Traditionen ist ebenfalls sehr alt. Die mündlichen Lehren, die in den Upanishaden, den Veden, den buddhistischen Sutras und ähnlichen Werken aufgezeichnet worden sind, gehen Tausende von Jahren zurück und belegen, daß die mystischen Lehrer der verschiedensten Kulturen erstaunlich gleiche Dinge sagten. Ebenfalls mit dem Leiden des Menschen befaßt, erklären sie, daß die Menschen nichts von ihrer wahren Natur wissen und sie diese Unwissenheit dazu bringt, ein Leben voller Schmerz und Sinnlosigkeit zu führen. Die Weisen beschreiben einen Weg, der zu einer höheren Ebene der Existenz führt, die unendlich viel erstrebenswerter ist als die, auf der die meisten leben. Die mystischen Traditionen bieten keine Therapie im üblichen Sinne des Wortes an, aber indem man das Ziel der Mystik erreicht, nämlich die Erfahrung des Wahren Selbst, wird man, heißt es, vom menschlichen Leiden befreit, weil dadurch dessen Basis beseitigt worden ist.

Die mystischen Traditionen haben, auch wenn sie oft mit Religion verwechselt werden, ihren eigenen Platz. Dürkheim meinte, daß die Menschen Religionen aus ihrer Wahrnehmung des Heiligen heraus entwickelten, einem höheren Bereich, der für die fünf Sinne unfaßbar ist, den man aber dennoch erfahren kann.[2] Religion und Mystik beschäftigen sich beide mit dem Bereich des Heiligen, doch die meisten Religionen assoziieren das Heilige mit einer Gottheit, während die Mystik das Heilige mit dem unerkannten Wahren Selbst in jedem Menschen gleichsetzt. So versuchen die Anhänger einer traditionellen Religion häufig, das Verhalten eines Gottes zu beeinflussen – durch Günstigstimmen, Gefälligkeiten und Bitten um Hilfe. Im Gegensatz dazu vertreten die mystischen Traditionen folgende Gleichung: Ich (das Wahre Selbst) = Gott. Während «Ich bin Gott» die fundamentale Erkenntnis der Mystik ist, stellt das für viele Religionen eine Gotteslästerung dar.

Da Religion wie auch Mystik auf die Wahrnehmung des Heiligen eingehen, geschah die Arbeit der Mystiker historisch gesehen innerhalb eines religiösen Zusammenhangs, obwohl sie sich von den Aktivitäten der alltäglichen religiösen Praktiken unterschied. So vollzogen zum Beispiel die wandernden Mönche, für die die Upanishaden geschrieben waren, nicht die im Hinduismus üblichen Opfer und Rituale, sondern machten spezielle Übungen, die ihnen ihr Lehrer im geheimen gegeben hatte. Diese Mönche, die von den Laien als Teil einer etablierten Religion angesehen wurden, folgten in Wirklichkeit einer Lehre, die besagte, daß die üblichen Formen und Vorstellungen dieser Religion Illusion seien und transzendiert werden müßten.

In der Kultur des Westens wird häufig nicht zwischen Religion und Mystik unterschieden, besonders in der psychologischen und psychiatrischen Literatur. Das ist bedauerlich, weil die Mystik die Entwicklung des Selbst betont und somit durchaus vereinbar mit der modernen Psychotherapie ist. Die mystischen Traditionen haben sich genau mit den Problemen befaßt, die die moderne Psychotherapie nicht zu lösen vermag. Es wäre daher sinnvoll, die Mystik unter dem Aspekt zu untersuchen, wie man wirkungsvoller mit diesen Problemen umgeht und Weisheit erlangt.

Das Problem des Lebenssinns

Die Menschen brauchen einen Sinn im Leben. Haben sie ihn nicht, leiden sie an Langeweile, Depression und Verzweiflung. In zunehmendem Maße werden die Psychotherapeuten gefordert, mit diesen Symptomen fertig zu werden, da die Leute sich innerhalb einer Gesellschaft, die die Möglichkeit ihres eigenen Verfalls oder ihrer Vernichtung erkennt, immer stärker vom Altern und Tod bedroht fühlen. Die Religion, die früher für eine Sinngebung sorgte, ist durch eine wissenschaftliche Weltsicht abgelöst worden, in der die Vorstellung des Lebenssinns nicht vorkommt. «Was ist der Zweck unserer menschlichen Existenz?» und «Warum bin ich da?» sind Fragen, die von den meisten Wissenschaftlern als außerhalb des wissenschaftlichen Rahmens liegend oder als falsch bezeichnet werden, weil sie davon ausgehen, daß die Gattung Mensch durch Zufall in einem vom Zufall regierten Universum entstanden ist. Nach dieser Auffassung sind die Menschen komplexe biochemische Phänomene von beachtlichem Interesse für die Wissenschaft, aber keineswegs grundlegend verschieden von allem anderen, was sie sonst untersucht.

Die westliche Psychotherapie tut sich schwer, dem Bedürfnis

des Menschen nach einem Lebenssinn zu begegnen, denn sie versucht, klinische Erscheinungen innerhalb eines Systems zu behandeln, das auf wissenschaftlichem Materialismus beruht und in dem Sinn und Absicht nicht existieren. Als Folge davon interpretiert die westliche Psychotherapie die Sinnsuche als eine Folge von kindlichen Abhängigkeitswünschen und Ängsten vor Hilflosigkeit oder bestenfalls als eine genetische Disposition zur intellektuellen Kontrolle, die von der natürlichen Auslese wegen ihres Wertes für das Überleben bewahrt und verstärkt wurde.

Solche Erklärungen bieten jedoch, so ausgeklügelt sie auch sein mögen, wenig Hilfe für den Jugendlichen und jungen Erwachsenen, der nach dem Lebensweg sucht, für Menschen, die sich mit den Ängsten des Atomzeitalters konfrontiert sehen, oder für jene, die verzweifelt sind, weil der Tod naht. Immer mehr Menschen finden in den auf Erwerb ausgerichteten Lebenszielen nicht mehr genug Bedeutung und können in dem planlosen Universum des wissenschaftlichen Empirismus keinen Sinn erkennen. Nicht nur die Patienten sind davon betroffen; auch Psychotherapeuten werden von demselben Leiden befallen, wie nachfolgender Auszug eines Artikels aus dem *American Journal of Psychiatry* über die Erfahrung einer Gruppe von Therapeuten im Alter von fünfunddreißig bis fünfundvierzig Jahren berichtet, von denen die meisten einen psychoanalytischen Hintergrund hatten:

Die Mitglieder der Gruppe stimmten beachtlich in dem Grund ihrer Beteiligung überein. Die bewußte Absicht war, Hilfe für die Bewältigung einer Phase in ihrer Entwicklung, der Midlife Crisis, zu finden. Wir meinen damit das Lebensstadium, in dem sich der einzelne bewußt wird, daß die Hälfte seiner Zeit verbraucht ist und sich das allgemeine Muster für den Verlauf seiner Arbeit und seines persönlichen Lebens klar zeigt. In dieser Zeit muß man die normalen Schutzmechanismen der früheren Lebensstufe aufgeben – das grenzenlose Vertrauen in die eigenen Fähigkeiten und den Glauben, daß alles möglich ist. Die Zukunft wird begrenzt, Phantasien der Kindheit haben sich erfüllt oder nicht, und das Gefühl, daß man genug Zeit für alles hat, schwindet. Man wird sich dessen bewußt, daß die Energie und die körperlichen und geistigen

Fähigkeiten nachlassen. Der einzelne muß eher an das Verlängern und Bewahren denken als an das Ausdehnen. Die Begrenztheit der eigenen Lebensspanne rückt scharf in den Blickpunkt, und die Arbeit, die Vergänglichkeit des Lebens zu betrauern, beginnt ernsthaft.[3]

Dieser depressive und resignierte Ausblick darf nicht als Besonderheit dieser speziellen Gruppe abgetan werden, sondern ist durchaus der übliche Standard. Das *American Handbook of Psychiatry* drückt diese für unsere Zeit so typische «Weisheit» folgendermaßen aus:

> Jenen, die eine gewisse Weisheit in dem Prozeß des Altwerdens erreicht haben, erscheint der Tod oft als das eigentliche Lebensziel. Es ist der Weg der Natur, den Fortbestand des Lebens und dessen ständige Erneuerung zu sichern. Zeiten und Sitten ändern sich, aber die Alten sind des Wechsels müde. Es ist Zeit, daß andere übernehmen, und der alte Mensch ist damit einverstanden, langsam die Bühne zu verlassen.[4]

Hier wird der Tod als der Sinn des Lebens hingestellt, der den alten Menschen aus seiner Erschöpfung erlöst. Was für eine Vision!

Das größte Problem, vor dem die westlichen Psychotherapeuten stehen, ist wahrscheinlich das Fehlen eines theoretischen Rüstzeugs, das sowohl Patienten wie auch Therapeuten einen Lebenssinn gibt. Es ist klar, daß alle, die sich damit befassen, neurotische Probleme zu bewältigen, schwer behindert sind, wenn sie selber keinen Sinn, keine Richtung und keine Hoffnung sehen. Es ist auch klar, daß das Bild der Wissenschaft von einem geordneten, mechanischen, indifferenten Universum keinen Lebenssinn geben kann. Doch verlangt unser Dasein und unsere psychische Gesundheit nach einem solchen Sinn. Das bloße Überleben ist ein Zweck, aber er reicht für das menschliche Bewußtsein nicht aus. Auch ist eine Arbeit, die das Überleben von anderen ermöglicht, nicht befriedigend, wenn man glaubt, daß die menschliche Rasse kein höheres Entwicklungsziel hat, sondern nur endlos dieselben Muster wiederholt oder schlimmere.

Die «Midlife-Crisis», mit der diese Psychotherapeuten zu

kämpfen hatten, spiegelte ihnen lediglich die Tatsache wider, daß in der Mitte des Lebens der Tod weniger theoretisch ist. Ziele wie Geld, Sicherheit, Ruhm, Sex und Macht haben vielleicht bis dahin als zur Sinngebung des Lebens gedient, doch hat man sie erreicht, wird einem bald deren begrenzte Natur deutlich. Sogar altruistische Ziele können ohne ein besseres Bild, als uns die von der Wissenschaft beherrschte Kultur vermittelt, bald fadenscheinig werden. Die Suche nach dem Lebenssinn wird also immer dringlicher. Tiefe Verzweiflung und dumpfe Resignation sind Symptome einer mißlungenen Suche. Der zunehmende Mißbrauch von Alkohol, Beruhigungsmitteln und Rauschgift in unserer Gesellschaft ist wohl ein Zeichen für den Versuch vieler Menschen, ihre innere Leere nicht hochkommen zu lassen und sich für den fehlenden Sinn mit Ersatzempfindungen zuzustopfen.

Dieses weitverbreitete Leiden muß nicht zwangsläufig sein, denn wer sagt uns, daß die Schlüsse des wissenschaftlichen Materialismus richtig sind? Hin und wieder erahnen wir eine viel weitere Wirklichkeit, als sie uns von der Wissenschaft zugestanden wird, und diese feine Wahrnehmung weist auf ein besseres, sinnvolleres Dasein hin. Diese Dissonanz zwischen der wissenschaftlichen Sicht und dem, was wir intuitiv fühlen, schafft eine innere Spannung und Unruhe und verlangt nach einer Lösung. Sogar das Streben nach materiellen Zielen kann eine hilflose Antwort auf die Sehnsucht sein, diese undeutlich wahrgenommene Wirklichkeit, in der Zweck und Sinn Tatsachen sind und keine Phantasien. Unsere Fähigkeit, uns in Richtung auf diese weite Wirklichkeit hinzuentwickeln, wird dadurch ernsthaft behindert, daß wir die Natur dieses Problems meist gar nicht erkannt haben, daß wir weiterhin die Wirklichkeit auf den empirischen Bereich festlegen. Und so neigt die westliche Psychologie tatsächlich dazu, das Bewußtsein, durch das wir die materielle Welt erfassen, lediglich als Produkt eben dieser Welt zu betrachten, eine sekundäre Erscheinung, die weniger real ist als das, was sie erkennt. Kein Wunder, daß da der Sinn verschwindet. Ein Physiker schreibt über diese Annahme:

Am schmerzlichsten ist das absolute Schweigen all unseres naturwissenschaftlichen Forschens auf unsere Fragen nach dem Sinn
und Zweck der ganzen Szenerie. Je aufmerksamer wir sie beobachten, desto zielloser und alberner erscheint sie uns. Dieses Schauspiel, das da stattfindet, gewinnt offensichtlich nur Bedeutung gemäß dem Geist, der darüber nachdenkt. Aber was uns die Naturwissenschaft über diese Beziehung sagt, ist völlig absurd. Als ob
der Geist von diesem Schauspiel erschaffen worden wäre, das er
nun beobachtet, und mit ihm vergehen würde, wenn die Sonne
schließlich erkaltet und die Erde sich in eine Eis- und Schneewüste
verwandelt hat.[5]

Das ist, als hätte man Descartes auf den Kopf gestellt und dazu
gezwungen, zu verkünden: «Ich denke; deshalb existiert die
Welt, und ich bin eine Illusion.»
Schmerz und psychische Störungen stammen unweigerlich
von einer Verleugnung oder Verzerrung der Realität, eine Konse-
quenz, die sich klar an den Auswirkungen der Phantasien von
Psychotikern und Neurotikern zeigt. Das gilt aber genauso für
die Phantasien und Glaubenssätze, die von einer ganzen Kultur
propagiert werden. Der Glaube unserer Kultur an den positivisti-
schen Empirismus – nur was faßbar ist, ist wirklich – verursacht
immer mehr Krankheitssymptome auf der persönlichen, gesell-
schaftlichen und politischen Ebene. Jemand, der nach einer
Psychotherapie verlangt, leidet womöglich nicht nur an einer
Realitätsverzerrung auf der zwischenmenschlichen Ebene, sondern auch auf der metaphysischen, was dann weder der Patient
noch der Therapeut erkennt.
Eine Aussage der Mystik ist, daß die Wirklichkeit, so wie wir
sie normalerweise wahrnehmen, tatsächlich eine Verzerrung ist
und daß menschliches Leid aus dem Glauben an diese verzerrte
Sicht resultiert. Und laut den Mystikern wird dieses Problem
durch das dem Menschen innewohnende Bedürfnis verstärkt,
die Fähigkeit weiterzuentwickeln, die der Erscheinungswelt zugrunde liegende Wirklichkeit zu erkennen. Das ist nur durch die
Entwicklung einer höheren intuitiven Fähigkeit möglich, einem
Prozeß, der Bewußtseinsentwicklung genannt wird. Menschen,
deren Bedürfnis nach einer solchen Entwicklung frustriert wird,

erfahren eine andauernde Unzufriedenheit mit dem Verlauf ihres Lebens. Andererseits ermöglicht die Erfüllung dieses Entwicklungsziels, den Sinn des eigenen Lebens und den Zweck des menschlichen Daseins zu erkennen. So ist in der mystischen Tradition der Sinn eine Frage der *Wahrnehmung*.

Das Problem der begrenzten Wahrnehmung – erfahren aus biologischer Sicht – wird von C. F. Pantin so beschrieben:

> ... Wenn man nicht vorsichtig ist, kommt man womöglich zu der Überzeugung, man könne das gesamte Verhalten der Seeanemone mit einfachen Reflexen erklären – wie die Wirkung einer Münze, die man in einen Automaten steckt. Aber durch Zufall entdeckte ich, daß es außer den Reflexen noch eine Vielfalt von zielgerichtetem Verhalten gab, das mit der spontanen Aktivität der Seeanemone in Zusammenhang stand, von der wir nicht die geringste Ahnung hatten. (Tatsächlich war dieses Verhalten zu langsam, um bemerkt zu werden; es war bis dahin außerhalb unseres Wahrnehmungsspektrums gewesen.)[6]

Ebenso ist es möglich, daß der Sinn und Zweck des menschlichen Daseins außerhalb des Wahrnehmungsspektrums unseres gewöhnlichen Bewußtseins liegt, dessen Erweiterung und Vertiefung das Anliegen der mystischen Traditionen ist. So sehen einige in der Evolution des Bewußtseins die Hauptaufgabe der menschlichen Rasse. Die westliche Psychologie mit ihren oft verzweifelten Versuchen, das Gefühl der Sinnlosigkeit und die daraus entstehenden Symptome wegzuerklären, kann eine Menge von der Mystik lernen, die Sinn als etwas Reales und durchaus für das Bewußtsein Zugängliches ansieht, vorausgesetzt, die entsprechende Wahrnehmungsfähigkeit ist entwickelt worden.

Das beobachtende Selbst

Die grundlegenden Fragen: «Wer bin ich?» und «Was bin ich?» tauchen immer häufiger in dem Ringen um einen Lebenssinn auf. Den Therapeuten werden sie oft in versteckter Form gestellt oder ganz klar als: «Was ist mein wahres Ich?» oder «Ich weiß nicht, was ich will – ein Teil von mir will das, und der andere will jenes. Was will *ich*?» Unsere Psychologie hat es schwer, mit solchen Fragen umzugehen, da der Urgrund aller menschlichen Erfahrung – das beobachtende Selbst – in ihren Theorien nicht vorkommt. Bis jetzt herrscht in der Psychopathologie eher Verwirrung zwischen dem Selbst als Objekt und dem Selbst der reinen Subjektivität. Emotionen, Gedanken, Impulse, Bilder und Empfindungen sind die *Inhalte* des Bewußtseins: Wir können sie beobachten, wir sind uns ihrer Existenz gegenwärtig. Ebenso sind der Körper, das Selbstbild und das Selbst-Konzept Konstruktionen, die wir beobachten. Aber der Kern unseres persönlichen Seins – das Ich – gehört zum Bewußtsein selbst und nicht zu dessen Inhalten.

In der westlichen Psychologie neigt man eher dazu, keinen Unterschied zwischen den Inhalten des Bewußtseins und dem Bewußtsein zu machen, und ignoriert deshalb auch die Auswirkungen, die dieser Unterschied auf unser Leben hat. So können die wenigsten Menschen zwischen Bewußtsein und Bewußtseinsinhalt unterscheiden. Und doch läßt sich, wenn wir in uns gehen, ein Zustand erreichen, wo die Gedanken aufhören und wir Stille oder Dunkelheit und die zeitweilige Abwesenheit von Bildern und Denkmustern erfahren – wo jegliches Element des mentalen Lebens verschwindet und nur das Bewußtsein allein übrigbleibt. Dieses Bewußtsein ist der Boden für bewußtes Leben, der Hintergrund vor dem oder das Feld, auf dem alle Elemente existieren, und unterscheidet sich von Gedanken, Empfindungen oder Bildern. Man kann diesen Unterschied ganz einfach erfahren, wenn man geradeaus schaut. Achten Sie darauf, was Sie erfahren, und schließen Sie dann die Augen. Bewußtsein bleibt. «Hinter» Ihren Gedanken und Bildern ist Bewußtsein, und dort sind Sie wirklich.

Unser Selbst ist jenseits von unseren Gedanken, Erinnerungen, Gefühlen und jeglichem Inhalt unseres Bewußtseins. Doch die psychologischen Theorien des Westens befassen sich nicht weiter mit dieser so wichtigen Tatsache. Alle beschreiben das Selbst auf verschiedenste Weise, ohne den Betrachter miteinzubeziehen, der doch das Zentrum aller Erfahrung ist. Das Weglassen dieses so wesentlichen Faktums rührt daher, daß das beobachtende Selbst eine Anomalie ist und nicht ein Objekt wie alles andere. Unsere Theorien basieren aber auf Objekten: Wir denken in Form von Objekten, sprechen in Form von Objekten. Und wir nehmen nicht nur die physische Welt so wahr; die Elemente unseres geistigen Lebens werden es auf ähnliche Weise. Anscheinend diffuse und amorphe (formlose) Emotionen werden lokalisierbar und beobachtbar; sie haben beschreibbare Eigenschaften. Emotionen sind, ähnlich flüssigen Objekten, Entitäten, die wir beobachten. Bilder, Erinnerungen und Gedanken sind Gegenstände, die wir mit unserem Bewußtsein erfassen und manipulieren, so wie wir es mit den Gegenstücken der physischen Welt tun. Dagegen sind wir nicht in der Lage, das beobachtende Selbst zu beobachten; wir können es nur unmittelbar erfahren. Es hat keine festumrissenen Eigenschaften, keine Grenzen, keine Dimensionen. Das beobachtende Selbst ist von der westlichen Psychologie ignoriert worden, weil es kein erfaßbares Objekt ist und von daher nicht in die Annahmen und das Gebäude der üblichen Theorien paßt.

Wie sollen wir aber bei diesem fehlenden Verständnis für das flüchtige zentrale Selbst die Fragen: «Wer bin ich?» und «Was bin ich?» beantworten, die aller Wissenschaft, Philosophie, Kunst und Sinnsuche zugrunde liegen? Um Antworten zu finden, müssen wir den Bereich unserer traditionellen Denkweisen verlassen.

Auch hier haben die mystischen Traditionen ihren Schwerpunkt auf einem von der westlichen Wissenschaft ignorierten Bereich. Sowohl die yogische als auch die buddhistische Metaphysik und Psychologie betont den wichtigen Unterschied zwischen dem Beobachter und dem Inhalt des Bewußtseins und benutzt Meditationstechniken, um das beobachtende Selbst zu schärfen. Was den Sinn betrifft, sind die Mystiker der Meinung, daß die Antwort auf «Wer bin ich?» und «Was bin ich?» eine spezielle Art der Wahrnehmung voraussetzt. Diese Forderung erstaunt nicht, bedenkt man den ungewöhnlichen Charakter des beobachtenden Selbst. Wir sollten, um das «Ich» zu verstehen,

deshalb erst einmal sehen, was uns die mystischen Traditionen
darüber lehren können.

Motivation und Bewußtsein

Das dritte Gebiet, auf dem die mystischen Traditionen der westlichen Kultur und Psychotherapie helfen können, ist die Auswirkung der Motivation oder Absicht auf den Bewußtseinszustand des einzelnen. Auch wenn sich die moderne Psychotherapie besonders mit der Dynamik von Motivation befaßt, sind Beweggründe für sie jedoch meist nur betrachtenswert, wenn sie
Konflikte hervorrufen, die zur Entstehung von Symptomen führen. Es gibt jedoch beachtliches Beweismaterial dafür, daß die
Motivation ein wesentlicher Faktor bei der Gestaltung des Bewußtseins ist. Jemand, der im Stoßverkehr zu einer Verabredung
unterwegs ist, erfährt in seiner Aktivität eine andere Art von
Bewußtsein als jemand, der sich nach dem Abendessen entspannt und Musik hört, wobei sich dieser Unterschied aus dem
jeweiligen Grad der Aufmerksamkeit, dem Zeitgefühl und dem
Grad der Selbst-Objekt-Unterscheidung ergibt. Diese Tatsache
ist für die Psychotherapie wichtig, weil der Bewußtseinszustand
den Boden für die daraus aufkeimenden Symptome bildet und
weitgehend die Natur dieser Symptome bestimmt.
   Die mystischen Traditionen zeigen subtiles Verständnis für
die Beziehung zwischen zugrunde liegender Motivation, Erkenntnis und Wahrnehmung. Ein großer Teil der Arbeit mystischer Schulen richtet sich darauf, die Motivation ihrer Schüler
herauszuarbeiten, das heißt, ihnen zu zeigen, wie sie sich in den
Situationen des Alltags verhalten, und sie dann zu verändern.
Die Notwendigkeit, die Art des Bewußtseins zu ändern, damit
eine besondere Wahrnehmungsfähigkeit entsteht, wird zum Teil
darin gesehen, daß man die Intensität der Motivationen, die mit
dem Objekt-Selbst, dem «Ego», verbunden sind, verringern muß.
Obwohl die mystischen Traditionen kein therapeutisches System sind – die Besserung oder die Aufhebung von Symptomen

sind nicht deren Ziel –, verschwinden oft Symptome als ein Nebenprodukt dieser Schulung. Jemand, der nicht mehr von den vom Objekt-Selbst stammenden Motivationen dominiert wird, bekommt eine andere Wahrnehmung, eine andere Erkenntnis, und Symptome, die zu der früheren Art des Bewußtseins gehört haben, lösen sich im allgemeinen auf. Während das Verschwinden von Symptomen im Zusammenhang mit der Mystik ein Sekundäreffekt ist, stellt es bei der westlichen Psychotherapie das erklärte Ziel dar. Sowohl Psychotherapeuten wie Patienten gewinnen bei ihrem Vorhaben, wenn sie sich mit den Lehren der mystischen Traditionen über die Motivation und ihre Beziehung zum Bewußtsein befassen.

Das Problem des Lebenssinns, das beobachtende Selbst und die Auswirkung der Motivation auf das Bewußtsein hängen alle zusammen. Die Verstärkung des beobachtenden Selbst kann einem Kenntnis geben von der eigenen Motivation und so die Möglichkeit für Veränderungen bieten. Eine Veränderung in der Motivation schafft die Voraussetzung, eine intuitive Wahrnehmung zu entwickeln, die wiederum Zugang zum Sinn eröffnet. Diesen lebenswichtigen Gebieten und ihren Zusammenhängen hat die Mystik besondere Aufmerksamkeit gewidmet und besondere Kenntnisse darüber erworben. Wenn die westliche Psychologie aus diesen Einsichten lernen und damit ein breiteres Verständnis für das menschliche Bewußtsein erlangen könnte, würde das nicht nur den Rahmen und die Ergebnisse der Psychotherapie verbessern, sondern auch Antworten auf existentielle Fragen liefern, die für unser Wohlergehen noch wichtiger sind.

Aus diesen Gründen sollten wir anschauen, was uns die mystischen Traditionen bieten können, und ihre Bedeutung sowohl im Hinblick auf die Psychotherapie als auch auf die Gesundheit und die menschliche Entwicklung untersuchen. Ich bin davon überzeugt, daß wir, wenn wir das tun, in ein neues Zeitalter des Verstehens eintreten werden, in dem wir Klarheit über etwas gewinnen können, das bisher für uns nicht begreifbar war: das Selbst. Unsere psychologischen Theorien sind unbeholfen und in sich widersprüchlich, weil wir eine falsche Auffassung vom beobachtenden Zentrum haben, dem Boden unserer Erfahrung. Und da wir den einzigartigen Charakter, die transzendente Natur dieses beobachtenden Selbst ignoriert haben, war die zeitgenössische Psychologie nicht in der Lage, uns aus dem Gefängnis der uns einschränkenden Annahmen zu befreien.

Viele Jahre lang ist die Stimme in der Nacht für sich selbst taub gewesen. Es ist Zeit, sie zu hören.

Teil I
Die Verbindungen

2. Mystik als eine Wissenschaft

Im Westen verbindet man häufig das Mystische mit einer Anzahl seltsamer Vorstellungen, die mit dem Etikett «spirituell» versehen werden – bärtige Gurus in langen Gewändern, zu deren Füßen verehrungsvoll die Jünger sitzen; ätherische Heilige in ekstatischen Visionen, asketische Einsiedler, die in Höhlen meditieren, Gebetsketten, Weihrauch, wirbelnde Tänze, vegetarisches Essen, Keuschheit, Singsang und Bettelschalen.

Diese Vorstellungen verfehlen weit die Wirklichkeit. Die meisten uns bekannten «mystischen Lehren» sind überholte, aus dem Zusammenhang gerissene Überreste ehemals komplexer Schulungssysteme, die den jeweiligen Kulturen entsprechend entwickelt waren. Praktiken, die uns exotisch erscheinen, waren einst alles andere als das. Echte mystische Schulung verlangt nach Formen, die den daran beteiligten Menschen angemessen sind, sich des «örtlich vorhandenen Materials» bedienen. Viel von dem, was wir als «mystisch» identifizieren, ist ein lächerlicher Karneval irregeführter, getäuschter Leute und bizarrer Praktiken, die ein Mischmasch aus Philosophien und Techniken darstellen.

Ein alter Spruch sagt, daß gefälschte Münzen nur genommen werden, weil es echt goldene gibt. Wir können das Gold der mystischen Traditionen von allem anderen unterscheiden, wenn wir unsere Aufmerksamkeit auf das Essentielle dieser Traditionen richten und so die Verwirrung vermeiden, die leicht durch all die verschiedenen Formen und die antiquierte Sprache alter Texte entsteht. Dann kristallisiert sich ein Kern von Theorien und Techniken heraus, der eine Art von Wissenschaft darstellt, die viel dichter an unserer ist, als wir uns das denken.

Es mag seltsam wirken, Mystik als eine Wissenschaft zu bezeichnen. Schließlich heißt es doch, daß die Wissenschaft nach

27

einer besonderen Methode vorgeht, die auf drei grundlegenden Schritten basiert, die sich sehr von dem zu unterscheiden scheinen, was man normalerweise unter mystischen Aktivitäten versteht. Diese Schritte sind 1) Phänomene zu beobachten, 2) Schlüsse aus diesen Beobachtungen zu ziehen und 3) die sich aus diesen Schlüssen ergebenden Konsequenzen durch wiederholbare Experimente zu überprüfen.

Auch wenn die wissenschaftliche Methode allgemein als ein exaktes Modell für das Vorgehen der Wissenschaften anerkannt ist, spielt sie jedoch bei der eigentlichen Entdeckung der meisten großen wissenschaftlichen Erkenntnisse keine Rolle, so wie es von Michael Polanyi und anderen dokumentiert worden ist.[1] Dingle, ein Wissenschaftshistoriker, faßt den Unterschied zwischen der wissenschaftlichen Methode und der Praxis zusammen, indem er erklärt, daß die erstere

> … eine Disziplin (ist), bei der meist Logiker, die mit der wissenschaftlichen Praxis kaum vertraut sind, die Führung haben, und sie besteht in der Hauptsache aus einer Reihe von Prinzipien, mit denen akzeptierte Schlüsse für die erreichbar gemacht werden, die sie längst kennen. Vergleichen wir diese Gesetze mit den Vorgängen, durch welche die Entdeckungen tatsächlich geschahen, finden wir kaum einen einzigen Fall, wo auch nur eine leiseste Übereinstimmung besteht.[2]

Die wissenschaftliche Methode wird mehr für die Verifikation als für die Entdeckung herangezogen, und es ist die Verifikation, die dem scheinbaren Unterschied zwischen Mystik und westlicher Wissenschaft zugrundeliegt. Eine Erkenntnis, die nicht verifizierbar ist, so sagen viele, liegt außerhalb der wissenschaftlichen Grenzen. Ein Beispiel: Bassui, ein Zen-Meister des vierzehnten Jahrhunderts, erklärte: «Deine Geist-Essenz unterliegt nicht Tod oder Geburt. Sie ist weder Sein noch Nicht-Sein, weder Leere noch Form-und-Farbe.»[3] Was macht ein Wissenschaftler damit? «Geist-Essenz» ist nicht hinreichend definiert, und die Erklärung läßt sich nicht durch Beobachtung verifizieren. Doch als Antwort auf diesen Einwand sollten wir Einsteins These, daß der Raum «gekrümmt» ist, betrachten. Können wir diese Behauptung überprüfen? Wir beobachten Raum, und wir beobachten Krümmungen, aber unsere Beobachtungen verifizieren noch nicht die These, daß der Raum gekrümmt ist. Einstein hätte wahrscheinlich auf unseren Einwand entgegnet: «Die Krümmung des Raums ist mit unseren fünf Sinnen nicht wahrnehmbar. Wenn Sie erst einmal einige Jahre lang höhere Mathematik und Physik studieren, werden Sie schließlich die Wahrheit dieser Behauptung und ihre Beziehung zu den Phänomenen, die Ihnen dann vertraut sind, erkennen.» Bassui hätte wahrscheinlich eine ähnliche Antwort gegeben: «Geist-Essenz ist nicht etwas, was du mit deinen fünf Sinnen wahrnehmen kannst. Wenn du dich für eine Reihe von Jahren einer besonderen Schulung unterziehst, wirst du die Wahrheit von dem, was ich gesagt habe, erfahren.» Natürlich hätten Einstein und Bassui noch hinzugefügt: «Du brauchst einen Lehrer, der die Materie versteht, und geeignete Mittel zum Arbeiten, und du mußt bereit sein zu lernen, und du mußt die Intelligenz und die Motivation besitzen, die für das Verständnis eines so schwierigen Gebietes erforderlich sind.» Von diesem Standpunkt aus ist die Mystik also gar nicht so weit von der Wissenschaft entfernt.

Und doch unterscheidet sich die Mystik von ihrem Forschungsgegenstand her und den Mitteln, die sie anwendet, von der Wissenschaft. Einer dieser Unterschiede besteht darin, daß die Mystiker sich selber zum Gegenstand des größten Teils ihrer Arbeit machen. Während die westliche Wissenschaft den Blick nach draußen auf die Welt gerichtet hält, wendet der Mystiker seine Aufmerksamkeit nach innen, auf sich selber, sogar auf das, was die Fragen stellt. Der Mystiker-Wissenschaftler macht sich selber und sein Bewußtsein zum Thema seiner Untersuchungen. Wiederum scheint so ein Vorgehen völlig unwissenschaftlich, hält man sich an das beliebte Bild vom Wissenschaftler als einem unbeteiligten, objektiven Registrator allgemein beobachtbarer Phänomene. Dies ist jedoch ein Image, das mehr der Phantasie als der Realität entspricht. Wir wissen, daß Beobachter niemals in dem Sinne unbeteiligt sind, daß sie nicht den Gegenstand ihrer Untersuchung beeinflussen. Einstein belegte eindeutig, wie der Beobachter sich beim Messen von Zeit und Raum in die Messung mit einschließt; der Wissenschaftler kann nicht einfach nur «beobachten». So schreibt Heisenberg über den subjektiven Faktor in der Wissenschaft:

> Wenn man nun noch einmal auf die verschiedenen geschlossenen Begriffssysteme zurückblickt, die in der Vergangenheit gebildet worden sind und möglicherweise in der Zukunft noch mit dem Ziel gebildet werden, unseren Weg durch die Welt mittels wissenschaftlicher Forschung zu bahnen, so erkennt man, daß sie scheinbar nach einem wachsenden Anteil des subjektiven Elements in dem Begriffssystem angeordnet sind. Die klassische Physik kann als die Idealisierung betrachtet werden, bei der wir über die Welt als etwas von uns selbst völlig Unabhängigem sprechen.[4]

Das Ideal des objektiven Beobachters ist also theoretisch und praktisch unmöglich. Und große Gebiete menschlicher Erfahrung verlangen sogar nach einem Untersuchenden, der persönlich in die zu erkundenden Phänomene involtiert ist, weil Beschreibungen sie nicht wiedergeben können. Nehmen wir zum Beispiel die Erfahrung der Musik oder des Liebeserlebnisses oder Schwimmen, Tanzen oder die Genüsse feinen Essens – das alles läßt sich nicht durch die Sprache mitteilen, man muß es erfahren, um es zu verstehen. So ist es auch in der Medizin mit der Diagnose von Krankheiten. Nur indem man immer wieder hinhört, kann man lernen, die einzelnen Bedeutungen des jeweiligen Herzschlages zu erkennen, was in den Lehrbüchern so einfach zu unterscheiden war. Über die Notwendigkeit, selber das zu untersuchende Phänomen erfahren zu haben, weiß man auch sehr wohl in der Psychotherapie und Psychoanalyse. Es ist deshalb die Regel, daß sich Studenten dieser Disziplinen während ihrer Ausbildung einer Psychotherapie oder Analyse unterziehen müssen, weil, unter anderem, die Wirklichkeit gewisser Phänomene nicht mit Worten allein vermittelt werden kann. Jeder, der erst nur von der Übertragung gelesen hat, wird, sobald er selber in diesen Prozeß verwickelt ist, sehr wohl sehen, was für ein Unterschied zwischen Theorie und Erfahrung besteht. Wie beim mystischen Bewußtsein entziehen sich solche Gebiete einer «objektiven» Beschreibung. Sie müssen selbst erfahren werden.

Deshalb enthält auch die westliche Wissenschaft, die Psychologie eingeschlossen, ein wichtiges Element der Subjektivität und teilt mit der Mystik das Problem des begrenzten Zugangs zu den Grundgegebenheiten, da es einer besonderen Ausbildung und Information bedarf. Doch spielen auch noch andere, fundamentalere Hindernisse eine Rolle.

Die erste Barriere liegt in der Natur der Sprache selbst. Da wir die Sprache von unserer Erfahrung mit *äußeren* Dingen ableiten, sind Worte nur unzureichend, wenn es darum geht, innere Phänomene, wie Fühlen, mitzuteilen, und wir können sie nicht benutzen, um eine exakte Verbindung zwischen den inneren Vorgängen zweier Individuen herzustellen. Traditionell dient die Kunst dazu, zu übermitteln, was unsere deskriptive Sprache nicht hinüberzubringen vermag, aber das Fehlen von Exaktheit in den Künsten hat diese natürlich außerhalb des Wissenschaftsrahmens gestellt.

So wie forschende Physiker, Chemiker und Biologen absichtlich das Material oder die Organismen, die sie untersuchen, verändern, benutzen Mystiker Verfahren wie Meditation, um das Bewußtsein ihrer Schüler zu verändern und ihnen neues Wissen zu zeigen. Mystisches Bewußtsein bedeutet eine andere Sehweise von Zeit, Kausalität und Ich – von unserem normalen Standpunkt aus eine andere Realität. Wendet man unsere alltägliche Sprache auf dieses besondere Gebiet an, so kommt es zu den für die mystische Literatur so berühmt-berüchtigten paradoxen Äußerungen, wie zum Beispiel: «Die Augenbrauen heben ist Berg und Ozean»[5] oder «Es bewegt sich und bewegt sich nicht, es ist fern und doch nah».[6] Auch unserer Naturwissenschaft sind die Schwierigkeiten, unsere Sprache den außergewöhnlichen Erfahrungen anzupassen, nicht unbekannt. So half man sich im Englischen mit der Wortneuschöpfung *wavicle*, um die paradoxe Beschaffenheit von Licht zu beschreiben, das mal Welle, mal Teilchen ist.

Eine zweite Barriere beim Zugang zu mystischer Erfahrung liegt darin, daß Mystik sich der Entwicklung der intuitiven Fähigkeiten verschrieben hat, eine Form der Wahrnehmung, die den rationalen Intellekt und die üblichen Sinneskanäle umgeht. (Die übliche Intuition, die wir alle kennen, soll nur ein schwa-

ches Abbild dieser Fähigkeit sein und ist nicht mit ihr gleichzu-
setzen.) Wie kann also ein Lehrer die mystische Wahrnehmung
denen beschreiben, die sie nicht erfahren haben? Eine Parabel
von Idries Shah, einem zeitgenössischen Sufi, veranschaulicht
dieses Problem.

Radios

Ich war einmal in einem Land, wo die Einheimischen noch nie ein
Radio spielen gehört hatten. Ein Transistor-Gerät sollte mir gebracht werden. Während ich auf dessen Eintreffen wartete, versuchte ich, es den Leuten zu beschreiben. Die allgemeine Wirkung
war, daß die Beschreibung die einen faszinierte und die anderen
wütend machte. Eine Minderheit entwickelte sogar eine irratio-
nale Feindseligkeit gegenüber Radios.

Als ich dann schließlich das Gerät vorführte, konnten die Leute
die Stimme aus dem Lautsprecher nicht von der einer in der Nähe
befindlichen Person unterscheiden. Endlich gelang es ihnen, wie
uns, das nötige Unterscheidungsvermögen des Ohrs, wie wir es
haben, zu entwickeln.

Und als ich sie später befragte, schworen sie alle, daß das, was sie
sich bei den Beschreibungen von Radios, wie genau sie auch gewesen sein mögen, vorgestellt hatten, nicht mit der Wirklichkeit
übereinstimmte.[7]

Diese Faktoren machen es für jemanden, der in der Welt der normalen Erfahrungen verwurzelt ist, schwer, Zugang zu den
Schlüssen der Wissenschaft der Mystik zu finden. Doch jene, die
sich auf diese Wissenschaft einlassen, können sich eine Bezugs-
basis in ihrer eigenen Erfahrung schaffen, was es einem Mystiker
ermöglicht, sich mit ihnen auszutauschen. Indem sie mit sich
selbst experimentieren, kommen sie in die Lage, validierende
Beobachtungen zu machen, das heißt, sie können aus eigener
Erfahrung die Aussagen der Mystiker bestätigen. Bei den Naturwissenschaften braucht es für das Verständnis bestimmter Beobachtungen ein beachtliches intellektuelles, technisches und
sensorisches Training. Ähnlich haben die mystisch Geschulten
keine Schwierigkeiten, sich untereinander zu verstehen und
sich ihre Beobachtungen mitzuteilen, obwohl so ein Gespräch
für den Außenstehenden unverständlich sein dürfte. Von einem

praktischen Standpunkt aus bleibt das Wissen von Spezialisten leider immer nur wenigen vorbehalten.

Außerdem muß man sich klarmachen, daß sich mystische Behauptungen nicht so ohne weiteres in einem direkten Vorgang überprüfen oder validieren lassen, wie es in manchen Gebieten der Naturwissenschaften möglich ist. Galileo Galilei brauchte nur zwei verschieden schwere Gewichte fallen zu lassen, damit jeder das Ergebnis sehen und verstehen konnte. Dahingegen ist nur eine Person in der Lage, die Ergebnisse mystischer Untersuchung zu beobachten, da sie sich ja im Mystiker selber vollzieht und er oder sie auch gleichzeitig als «Kontrolle» für den Versuch dient. Normalerweise werden nur andere Mystiker eine Veränderung in dem Suchenden wahrnehmen und seine Resultate durch ihre entwickelten intuitiven Fähigkeiten bestätigen. Aber vergessen wir nicht, daß sich Einsteins Relativitätstheorie zwar durch korrektes Ablesen von Instrumenten belegen läßt, aber nur wenige Ausgebildete überhaupt in der Lage sind, solche Experimente durchzuführen und die Ergebnisse zu interpretieren. So finden wir auch hier, daß die Mystik sich gar nicht so sehr von der Wissenschaft unterscheidet, wie allgemein angenommen wird.

Die mystischen Traditionen sind eine Disziplin, die sich auf Erfahrung gründet und deren Ziel die Erkenntnis der wahren Wirklichkeit ist. Die darin liegende Subjektivität trennt sie noch nicht von der Wissenschaft, bei der Entdeckungen ebenso das Subjektive und Nichtrationale einschließen. Beide Disziplinen benutzen den Verstand, aber ihre Einsichten in die grundlegende Natur der Wirklichkeit basieren auf intuitiven Prozessen. Deshalb kann sich der moderne westliche Mensch auf die Mystik einlassen, ohne das Gefühl zu haben, er verrate die Wissenschaften und begebe sich auf ein Feld des Nebulösen. Ebensowenig brauchen die Psychotherapie und die Mystik im Widerstreit zu stehen, besonders da die Psychotherapie ja ihre Wurzeln eher im heiligen Heilen hat, als in der rationalen Medizin, wie es ihre Geschichte zeigt. Sie ist in der Praxis viel mehr eine Kunst und kaum eine Anwendung von Logik und bestimmter Techniken. Diese Eigenschaften bringen sie mit den mystischen Traditionen in Verbindung, was es ihr leichter machen sollte, von ihnen zu lernen. Sind Vorurteile und Mißverständnisse über die Mystik erst einmal ausgeräumt, wird man erkennen, daß sie einen ganz wesentlichen Kern enthält, der für die psychologische Wissenschaft im Westen von äußerster Bedeutung ist.

3. Psychotherapie – eine Kunst

Eine der größten Hemmschwellen bei der Annäherung zwischen der westlichen Psychotherapie und den mystischen Traditionen ist die Vorstellung, daß Mystik so etwas wie ein sentimentaler Gefühlszustand sein muß, bestenfalls ein poetisches Unternehmen, während die Psychotherapie der psychologische Ableger und Weggefährte der Naturwissenschaft ist oder sein sollte. Doch im Gegenteil gründet sich die Mystik, trotz ihres Anscheins von Irrationalität, auf einer disziplinierten Hingabe an die Wahrheit, die sie im wahrsten Sinne des Wortes zu einer Wissenschaft macht, während die Psychotherapie jahrhundertelang ihren religiösen Ursprung beibehielt. Aus diesem Grund steht die Psychotherapie den mystischen Traditionen näher als der Naturwissenschaft. Es ist höchste Zeit, daß sich die Psychotherapie ihrer Verwandtschaft zur Mystik bewußt wird, so daß alle davon profitieren können, und ihre Wurzeln nicht länger verleugnet.

In den frühen Tagen der Medizin fiel das Heilen von Leiden unbekannter und mysteriöser Herkunft – wie zum Beispiel hysterische Besessenheit, Wahnsinn, akute Krankheiten – in den Bereich von Medizinmännern, Schamanen und Priestern. Diese Heiler, die solche Fälle durch Exorzismus und durch Anrufung der Geister durch Magie behandelten, waren die Vorläufer der heutigen Psychotherapeuten. Gegen 700 v. Chr., als die Menschen glaubten, ihre Leiden seien von den Göttern geschickt, übernahmen die Priester die Behandlung, indem sie die Götter mit Opfern auszusöhnen versuchten.

Im Europa des Mittelalters wurden Geisteskrankheiten als Folge von dämonischer Besessenheit betrachtet, eine etwas unterschiedliche Auffassung vom klassischen griechischen Konzept, wo der Kranke von einem Gott gestraft und so «besessen» war. Doch der Priester war weiterhin für die Heilung zuständig. Im Mittelalter war es aber auch, daß sich die Medizin allmählich von der theologischen Herrschaft befreite, während noch im 17. Jahrhundert, als sich die Trennung klar vollzogen hatte, die Psychologie und Psychotherapie die Domäne der Priester und Philosophen blieb.

In der Philosophie entwickelte Leibniz so etwas wie ein erstes Konzept vom Unbewußten, und Descartes brachte zur Diskussion, daß die Ursprünge von Vorlieben und Perversionen in der Kindheit zu suchen wären. Katholische Priester waren mit all den psychologischen Problemen vertraut, die in der Beichte zur Sprache kamen, suchten nach Lösungen und schrieben über sexuelle Abweichungen. Die Protestanten hatten dann die Beichte abgeschafft, begannen dafür aber die *Seelenkur* zu entwickeln, und versuchten, einem krankmachenden Geheimnis auf die Spur zu kommen, das ihrer Meinung nach die Ursache für die psychische Verwirrung war.[1]

An der Wende zum 19. Jahrhundert jedoch stand die Medizin fest im Bündnis mit dem Rationalismus, und die Behandlung von Gefühlsleiden und Geisteskrankheiten wurde ganz zur Aufgabe der Medizin und lag nicht länger in den Händen der Kirche. Innerhalb dieses Gebiets vollzog sich dann eine Spaltung, die eine schon lange bestehende Trennung in der Auffassung über die Entstehung von Geisteskrankheiten und psychischen Leiden widerspiegelte.

Die eine Schule vertrat die Ansicht, Geisteskrankheiten und psychische Störungen seien biologisch bedingt (Fehlfunktionen im Gehirn), die anderen akzeptierten nur psychologische Gründe. Die Anhänger der Fehlfunktionstheorie, die «organischen» Psychiater, fuhren fort, mit der Medizin zusammenzuarbeiten, und verabreichten Drogen und behandelten vom Körperlichen her. Die psychogene Schule, die die Aufgabe der Priester und Philosophen übernommen hat, wird von Psychotherapeuten jeder Couleur vertreten. In der reinsten Form verkörpern die klassischen Psychoanalytiker diese Schule, deren Vorgehensweise viel mehr an den Priester im Beichtstuhl erinnert als an den Arzt in seinem Behandlungszimmer.

Die Psychoanalyse, von Freud Ende des 19. Jahrhunderts entwickelt, hat die Grundlage für die moderne Psychotherapie geschaffen, und deren Erkenntnisse wirken sich auf unsere westliche Kultur aus. Bezeichnend ist, daß Freud, ein Mediziner, zuerst versuchte, eine neurologische Theorie des Bewußtseins zu entwickeln, die ihm für seine Theorie der Neurosen eine geeignete biologische Basis geben sollte. Er war anfangs begeistert von dem «Entwurf für eine wissenschaftliche Psychologie», ließ aber dann plötzlich davon ab. In dem Vorwort zur englischen Ausgabe dieses Werkes schreibt Strachey:

> Es ist auch nicht schwer zu erraten, warum. Denn er fand heraus, daß seine neuronale Maschinerie keine Möglichkeit zur Erklärung von dem bot, was er in seinem «Das Ego und das Es» als das beschrieb, was «der letzte Ausweg unser Lichtstrahl in der Dunkelheit der Tiefenpsychologie» war, nämlich «die Eigenschaft, bewußt zu sein oder nicht.» [2]

Freud kehrt nie wieder zu einem neurologischen Modell zurück. Er entwickelte seine Behandlungsmethode, die Psychoanalyse, von der Hypnose her. Das Wesen seines Anfangs war die protestantische Seelenkur, obwohl alle Verbindungen zum Religiösen ausdrücklich durchtrennt waren und das Konzept der «Seele» verworfen wurde.

Angeführt von der Psychoanalyse, entwickelte sich die Psychotherapie neurotischer Störungen in eine Richtung weiter, die mehr und mehr von der naturwissenschaftlichen Medizin wegführte. Die Psychotherapie übernahm viel von der Methode der Psychoanalyse: die Interpretation des Widerstandes und der Übertragung, die Erklärung von erwachsenem Verhalten durch Kindheitserfahrungen und die Deutung von Symptomen als Resultat von Anpassungsstrategien. Das alles fällt eigentlich in die Kategorie der Kunst, weil es nur schwer, wenn überhaupt, zu messen oder zu prüfen ist, sich nicht in exakt definierbare Handlungsweisen fassen und nicht durch Lehrbücher, sondern nur durch Erfahrung vermitteln lassen kann. Ein weiteres Anzeichen für die mehr künstlerische Natur der Psychotherapie ist die Schwierigkeit, Resultate allein nach technischen und theoreti-

schen Gesichtspunkten festzumachen. Will man die therapeutischen Ergebnisse verstehen, ist es notwendig, die Aufmerksamkeit auf weniger greifbare Größen wie «Herzlichkeit», «Einfühlungsvermögen» und «Echtheit» zu richten. Und hierbei handelt es sich um ein komplexes Gefüge.[3, 4] Nachdem Mitchell und
seine Kollegen diese Schwierigkeiten abgehandelt haben, schließen sie mit den für einen Therapeuten wichtigen Qualitäten:

> Wir wollen den Therapeuten als Menschen, als Person, über den
> Therapeuten als Experten oder Techniker stellen. Wir wollen die
> Gemeinsamkeit betonen, die die Psychotherapie mit anderen
> Aspekten des Lebens hat. Wir wollen besonderen Wert auf einen
> lebensfähigen Therapeuten legen, der es mit einer äußerst schwie-
> rigen menschlichen Aufgabe zu tun hat.[5]

Psychotherapie kann sehr wirkungsvoll sein, aber ihr Erfolg
hängt nicht von der theoretischen Ausrichtung und der Anwendung einer speziellen Technik ab. Es sieht ganz so aus, als ob er
in der Hauptsache durch das geeignete Zusammenspiel von
Therapeut und Patient zustandekommt. Dazu gehört auch, daß
der Therapeut über Fähigkeiten wie Einfühlungsvermögen,
Selbsterkenntnis und Aufmerksamkeit verfügt. Wichtig ist
auch, daß er eine Ausbildung erhalten hat, die von Supervisio-
nen durch erfahrene Therapeuten begleitet war, was dem Ler-
nenden hilft, das «sprachlose Wissen» von jemandem zu erwerben, der lange praktische Erfahrungen besitzt.[6] «Bücher können
einem sagen, was man zu tun hat, aber nicht, *wann* man es anwenden soll.»

Die Psychotherapie läßt sich also allgemeinhin mehr als eine
Kunst betrachten als die naturwissenschaftliche Medizin. Doch
darf der gute Arzt, der für die psychologischen Dimensionen seiner Patienten offen ist, nicht übersehen, daß auch er vieler
Eigenschaften eines guten Psychotherapeuten bedarf und von daher gleichfalls so etwas wie die «Kunst» der Medizin praktiziert.
Obwohl die Unterschiede im Vorgehen zwischen der Psychotherapie und der wissenschaftlichen Medizin eigentlich recht subtil
sind, sind die beiden Disziplinen theoretisch doch zu trennen.
Ellenbergers Unterscheidung von primitivem Heilen und wis-

senschaftlicher Behandlung ist recht nützlich, um die Kluft in der Beurteilung zwischen psychotherapeutischer und orthodoxer Medizin zu verdeutlichen. Man braucht bei der linken Spalte nur die Überschrift durch «Psychotherapie» und bei der rechten durch «Naturwissenschaftliche Medizin» zu ersetzen.

Primitives Heilen

1. Der Heiler hat eine größere Bedeutung als der Arzt; er ist die herausragendste Person (Persönlichkeit) seiner sozialen Gruppe.

2. Der Heiler handelt in erster Linie durch seine Persönlichkeit.

3. Der Heiler ist überwiegend ein Psychosomatiker; er behandelt viele körperliche Leiden durch psychologische Techniken.

4. Die Ausbildung des Heilers ist langwierig und hart und schließt häufig die Erfahrung einer schweren emotionalen Krise mit ein, die durchstanden werden muß, um andere heilen zu können.

5. Der Heiler gehört einer Schule mit bestimmten Lehren und bestimmter Tradition an, die sich von anderen Schulen unterscheidet.

Wissenschaftliche Therapie

1. Der Therapeut ist ein Spezialist unter vielen anderen.

2. Der Therapeut wendet wissenschaftliche Techniken auf eine unpersönliche Weise an.

3. Es besteht eine Dichotomie zwischen körperlicher und psychischer Behandlung. Der Schwerpunkt in der Psychiatrie liegt auf der physikalischen Behandlung von Geisteskrankheiten.

4. Die Ausbildung basiert ganz auf der Vernunft und befaßt sich in keiner Weise mit den persönlichen, medizinischen oder emotionalen Problemen des werdenden Arztes.

5. Der Therapeut handelt auf der Grundlage einer vereinheitlichten Medizin, die eine Abteilung der Wissenschaft und keine esoterische Lehre ist.[7]

Das «primitive Heilen» und die Psychotherapie befassen sich also mit den psychologischen Aspekten des menschlichen Lebens und die «wissenschaftliche Therapie» mit den körperlichen. Die erste Kategorie ist zwangsläufig subjektiver als die letztere. Wegen der psychologischen Dimensionen, die hier eine Rolle spielen, müssen der primitive Heiler und der moderne Psychotherapeut eine andere Erkenntnismethode anwenden als der Naturwissenschaftler, der sich mit Objekten und körperlichen Reaktionen befaßt. Diese Methode könnte man als partizipierendes Verstehen bezeichnen – das heißt, man lernt die psychologische und die physiologische Welt eines anderen kennen, indem man sein eigenes Gegenstück dazu erfährt. Uns ist gar nicht bewußt, wie sehr dieses subjektive Verstehen in unserem Alltag zum Tragen kommt, ganz zu schweigen in der Psychotherapie. Wenn wir zum Beispiel jemandem zuhören, sind wir viel stärker an dem, was er sagt, beteiligt, als es uns klar wird. Condon untersuchte Filme über Unterhaltungen durch eine «Microanalyse», bei der er Bild für Bild die winzigen Bewegungen des Sprechers und des Zuhörers studierte, und er fand heraus, daß sie exakt mit den Mikroeinheiten der Rede übereinstimmten. So dauerte die Silbe *ae* 3/48 Sekunde, und der Sprecher absolvierte ein bestimmtes Bewegungsmuster des Kopfes, der Finger, des Mundes und der Schultern. Das war eine verblüffende Entdeckung, aber noch beeindruckender war folgendes Phänomen:

> Es wurde beobachtet, daß sich die Zuhörer in einer präzisen gemeinsamen Gleichzeitigkeit mit der Rede des Sprechers bewegten. Dies schien eine Art rhythmische Resonanz zu sein, da es keine feststellbare Verzögerung, nicht einmal bei einer 1/48 Sekunde, gab. Man prägte dafür den Begriff «interaktionaler Synchronismus». Es scheint sich dabei um ein universelles Charakteristikum menschlicher Kommunikation zu handeln und ist womöglich kennzeichnend für tierisches Verhalten im allgemeinen. Kommunikation ist dann so etwas wie ein Tanz, wo jeder an komplizierten gemeinsamen Bewegungen in Berührung mit subtilen Dimensionen teilnimmt und doch seltsamerweise nichts davon weiß.[8]

Wenn dies schon in einer normalen Unterhaltung stattfindet, muß das partizipierende Verstehen in viel stärkerem Maße in der psychotherapeutischen Situation vorkommen, wo der Therapeut der aktive Zuhörer par excellence ist, ganz anders als der objektive analytische Beobachter, der das Ideal der westlichen Wissenschaft ist.

Emotionale Kommunikation ist sogar noch viel partizipierender als ein verbaler Austausch. Wir verstehen die Gefühle eines anderen durch Empathie oder Identifizierung, indem wir merken, daß wir die Emotionen der anderen Person kennen, indem wir ein ähnliches Gefühl erfahren. Der Arzt dagegen, der sich nur mit dem körperlichen Zustand seines Patienten befaßt, die Anzahl der weißen Blutkörperchen mißt, einen Tumor entfernt oder die Wirkung eines Medikamentes testet, benutzt objektives Beobachten, Logik und Fakten. Deshalb verlangt die psychologische Ebene und die körperliche Ebene nach unterschiedlichen Erkenntnismethoden. Wenn körperliche Prozesse gewertet werden müssen, können empirische Beobachtungen und Labormessungen verwendet werden, aber die Einschätzung von psychologischen Prozessen verlangt, daß der Therapeut seine eigenen emotionalen Reaktionen benutzt, um den Zustand des Patienten zu erkennen. Ein Therapeut, der zum Beispiel auf einen Patienten mit Gefühlen von Langeweile, Wut, sexuellen Wünschen, verstärktem Selbstgefühl oder Angst innerhalb einer Sitzung reagiert, kann über diese Gefühle Informationen über die Vorgänge und Gefühle im Patienten gewinnen, Informationen, die für gewöhnlich zuverlässiger sind als das, was mit Worten oder der Mimik mitgeteilt wird.

Studenten, die zum Therapeuten ausgebildet werden, lernen, sich selber als Meßinstrument zu benutzen. Solche Subjektivität, das Wesensmerkmal von Kunst, steht natürlich ganz im Widerspruch zur rationalen Naturwissenschaft. Während der westliche Wissenschaftler seit eh und je bemüht ist, objektiv zu sein, nur geleitet von empirischen Beobachtungen und unabhängig von Gefühlen und Wünschen, lernt der Therapeut, seine eigenen Emotionen und Impulse als Meßwerte zu verwenden. Wenn der letztere auch über wissenschaftliche Kenntnisse von der Psychodynamik verfügt, bleibt es letztendlich doch seiner Kunst, seiner Subjektivität überlassen, wie er diese Kenntnisse beim Patienten einsetzt. Von daher haben Psychiater, die ausschließlich als Psychotherapeuten arbeiten, einen schweren Stand gegen die Medizin. Es wird hoffentlich die Zeit kommen, wo die Wissenschaft einsieht, daß sie den subjektiven Faktor, die Person, mit einbeziehen muß, um die wirklichen Dimensionen der Welt zu erfassen.

Die Psychotherapie soll sich inzwischen mehr und mehr auf

ihre Ursprünge besinnen und nicht versuchen, um «respektabel» und von den Wissenschaften anerkannt zu werden, sich einem in großen Teilen überholten Weltbild der Naturwissenschaft anzupassen. Sie würde sich dadurch nur daran hindern, die wesentlichen Fragen nach dem Sinn des Lebens zu ihrem zentralen Thema zu machen. Denn auch wir haben, wie die Menschen in alten Zeiten, mit dem Problem fertig zu werden, angesichts der Unsicherheit, der Katastrophen, des Verfalls und des Todes ein sinnvolles, glückliches Leben zu führen. Während sich die Alten dafür an die Schamanen, Priester und Philosophen wandten, brauchen wir jemanden, der uns darauf in einem modernen Kontext Antwort geben kann. Doch die Psychologen und Psychotherapeuten, von denen wir das erwarten, haben bisher in dieser Hinsicht versagt, weil sie sich von den metaphysischen Hypothesen der modernen Wissenschaft knebeln ließen. Ein neuer, den ungreifbaren Dimensionen menschlicher Erfahrung gerecht werdender Ansatz ist erforderlich. Solch ein Ansatz wird unvermeidlich der Kunst näher sein als der rationalen Wissenschaft, wie sie sich uns jetzt zeigt, indem er eine Orientierung zur Intuition hin und das Einbeziehen von gleichermaßen Nicht-Rationalem wie Rationalem verlangt. Die derzeit gültige psychodynamische Theorie braucht deswegen nicht verworfen zu werden, doch man muß bereit sein, über die Definition der Wirklichkeit, wie sie die mechanistische Wissenschaft gibt, hinauszugehen. (Die Zeichen für einen Umschwung mehren sich ja auch in zunehmendem Maße.) Diese offene, undogmatische Haltung, zusammen mit der Einsicht, daß die westliche Psychotherapie von der Tradition des schamanistischen Heilens herstammt und ihre Methode dem verwandt ist, müßte es leichter machen, sich den mystischen Traditionen zuzuwenden, um Hilfe im Umgang mit existentiellen Problemen zu bekommen, die bisher von der modernen Psychotherapie nicht gelöst werden konnten.

4. Die Ursprünge der Mystik

Wollen wir die Grundprinzipien der Mystik kennenlernen und die Vorurteile und Mißverständnisse ausräumen, die unser Verständnis davon beeinträchtigen, müssen wir uns den klassischen Texten der Mystik zuwenden. Dabei werden wir eine fundamentale Übereinstimmung feststellen, die sich durch alle noch so verschiedenen Traditionen zieht. Immer wieder begegnen wir ähnlichen Prinzipien und Prozeduren, die dazu dienen, ein spezielles Verständnis der Wirklichkeit zu erreichen. Diese Übereinstimmung sollte auch die Neugier des skeptischsten Lesers wecken und für das Argument öffnen, daß die mystischen Traditionen nicht auf Phantastereien und Verirrungen basieren, sondern auf etwas sehr wohl Wahrem. Der Gedanke, daß Mystik für die Psychotherapie von Bedeutung sein kann, wird einsichtig, wenn man erkennt, daß die mystischen Schulungstechniken meist darauf abzielen, automatische Wahrnehmungs- und Denkmuster zu verändern, die die Quelle vielen menschlichen Leidens sind. Wenn die Mystiker recht haben, kann es sich die Psychotherapie nicht leisten, diese Lehren unbeachtet zu lassen, die so viele Jahrhunderte hindurch (eigentlich Jahrtausende) in allen Teilen der Welt fortbestanden haben.

Sehen wir uns jetzt einmal kurz die mystischen Texte an, um die wesentlichen mystischen Lehren zu erläutern und ihre gleichartigen Ursprünge in den verschiedenen Kulturen aufzuzeigen.

Vedanta

Niemand kann sagen, wann die Mystik angefangen hat. Die früheste aufgezeichnete spirituelle Tradition findet sich in der vedischen Literatur Indiens. Sie entstand zwischen 1500 v. Chr. bis 1000 v. Chr. in ihrer heutigen Form, reicht aber wahrscheinlich noch weiter zurück. Bis ca. 1500 n. Chr. war der Veda eine fast ausschließlich mündlich überlieferte Literatur. Obwohl mystische Strömungen mit Sicherheit schon in noch früheren Kulturen vorkamen, enthalten die ältesten Aufzeichnungen in Hieroglyphen und Keilschrift nicht genügend Material über die Schulung. Deshalb müssen wir mit Indien beginnen.

Der Veda umfaßt nicht nur die vier Hymnensammlungen: Rigveda, Samaveda, Yajurveda und Atharvaveda, sondern auch eine Reihe von Prosadichtungen, die ihnen angeschlossen wurden und Brahmanas heißen. Nach den Brahmanas kommen die Aranyakas, die Wildnistexte, die wohl großer Geheimhaltung unterlagen; und dann noch die Upanishaden, die vom 8. Jahrhundert v. Chr. entstanden und zur Zeit Buddhas ihren Höhepunkt erreichten.

Die Upanishaden stellen freie (selbständige?) und kühne Versuche dar, die Wahrheit ohne jeden Ansatz eines Systems herauszufinden. Trotz der unterschiedlichen Urheberschaft und Entstehungszeit, die sie haben, erkennen wir darin eine einheitliche Absicht und ein tiefes Wissen um die spirituelle Wirklichkeit. Sie unterscheiden sich von den vedischen Hymnen und den Brahmanas durch die gesteigerte Betonung von monistischen Auffassungen und subjektiver Analyse und ihre Indifferenz gegenüber vedischer Autorität und Ehrfurcht vor dem Rituellen.[1]

Die Upanishaden lehren, daß der Weg, sich von den Leiden des Lebens zu befreien, darin liegt, über die Kategorien des Denkens und der Empfindungen hinauszugehen, um die Wirklichkeit, die sich hinter allem verbirgt, nämlich das Wahre Selbst eines jeden Menschen, zu erfahren. Wie Stace und andere hervorgehoben haben, ist das mystische Grunderlebnis das eines völligen Einsseins, das von den Upanishaden als 1) das Wahre Selbst des einzelnen und 2) das Wahre Selbst als das Letzte, die Wahrheit, interpretiert wird, die jenseits aller physischen und mentalen Wirklichkeit und zugleich innerhalb dieser liegt. Das ist die Erkenntnis, die in den berühmten Worten des Brahmanen Uddalaka Aruni an seinen Sohn in der Chandogya-Upanishad zum Ausdruck kommt. Er belehrt ihn über Brahma (Wirklichkeit):

Er ist die Wahrheit. Er ist die feine Essenz von allem. Er ist das Selbst. Und *das bist du*, o Shvetaketu.[2]

Diese Aussage zieht sich in vielerlei Form durch all die spätere mystische Literatur.

Der Ausdruck *völliges Einssein* läßt sich leicht sagen, aber nur die wenigsten wissen, was damit gemeint ist. Für die Mystiker ist es eine Erfahrung, bei der die übliche Trennung, die Dualität, zwischen der Welt der Dinge und dem Selbst aufhört. Diese Erfahrung ist von höchster Glückseligkeit, äußerster Erfüllung, aber man erlebt es nicht so, als ob man ein Eis ißt. Die Person ist nicht von der Erfahrung getrennt, sie wird selbst die Erfahrung. Und das Wichtigste: Völliges Einssein erlebt man nicht über die Sinne, ist also nicht eine Art Superorgasmus, sondern man erreicht die Erfahrung über die Intuition. Dieser reine Zustand ist nur vorübergehend, aber jemand, der ihn erfahren hat, wird ein anderes Verständnis vom Leben bekommen und kann eine tiefgreifende Persönlichkeitsumwandlung durchmachen.

Das *das bist du* wurde auch in Indien nicht so ohne weiteres von den Leuten verstanden. Die Upanishaden selbst sind Gegenstand unterschiedlicher Interpretationen, die von der Einheit von allem bis zu der mehr traditionellen Auslegung vom Dualismus zwischen Gott und Mensch reichen. Dualismus gewinnt leicht die Oberhand, wenn Mystik Leuten gelehrt wird, die nicht selbst über mystische Erfahrungen als Orientierungsgrundlage verfügen. Mystische Aussagen von der allem zugrundeliegenden Einheit – gleich, wieviel Glückseligkeit versprochen wird – sind nicht zwingend genug, um die tägliche Erfahrung der Individualität, der Trennung zwischen dem Selbst und dem Alltagsbewußtsein, zu überwinden. Es ist, als seien das mystische Bewußtsein der Einheit und das Alltagsbewußtsein des getrennten Selbst so etwas wie zwei magnetische Pole, deren entgegengesetzte Anziehungskraft ein Spektrum von Philosophien erzeugen, um den Raum dazwischen auszufüllen. Die Wirklichkeit, wie sie von den Mystikern intuitiv erkannt wird, ist nur für jemand überzeugend, der sie erfahren hat. Menschen, denen sie fremd ist, bevorzugen ein Konzept, das mit ihrer Sinneswahrnehmung übereinstimmt.

So ist gegen das 6. Jahrhundert v. Chr. die Lehre der Upanishaden – *Das bist du* – verstellt durch die wachsende Bedeutung des brahmanischen Rituals und der Opferzeremonien für die Hindu-Götter. Man hat das soziale Kastensystem übernommen und eine Religion gebildet, bei der die Priester (Brahmanen) an der Spitze standen, und die Götter der frühen vedischen Literatur wurden als unabhängige, vom Menschen getrennte Wesen verehrt. Dieser Formalismus rief einigen Protest hervor. Siddharta Gautama war einer von denen, die gegen den Brahmanismus angingen. Als reicher Königssohn hatte er sich von der Welt abgewandt, um deren Vergänglichkeit zu überwinden. Doch religiöse Lehrer und Askese brachten ihn nicht ans Ziel. Erst als er den «mittleren Weg» zwischen Überfluß und Askese wählte, erlangte er schließlich die Erleuchtung, die «Erkenntnis des Letzten». Der Name Buddha bedeutet der Erleuchtete.

Buddha beschreibt eine Wirklichkeit ohne Gott, Götter und auch Seele. Im Zentrum seiner Lehre steht, daß die scheinbare Individualität des einzelnen, sein Ego, nicht wirklich sei, sondern eine Illusion. Das Leiden entsteht aus unseren Begierden, dem Ergreifen und Anhaften. Der achtfache Pfad erlöst einen davon und führt einen zur Erkenntnis der Wahrheit. Dieser Pfad heißt: rechte Einsicht, rechte Gesinnung, rechtes Reden, rechtes Tun, rechter Lebenserwerb, rechte Denkbemühungen, rechte Andacht, rechte Geistessammlung. Buddha betonte, daß seine Lehre ein Weg und kein philosophisches System oder gar eine Religion darstelle. Der Weg führt über ständige Selbstbeobachtung, Wachheit. Nur so kann das Ego und unsere Konditionierung überwunden und die letzte Wahrheit erfahren werden, das Nirwana, ein selbstloser Frieden, der jedes Verstehen übersteigt.

Man hat dann das Rad des Leidens und der Wiedergeburt überwunden.

Wie in den Upanishaden und in der mystischen Literatur allgemein, bezeichnete Buddha das «Höchste» in negativen Begriffen. Nirwana oder das Absolute ist «das Auslöschen der Illusion ... das Ungeborene, Ungewachsene und Unkonditionierte».[3] Nirwana ist jenseits der normalen Verstandes- und Erfahrungskategorien.

Die innere Haltung, die Einstellung, war also wichtig, das Ethische. Buddha lehrte das Nicht-Verletzen, das Verzeihen gegenüber Feinden und die Güte als wesentlich auf dem Weg. Nicht das Befolgen von Geboten wie im Hinduismus jener Tage entschieden, ob jemand gut oder schlecht war, sondern die inneren Beweggründe, die Motivation.

Nach den buddhistischen Texten ist die wichtigste Methode, die Erleuchtung zu erlangen, die «Sammlung» oder Meditation, ein Vorgang, bei dem man anfangs den Geist oder die Aufmerksamkeit auf einen Sinnesreiz fixiert und dann tiefer geht, bis man einen Punkt der distanzierten Wachheit, der reinen Aufmerksamkeit erreicht. Letztlich gelangt der Meditierende zu einem Zustand jenseits aller Sinneswahrnehmung, aller Gedanken und aller Gefühle, einem Zustand ohne alles Bedingte – eine unbenennbare Leere. Nur indem man eine innere moralische Disziplin erreicht und das Ego transzendiert, kann man diese Leere, das Nirwana, erfahren.

Der Buddhismus breitete sich rasch über Indien hinaus nach Burma, Kambodscha, Thailand und Ceylon aus. Als er nach China kam, entwickelte er sich unter den Einflüssen des Taoismus zum Zen-Buddhismus, der bald darauf auch Japan erreichte.

Erhebliche Differenzen bei der Auslegung führten schließlich zur Spaltung des Buddhismus in die beiden Richtungen, «Fahrzeuge», Hinayana, das «kleine Fahrzeug», und Mahayana, das «Große Fahrzeug». Beim Mahayana-Buddhismus entwickelte sich dann noch eine Form, die höchste, das Vajrayana, das meist als «diamantener Weg» übersetzt wird.

Die griechischen Philosophen

Zur gleichen Zeit bildete sich in Griechenland eine ähnliche Strömung. Paramenides (um 515–445 v. Chr.), ein Vorsokratiker, lehrte, daß das Sein keinen Anfang und kein Ende habe, unveränderlich, unendlich, unvergänglich und ungeworden sei. Er sagte auch, Gott sei Wahrheit und Vernunft und existiere im menschlichen Geist. Nach ihm erklärte Platon (427–347 v. Chr.), daß Vernunft und Wahrheit unsterblich seien und sich die Seele selber von der Materie befreien müsse, indem sie sich in das Schöne versenke. Er beschrieb die Menschheit als in einer Höhle gefangen und damit beschäftigt, die Schatten für die Wirklichkeit zu halten. Wenn es jemand gelingt, sich zu befreien, kann er die Höhle verlassen und die Quelle der Schatten und des Lichts finden.

> Sokrates: Und dann wird er schon begreifen, daß es die Sonne ist, die alle Zeiten und Jahre schafft und alles ordnet in dem sichtbaren Raume und auch von dem, was sie dort sahen, die sichtbare Ursache ist. Und wie, wenn er nun seiner ersten Wohnung gedenkt und der dortigen Weisheit und der damaligen Mitgefangenen, meinst du nicht, er werde sich selbst glücklich preisen über die Veränderung, jene aber beklagen?
> Glaukon: Das würde er ganz sicher.[4]

Die gleiche grundlegende Auffassung, wie sie um ungefähr dieselbe Zeit in den Upanishaden, in den buddhistischen Sutras und bei den griechischen Philosophen anzutreffen ist – grob angesetzt zwischen 500 und 350 v. Chr. –, läßt sich auch in den taoistischen Schriften des Lao Tse und den Büchern der Weisheit des Alten Testaments, die derselben Periode zugerechnet werden, finden. Diese Übereinstimmung zwischen den unterschiedlichen Kulturen ist recht verblüffend. Keine Erklärung wirkt richtig überzeugend, die nicht den mystischen Theorien eine Basis in der Wirklichkeit zugesteht.

Sufismus

Im Mittelalter entwickelte sich im Mittleren Osten die letzte umfassende Ausprägung der Mystik – der Sufismus. Ich will dem Sufismus besondere Aufmerksamkeit schenken, denn er ist immer zeitgemäß geblieben und steht unserer modernen Kultur näher als die anderen mystischen Traditionen, die wir erwähnt haben. Meist wird behauptet, der Sufismus sei auf Mohammed zurückzuführen und sei eine mystische Strömung des Islam. Doch bereits lange vorher hat es Leute gegeben, die als «die Nahen», «Die Leute der Wahrheit» und als «Die Meister» bezeichnet wurden. Da die Lehre Mohammeds ihren Auffassungen nicht widersprach, fanden einige hier eine Art Heimat, Einflüsse mischten sich, und der Sufismus entwickelte sich innerhalb des Islam zu großer Blüte. Das Wort «Sufi» tauchte auch erst hier auf, und der Begriff «Sufismus» ist sogar erst im 19. Jahrhundert von einem deutschen Gelehrten geprägt worden.

Deutlicher als alle anderen mystischen Schulen wiesen die Sufis immer darauf hin, daß alle Religionen nur verschiedene Ausformungen ein und derselben intuitiven Wahrnehmung sind. So sagt Ibn el-Arabi:

> Mein Herz kann jede Gestalt annehmen. Das Herz ändert sich im Einklang mit dem Wechsel des allerinnersten Bewußtseins. Es mag in Erscheinung treten als Gazellenwiese, als ein mönchisches Kloster, ein Götzentempel, eine Pilger-Kaaba, die Tafeln der Torah für gewisse Wissenschaften, das Vermächtnis der Blätter des Koran.[5]

Genau wie die Weisen der früheren Traditionen betonen die Sufis, es gäbe eine übersinnliche Wirklichkeit, die jedoch von Menschen erkannt werden könne. Solches Wissen würde den Sinn des Lebens und den Fluß der Ereignisse offenbaren. Die Sufis erklären immer wieder, daß die meisten Menschen «schlafen», weil ihr Bewußtsein von automatischen Reaktionen im Dienst von Gier und Angst beherrscht wird. Auf diese Weise beschäftigt, ist das Gehirn nicht zur erweiterten Wahrnehmung fähig, deren Entwicklung die wahre Aufgabe, das wahre Ziel des menschlichen Lebens ist. So «beschützt sich das Geheimnis selbst». Den Sufis zufolge ist die Menschheit fähig, eine «bewußte Evolution» durchzumachen, indem sie sich von ihren konditionierten, unbewußten Einstellungen und dem selbstbezogenen Denken befreit.

Die erste Aufgabe eines Schülers des Sufi-Weges lautet deshalb keineswegs, sich in Askese, besondere Praktiken oder nur Meditation zu versenken, sondern wach zu werden, das Lernen zu lernen. Für diesen Zweck sind Sufi-Geschichten entwickelt worden. Wenn man solche Geschichten auch in früheren Traditionen findet, so scheinen doch die Sufis von diesem Mittel besonders viel Gebrauch zu machen und sie als sehr wirkungsvolle Methode zu betrachten, um den Geist des Schülers für die weitere Schulung vorzubereiten. Diese Lehrgeschichten funktionieren also dahingehend, daß sie die gesellschaftlich festgeschriebenen Verhaltensmuster und Motive, deren sich der Lernende gar nicht bewußt ist, erkennbar werden lassen.

So ist für die Sufis das «Erwachen» die Hauptaufgabe im menschlichen Leben – unser evolutionäres Schicksal. Rumi sagt:

DIE AUFGABE HIER

Du hast eine Pflicht zu erfüllen. Tu irgend etwas anderes, tu jede Menge von Dingen, nutze deine Zeit voll aus, und doch wird, wenn du die Aufgabe nicht erfüllst, die Zeit ganz verschwendet sein.[6]

WIE WEIT DU GEKOMMEN BIST

Ursprünglich bist du Lehm gewesen. Vom Mineral hast du dich zur Pflanze entwickelt. Von der Pflanze bist du zum Tier geworden und vom Tier schließlich zum Menschen. Während dieser Perioden hatte der Mensch keine Ahnung, wohin er ging, trotzdem ist er auf eine lange Reise geschickt worden. Und du muß noch durch hundert verschiedene Welten.[7]

Die Betonung liegt hier mehr auf der «bewußten Evolution» als in der Literatur der früheren Traditionen. Die Veden und die buddhistischen Schriften sprechen von sich endlos wiederholenden Zyklen, dem «Tanz» Krishnas oder der unveränderlichen Wirklichkeit von Nirwana, die hinter den «Schatten» unserer Wahrnehmung liegt. Doch das Evolutionäre ist in dem buddhistischen Gelöbnis «alle Lebewesen zu retten» (Avalokiteshvara-Thema-Barmherzigkeit) enthalten, und die Hierarchie der Götter der indischen Mythologie kann als eine Allegorie dieser Entwicklung angesehen werden.

Die Sufis verstehen unter «spirituellem Wachstum» die Entwicklung der in jedem Menschen latent vorhandenen intuitiven Fähigkeit. Sie benutzen die Metapher vom Blinden, dem durch eine Wissenschaft das Sehen gelehrt wird, die ihm recht unverständlich ist, bis er die Erfahrung des Sehens macht. Solch eine Methode, sagen sie, muß auf eine bestimmte Weise zugeschnitten sein, das heißt, sie muß der Zeit, dem Ort und der Person entsprechen. Ist das der Fall und bringt der Schüler die nötige Ernsthaftigkeit und einen bestimmten Entwicklungsstand mit, wird er fähig werden, die Wirklichkeit unmittelbar zu erfahren, die sich hinter der Welt der Erscheinungen verbirgt. Jedoch sind überholte Systeme und deren überlieferte Fragmente, die oft ehrfürchtig konserviert werden, untauglich, um zu diesem Ziel zu führen. Mit großem Scharfsinn beschreibt die Sufi-Literatur, wie einst wirkungsvolle Lehrsysteme automatisiert und pervertiert wurden, um sozialen und emotionalen Bedürfnissen zu entsprechen. Nur ein Lehrer oder jemand, der die «richtige Sicht» hat, ist in der Lage, aus all den Möglichkeiten, die dem einzelnen Schüler entsprechende Methode auszuwählen, die für den nächsten, der andere Bedingungen mitbringt, wieder völlig anders aussehen kann. Aus diesem Grund, sagen die Sufis, ist die Schule des Augenblicks, eine Schule lebendiger mystischer Wissenschaft für jene, die das Überlieferte erwarten, oft nicht erkennbar.

Die Ausrichtung der Sufis auf eine besondere Art der Wahrnehmung ist keineswegs einmalig. Kern jeder mystischen Literatur ist auf mehr oder weniger verborgen dargelegte Weise die Erfahrung der übersinnlichen Realität, der Wahrnehmung jenseits der Vorstellungen und Empfindungen. Die Sufis sind nur viel ausführlicher in der Beschreibung der Schwierigkeiten, die sich auf dem Weg zu dieser Wahrnehmung ergeben, und ihre Psychologie ist dabei viel genauer und tiefgreifender in der Analyse der Fragen der Motivation. Die Betonung der Sufis auf die Evolution, auf das

Anpassen der Lehre an die verschiedenen Kulturen, auf die Probleme des konditionierten Denkens und auf die Feinheiten von Verhalten und Motivation macht sie so interessant für unsere so psychologisch ausgerichtete westliche Gesellschaft.

Die Wissenschaft von der Entwicklung der Intuition

Im Grunde betrachtet ist die Geschichte der Mystik die Geschichte der Wissenschaft der Entwicklung der Intuition. Die Methoden haben sich von Kultur zu Kultur verschieden ausgeprägt, sind zum Teil in Religionen eingeflossen, aber immer unabhängig davon geblieben, und basieren auf sehr tiefen Einsichten in die menschliche Psyche. Ziel ist in allen Fällen, die Wirklichkeit zu erkennen, die hinter der Welt der normalen Erfahrungen liegt.

Anders als die Naturwissenschaften, die sich in erster Linie auf rationale, analytische Fähigkeiten stützt, um von den Sinnen gelieferte Informationen auszuwerten, basiert die Mystik auf der unmittelbaren, intuitiven Wahrnehmung. Die speziellen Techniken der mystischen Schulung zielen darauf hin, die intuitiven Fähigkeiten der Schüler zu erwecken. Wenn diese erst einmal wach sind, kann der Schüler allein weitergehen, unabhängig vom Lehrsystem, das seine Fähigkeiten entwickelt hat.

Wie die Mystiker sagen, ist die fundamentale Wirklichkeit, die sich hinter allen Erscheinungen verbirgt, den Sinnen nicht zugänglich. Sie kann nicht mit unseren Begriffen beschrieben, nicht in unsere Verstandeskategorien gefaßt werden. Doch sie ist mit der mystischen Intuition zu erfahren. Die Erkenntnis dieser wahren Wirklichkeit gibt der Existenz des einzelnen einen Sinn, befreit von der Angst vor dem Tod und den egozentrischen Wünschen, die das Leben der meisten Menschen bestimmen. Nach der Entwicklung des Bewußtseins wird die Entwicklung der Intuition und damit die Erfahrung der wahren Natur der Wirklichkeit die nächste Stufe der Entwicklung des Menschen sein. Das Ende des Prozesses ist nicht sichtbar.

Dieser Überblick über die Mystik dürfte deutlich machen, daß die westliche Psychologie nicht umhin kann, sich von den mystischen Traditionen Erkenntnisse zu holen, will sie nicht weiterhin die Sinnfrage ausklammern. Doch sie braucht nicht auf ihre wissenschaftlichen Erkenntnisse zu verzichten, denn diese sind wiederum nötig und hilfreich, um die Logik und die Absicht der Methoden der mystischen Wissenschaft zu verstehen.

5. Intuition

Die mystische Wissenschaft beruht auf der Möglichkeit, die allem zugrundeliegende Wirklichkeit unmittelbar erfahren zu können –, eine Erkenntnisfähigkeit, die mit dem, was wir als *Intuition* bezeichnen, verwandt ist. Wenn eine solche Fähigkeit nicht existiert, wenn unsere Sinne und unser normaler Intellekt unsere einzigen Quellen für das Wissen über die Welt und über uns selbst sind, dann muß die Mystik ein falsches und törichtes Unternehmen sein. Und so ist sie auch von den meisten modernen Psychologen, Psychiatern und Naturwissenschaftlern eingestuft worden. In letzter Zeit beginnen zwar einige Physiker und Biologen diese Auffassung zu revidieren. Doch diese sind eher noch Außenseiter im Wissenschaftsbetrieb, der weiter hartnäckig an seinen Paradigmen festhält, und wenn ich von Psychologie oder Naturwissenschaften spreche, dann meine ich das bis jetzt allgemein von der Wissenschaft akzeptierte Weltbild. Dabei ist die Hypothese von der mystischen Intuition nach den Maßstäben dieser Wissenschaft zulässig. Denn die Schulungstechniken der Mystik, die so seltsam und unpraktisch erscheinen, können als notwendige, ganz konsequente Methoden betrachtet werden, um die intuitiven Fähigkeiten zu entwikkeln.

Das Konzept der Intuition hat leider keinen Eingang in das offizielle Bild der Psychologie von der menschlichen Psyche gefunden. Zur Veranschaulichung dieser Tatsache zwei Metaphern, die erste von Freud, die zweite aus einem Sufi-Text. Freud schreibt:

> Man könnte das Verhältnis des Ichs zum Es mit dem des Reiters zu seinem Pferd vergleichen. Das Pferd gibt die Energie für die Lokomotion her, der Reiter hat das Vorrecht, das Ziel zu bestimmen, die Bewegung des starken Tieres zu leiten.[1]

Bei dieser Sicht ist das Ich, das kleine Selbst oder das normale Bewußtsein verantwortlich. Anders bei dem Sufi-Bild, wo der Wagenlenker die Intuition, also das höhere Selbst, das göttliche Bewußtsein ist:

Stellen Sie sich einen Wagenlenker vor. Er sitzt in einem Fahrzeug, das von einem Pferd, das er führt, vorwärtsbewegt wird. Der Intellekt ist das «Fahrzeug», die äußere Form, in der wir zeigen, wo wir zu sein und was wir zu tun zu haben meinen. Das ist, was wir *tashkil* nennen, die äußere Gestalt oder Ausprägung. Das Pferd, die treibende Kraft, ist die Energie, die als ein «emotionaler Zustand» oder andere Kraft bezeichnet wird. Sie ist notwendig, um den Wagen voranzubringen. Der Mann oder Mensch in unserem Bild ist das, was auf eine den anderen überlegenen Weise den Zweck und die Möglichkeiten der Situation erkennt und der dafür sorgt, daß der Wagen sich in Richtung auf das Ziel bewegt und es erreicht.[2]

Dahinter stehen zwei sehr unterschiedliche Modelle vom Menschen. Für Freud muß das Ich die Zügel in der Hand halten, um den Menschen nicht zum Spielball seines Es werden zu lassen. Das heißt, beim reifen Menschen bedient sich die Vernunft des Es, um angemessen zu handeln; der Reiter bestimmt die Geschwindigkeit und die Richtung seines Pferdes. Für den Mystiker ist beim reifen Menschen die Intuition das Lenkende. Das zeigt deutlich den Unterschied zwischen dem westlichen Empirismus, wo wir über die Vernunft «erfahren», und der Mystik, wo der Verstand das Gefährt ist, doch das höhere Selbst, die Intuition, das Göttliche in uns, uns lenkt.

Indem sich die westliche Psychologie fast ausschließlich auf die Weltsicht des wissenschaftlichen Materialismus stützte, hat sie ihr Modell vom menschlichen Bewußtsein zu sehr begrenzt und Sinn und Ziel des menschlichen Lebens außer acht gelassen. Allein deshalb ist es schon notwendig, immer wieder auf die Funktion der Intuition hinzuweisen. Denn auch wenn wir Ahnung von einer viel weiter gefaßten Existenz haben, finden wir damit keinen Rückhalt in unserer wissenschaftsbetonten Kultur, sondern stoßen höchstens auf ablehnende Reaktionen. Zu Beginn des Buches steht das Zitat: «Eine Stimme flüsterte mir letzte Nacht zu: ‹Es gibt nicht so etwas wie eine Stimme, die in der Nacht flüstert!›» Wir können die Realität dieser Stimme akzeptieren, ohne die positiven Dinge der Wissenschaft zu verwerfen. Wir können unsere Wissenschaft um ein neues Gebiet erweitern.

Was ist Intuition?

Die mystische Wissenschaft versichert, daß allen Menschen die Fähigkeit innewohnt, den Sinn des Lebens und die Natur ihres wahren Selbst zu erkennen. Dieses Wissen ist unmittelbar – «intuitiv» – nicht durch den Verstand zustandegekommen und auch nicht durch die Sinne. Das Wort *Intuition* hat seine Wurzeln im lateinischen *intueri*: ansehen, betrachten. Im Lexikon kann man folgende Definitionen lesen: unmittelbares Gewahrwerden, ohne den Gebrauch des verstandesmäßigen Prozesses; unmittelbare Erkenntnis. Der Begriff Intuition wird benutzt, um einen Vorgang des Erkennens zu beschreiben, der sich vom bewußten Denken unterscheidet und die Sinne und das Gedächtnis umgeht. So werden Ahnungen, plötzliche Problemlösungen, das «Fühlen» der richtigen Entscheidung in einer Zwangslage, wissenschaftliche Kreativität, die Axiome der Geometrie und die unbeschreiblichen Erfahrungen, die die Mystiker suchen, als Intuition bezeichnet. Demgemäß hat man auch zahlreiche verschiedene Definitionen der Intuition geboten, und die wahre Bedeutung des Begriffs, wie ihn die Mystiker verwenden, ist dadurch verwaschen worden.

Die Vorstellung der Intuition ist sehr alt. Durch ihre Geschichte hindurch haben Menschen immer wieder die Erfahrung gemacht, daß sie mehr wußten, als ihnen von ihren Sinnen vermittelt worden war. Sie haben dieses unerklärliche Wissen entweder göttlichem Eingreifen zugeschrieben, so im Falle der Weissagungen, oder einer quasi magischen Fähigkeit, über die nur ganz wenige verfügen, wie Hellseher oder große Wissenschaftler. Diese «Gabe» wurde lange als Besitz der Götter oder

Geister angesehen und nicht als ein Erbe des Menschen. Nur wenige zogen in Betracht, daß solche sporadischen Momente der Intuition schwache Manifestationen einer Fähigkeit sein könnten, die sich vielleicht zu einem zuverlässigen Wissenskanal entwickeln läßt.

Das Vorhandensein eines solchen Kanals, der außerhalb der Bahnen des Verstandes und der Sinne operiert, muß der westlichen Wissenschaft unmöglich erscheinen, da in ihrer Kosmologie dafür kein Platz vorhanden ist. Wir können uns nicht vorstellen, daß es Prozesse außerhalb des Verstandes und der Sinne gibt. Für uns ist das Gehirn der Erzeuger aller Ideen und Vorstellungen und Emotionen, während es nach Auffassung der Mystiker und inzwischen sogar einiger Wissenschaftler ein Bewußtsein außerhalb unseres Körpers gibt, das unser Gehirn quasi als Mattscheibe oder Empfänger benutzt. Da wir jedoch umfassende Kontrolle über unsere physische Welt erreicht haben und über ausgeklügelte Erklärungsmodelle verfügen, sehen wir keinen Anlaß, den wissenschaftlichen Rationalismus in Frage zu stellen oder nach anderen Möglichkeiten der Erkenntnis zu suchen. Dabei ließen sich neue, faszinierende Dimensionen entdecken. Eine davon ist die Intuition.

Eine Geschichte der Idee

«Wir kommen zu der Annahme der Intuition, da wir erkannt haben, daß es Dinge gibt, die nicht durch die Sinne vermittelt werden – wir wissen mehr, als wir eigentlich wissen können.»[3]
Tausende von Jahren haben sich die Denker bemüht, die Sache in den Griff zu bekommen, daß wir mehr wissen, als wir wissen können. Der Begriff *Intuition* wurde dazu in verschiedener Bedeutung verwandt, wobei jede bestimmte Erkenntnistheorien widerspiegelt, die auf den grundlegenden Vorstellungen der einzelnen Kulturen basieren. Ein kurzer historischer Überblick über den Begriff Intuition wird die Ursprünge der verschiedenen Auffassungen, die sich mit diesem Begriff verbinden, und ihre

Auswirkungen auf das Bild des menschlichen Bewußtseins aufzeigen.

In Platons *Menon* sagt Sokrates:

> Weil nun die Seele unsterblich ist und oftmals geboren und, was hier ist und in der Unterwelt, alles erblickt hat, so ist auch nichts, was sie nicht in Erfahrung gebracht hätte, so daß nicht zu verwundern ist, wenn sie auch von der Tugend und allem anderen vermag, sich dessen zu erinnern, was sie ja auch früher gewußt hat … das Suchen und Lernen ist demnach ganz und gar Erinnerung.[4]

Erinnerung wird hier im Sinne von Intuition verstanden, weil Intellekt und Sinne dabei nicht beteiligt sind; wir wissen es schon und erkennen deshalb die Wahrheit wieder. Vielleicht ist Platons Konzept der Erinnerung an die Wahrheit nicht völlig gleich mit dem Konzept der Intuition, wie sie die Mystiker sehen. Für sie ist Intuition eine Wahrnehmung auf einer höheren Ebene als der, auf der laut Sokrates das Lernen als Erinnerung stattfindet. Doch Platon mag diese Darstellung im *Menon* nur als Lehrbeispiel benutzt haben, um den Boden für eine umfassende Definition von Erkenntnis vorzubereiten. Denn später, besonders im Höhlengleichnis im *Staat*, weist er auf die Notwendigkeit hin, sich von der Befangenheit in der Welt der Erscheinungen zu lösen, um klar zu sehen. Die Gefangenen in der Höhle können sich nicht sofort der Sonne zuwenden, sondern dürfen sich ihr erst ganz allmählich aussetzen; sie müssen sich erst dazu entwickeln, ohne die verdunkelnden «Schleier» wahrzunehmen.

> Die jetzige Rede aber, sprach ich, deutet an, daß dieses der Seele eines jeden einwohnende Vermögen und das Organ, womit jeder begreift, wie wenn ein Auge nicht anders als mit dem gesamten Leibe zugleich sich aus dem Finstern ans Helle wenden könnte, so auch dieses nur mit der gesamten Seele zugleich von dem Werdenden abgeführt werden muß, bis es das Anschauen des Seienden und des glänzendsten unter dem Seienden aushalten lernt.[5]

So können die Menschen durch eine höhere Kraft als die Sinne und der normale Verstand eine sichere und ewige Wahrheit erkennen – vorausgesetzt, ihre Aufmerksamkeit ist nicht länger auf die Schatten fixiert.

Platons Sicht hat eine verblüffende Parallele in den Legenden der Hopi, deren Kultur so weit zurückreicht wie die der Griechen. Die Tradition der Hopi berichtet von einem Fall aus der Gnade, durch den sich die Menschen immer stärker von der Erde, den Tieren und von sich selber getrennt erfahren. Die Rückkehr in die Gnade geschieht durch die Wiedervereinigung. Der Grund für den Fall liegt darin, heißt es, daß die Menschen ihre wahre Natur und den Zweck ihres Daseins vergessen haben. Nach der Vorstellung der Hopi gibt es oben auf dem Kopf ein psychophysikalisches Vibrationszentrum, also eine Art Chakra, das für den Großen Geist empfänglich ist und als Führer dient – es «sieht», was die normalen Sinne nicht wahrnehmen. Bei wem diese «Tür» geöffnet ist, der hat die Verwandtschaft mit dem Göttlichen nicht vergessen und hört nicht auf, sie zu preisen. Solche Menschen gibt es in jeder Zeit, und sie werden von allem Unheil verschont, weil sie die Anweisungen des Großen Geistes vernehmen können.[6]

Wieso sind die Hopi-Mythen Platons Auffassung so ähnlich? Obwohl Platon in vielerlei Richtung interpretiert worden ist, lehrt er von mystischer Sicht aus nichts anderes, als daß die grundlegende Wahrheit intuitiv und nicht über den Verstand empfangen wird. Seine Dialoge sollen nichts «beweisen», sie vermitteln nur eine Wahrnehmung, die sich mit der aller Mystiker deckt und nicht einer bestimmten Kultur oder Zeit angehört. So war für die Griechen wie auch für die Hopi die tiefe Einsicht in die menschliche Situation ähnlich.

Spinozas Definition der Intuition kommt von allen Philosophen der der Mystiker am nächsten. Er schrieb im 17. Jahrhundert und unterschied zwischen Erkenntnis, die von der Sinneswahrnehmung hergeleitet ist, und sorgfältigem Nachdenken über beobachtete Phänomene («Anschauung» und «Vernunft») und der höchsten Stufe der menschlichen Erkenntnis, auf der die Gesamtheit des Universums als ein einziges untereinander verbundenes System gesehen wird. Diese höchste Erkenntnis nannte er «Intuition», etwas, das aus empirischem und wissenschaftlichem Erkennen erwächst, aber darüber hinausgeht. In seiner Essenz ist es Gotteserkenntnis. Für Spinoza existiert Gott in verschiedenen «Manifestationen», die alle Teile des gleichen einheitlichen harmonischen Systems sind. In seiner Philosophie finden also Verstand und Intuition Platz, doch Intuition erreicht einen höheren Bereich.

Für die nach ihm folgenden Philosophen war die Intuition kein Erkenntnisweg. Erst am Beginn des 20. Jahrhunderts betonte Henri Bergson die Bedeutung der Intuition und hielt es nicht für ausreichend, sich ausschließlich auf den Intellekt oder die «Analyse» zu gründen:

> ... die Philosophen sind sich einig, eine tiefe Unterscheidung zu machen zwischen zwei Arten, ein Ding zu erkennen. Die erste bedeutet, um es ganz herumzugehen, die zweite, in es hineinzugehen. Die erste Art hängt vom gewählten Standpunkt und den benutzten Symbolen ab, während die zweite von keinem Standpunkt aus sieht und auf keinen Symbolen beruht. Von der ersten Art der Erkenntnis wollen wir behaupten, daß sie beim Relativen stehen bleibt, von der zweiten hingegen, daß sie, wo immer möglich, das Absolute erreicht ... ein Absolutes kann nur durch Intuition vermittelt werden, während alles übrige sich durch Analyse erschließt. Wir bezeichnen hier mit Intuition die Sympathie, die einen in das Innere des Dinges trägt, um dem, was daran einzigartig und deshalb unaussprechlich ist, zu begegnen.[7]

Bergsons Ansicht steht der der mystischen Wissenschaft in der Betonung der Intuition als direkter Erkenntnis ganz nahe.

Doch in der modernen Philosophie ist der «Intuitionismus», ganz gleich, welcher Ausprägung, weitgehend durch den logischen Positivismus ersetzt worden, der annimmt, daß alle Erkenntnis aus dem Denken über Sinnesdaten resultiert. Irgendeine Erkenntnis, die als «intuitiv» verzeichnet wird, stammt dieser Auffassung nach aus einem Urteilsprozeß, der außerhalb des Bewußtseins stattgefunden hat. Derjenige, der durch Intuition eine Erkenntnis gewonnen hat, ist sich über die einzelnen Schritte, die er vollzogen hat, nicht im klaren und glaubt deshalb fälschlicherweise, daß ein nicht-sinnlicher und nicht-rationaler Vorgang stattfand. So wird Intuition zu einem unbewußten Denkprozeß reduziert, und diese Interpretation beherrscht die zeitgenössische Philosophie, psychiatrisches

Denken und fast die gesamte moderne psychologische Theorie und Forschung.

Eigentlich hat die moderne Psychiatrie der Intuition im klassischen Sinne nie viel Aufmerksamkeit geschenkt. 1932 erklärte Freud in seiner «Neue Folge der Vorlesungen zur Einführung in die Psychoanalyse» selbstsicher: «... es ergeben sich keine neuen Quellen des Wissens oder Methoden des Forschens. Intuition und Divination wären solche, wenn sie existierten, aber man darf sie beruhigt zu den Illusionen rechnen, den Erfüllungen von Wunschregungen.»[8] Diese Ansicht herrscht auch bei den heutigen Psychoanalytikern, die Intuition entweder als Empathie (ein Prozeß emotionaler Identifikation), Einbildungskraft oder Kreativität («Regression im Dienste des Ego») klassifizieren.[9, 10]

Manche Leute denken, daß C. G. Jung für mystische Dinge empfänglich war. Man könnte leicht annehmen, daß er das Wort «Intuition» für den gleichen Prozeß benutzte wie die Mystiker, aber das stimmt nicht. Er bezeichnet mit «Intuition» eine Bewußtseinsfunktion: «Aber Intuition ist, so wie ich sie verstehe, eine der Grundfunktionen der Psyche, nämlich das Wahrnehmen der Möglichkeiten, die einer Situation inhärent sind.»[11] Jung betrachtete Intuition als unbewußten Prozeß, dessen Primärfunktion es ist, «einfach Bilder oder Wahrnehmungen oder Beziehungen von Dingen zu übermitteln, die nicht durch andere Funktionen übermittelt werden können oder nur auf eine sehr umständliche Weise.»[12] Also, Intuition erkennt die Beziehungen zwischen Entitäten. Doch Jungs Standpunkt liegt näher bei Freud als bei der Mystik, denn seine «Intuition» ist eine Funktion wie Denken, Fühlen und Empfinden – es ist nicht direktes Wissen. (Obwohl man vermuten würde, daß Jung mit der mystischen Definition von Intuition vertraut sein müßte, findet sich in seinen Schriften darüber keine klare Aussage.)

Auch die zeitgenössische psychoanalytische Theorie und die allgemeine psychiatrische Literatur sehen zwischen Intuition und den anderen Erkenntnisfunktionen, mit denen wir vertraut sind, keinen qualitativen Unterschied.

Jerome Bruner vertritt die Ansicht der meisten Psychologen,

daß intuitive Entdeckungen das Resultat von freien Kombinationen der Elemente eines Problems sind:

> Intuition impliziert die Kunst, den Sinn oder die Bedeutung oder die Struktur eines Problems zu erfassen, ohne offensichtlichen Rückgriff auf den analytischen Apparat des eigenen Handwerks ... Sie beruht auf einer Art spielerischen Kombinationsverhaltens.[13]

So eine Auffassung kommt weitgehend daher, daß die Erforschung der Intuition auf die Art von isoliertem «Problem» beschränkt wird, das sich im psychologischen «Labor» untersuchen läßt. Unglücklicherweise überträgt Bruner die auf einem so engen Feld gewonnenen Ergebnisse auf einen viel weiteren Bereich der menschlichen Erfahrung, als wären die beiden identisch. Und so benutzt er den Begriff Intuition für die Fähigkeit, ein geometrisches Problem zu lösen, wie auch für die Fähigkeit, den Sinn des Lebens zu erkennen, und packt sie in die gleiche Schublade.

Fairerweise muß man sagen, daß Bruner erkannt hat, daß Intuition nicht bedeutet, alle möglichen Verbindungen der Problemelemente wie ein Computer durchzuspielen, sondern daß zwischen den wenigen sinnvollen Möglichkeiten kritisch unterschieden wird:

> Schöpferisch sein besteht genau darin, keine sinnlosen Kombinationen zu machen und nur die, die nützlich sind, und das sind nur wenige. Erfindung heißt Unterscheidungskraft, Wahl. Wenn es nicht ein primitiver Algorithmus ist, dann muß es ein heuristischer Prozeß sein, der uns zu einer fruchtbaren Kombination führt. Was ist der heuristische Prozeß?[14]

Darauf gibt Bruner keine klare Antwort.

Wenn wir uns noch einmal kurz die Geschichte des Begriffs Intuition vergegenwärtigen, so sehen wir, daß Intuition zuerst als eine besondere Art von Kontakt mit der letzten Realität betrachtet wurde. Heute dagegen herrscht die allgemeine Ansicht, daß Intuition nur noch ein unbewußter Denkvorgang ist. Die Vorstellung einer besonderen Sensibilität für ein über die Sinne hinausgehendes, direktes Erkennen wird abgelehnt, genau wie der Begriff der Wahrheit selbst. Westcott faßt die allgemein vertretene Auffassung zusammen:

Wahrheit wird entweder als eine Reihe von Konventionen oder eine Ansammlung von auf der Wahrscheinlichkeit beruhenden Aussagen verstanden, die sich beide ändern können. Unmittelbares Wissen (Intuition) wird als Resultat einer ungenügenden Analyse oder eines (unbewußten) Folgerungsprozesses angesehen.[15]

Nach dieser Ansicht haben die Konsequenzen aus der Intuition nicht mehr Wert als jene aus Verstand und Empfindung. Doch in der letzten Zeit mehren sich die Anzeichen, daß die Intuition als Erkenntnismodus wieder ernster genommen wird.

Die Analogie in der wissenschaftlichen Entdeckung

Das Grundproblem für Philosophen, Psychologen und jedermann ist, daß sie nicht von der Realität einer Sache überzeugt sein können, die sie nicht erfahren haben. Jene, die Intuition als unbewußtes Folgern definieren, beziehen sich auf jene Art von «Intuition», die sie kennen. Gewisse Formen des Problemlösens, «Ahnungen» und «so ein Gefühl haben» fallen sicher in den Bereich von Freuds oder Bruners Auffassung der Intuition. Was jedoch Platon, Spinoza, Bergson oder die Mystiker meinen, ist eine ganz andere Erfahrung als die, die normalerweise mit dem Begriff Intuition bezeichnet wird. Die Mystiker behaupten, ihr «Sehen» zeige klar die Natur des Selbst, die Bedeutung des Flusses der Ereignisse und den Sinn des Lebens. Doch die mystische Intuition kann auch tiefe Einsichten auf dem Gebiet der Physik und der Psychologie liefern – wie die Mahayana-Sutras und die Schriften von Laotse, Dogen, El Ghazali und Shabistari beweisen. Die Einheitlichkeit der Beschreibung der Wirklichkeit, wie sie die Mystiker liefern, zeigt, daß ihre Erfahrung nicht individuell, sondern universal ist, und die Parallele zwischen ihren Beschreibungen und den Entdeckungen der neuen Physik unterstützt die Gültigkeit dieser Sicht. Fritjof Capra[16], Lawrence LeShan[17] und Gary Zukav[18] haben dargelegt, daß die Ergebnisse der Quantentheorie ein Weltbild fordern, daß viel mehr den Aussagen der Mystiker ähnelt als denen der mechanistischen Physik.

Ironischerweise tut die akademische Psychologie, die sich ja die Physik als exakte Wissenschaft zum Vorbild genommen hat, die Intuition als unbewußten Denkprozeß ab, während die Physiker inzwischen viel eher geneigt sind, die Intuition als Erkenntnisinstrument ernstzunehmen. Wigner, ein mit dem Nobelpreis ausgezeichneter Physiker, meinte:

> Die Entdeckung der Naturgesetze erfordert zuallererst Intuition, das Schaffen von Bildern und sehr viele unbewußte Prozesse. Die Anwendung und auch die Bestätigung dieser Gesetze ist eine völlig andere Sache ... die Logik kommt nach der Intuition.[19]

> Und Gauss, der berühmte Mathematiker, beschrieb das Dilemma, das aus der Umkehr der wissenschaftlichen Methode resultiert, mit folgendem Satz: «Meine Lösungen habe ich schon sehr lange, aber ich weiß noch nicht, wie ich zu ihnen komme.»[20]

Den umfassendsten und genauesten Überblick über den Prozeß des wissenschaftlichen Entdeckens hat Michael Polanyi erstellt. Er untersuchte die eigenen Beschreibungen von Wissenschaftlern, wie sie zu ihren «Durchbrüchen», zu einer neuen Sicht der Realität gelangten. Auch er fand, wie Wigner, daß Logik, Untersuchungsergebnisse und theoretische Überlegungen bei ihnen erst am Ende standen –, zuerst benutzten sie einen anderen Erkenntniskanal. Da dafür in dem normalen Vokabular kein Wort existierte, verwendete Polanyi eine Analogie, um die Natur dieses Erkenntniskanals zu vermitteln:

> Und wir wissen, daß der Wissenschaftler Probleme produziert, Einfälle hat und, in Hochstimmung wegen dieser Erwartungen, seine Suche fortsetzt, die seine Erwartungen erfüllen soll. Die Suche wird ständig geführt durch Gefühle eines immer tiefer reichenden Zusammenklangs, und diese Gefühle haben eine gute Chance, sich als richtig zu erweisen. Wir können hier die Kräfte einer dynamischen Intuition erkennen. Das Funktionieren dieser Kraft kann durch eine Analogie erhellt werden.
> Die Physik spricht von einer potentiellen Energie, die wirksam wird, wenn ein Gewicht eine schiefe Ebene hinabgleitet. Unsere Suche nach tieferem Zusammenhang wird durch eine Potentialität, eine latente Kraft, gelenkt. Wir fühlen die schiefe Ebene in Richtung einer tieferen Einsicht, wie wir die Richtung fühlen, in

die ein schweres Gewicht auf einer schiefen Ebene gezogen wird. Es ist diese dynamische Intuition, die die Suche nach wissenschaftlicher Erkenntnis führt.[21]

Mystiker betrachten solche Erfahrungen des direkten, intuitiven Erkennens als einen Vorgeschmack auf das intuitive Bewußtsein, das durch die Mittel ihrer Wissenschaft entwickelt werden kann.

Das «unteilbare Ganze»

Unsere normale Art, Wissen zu erwerben, ist durch Beobachtung und Analyse. Erkennen ist ein Prozeß des Vergleichens, Erinnerns, Neuordnens, und schließlich bringen wir die neue Erkenntnis in Verbindung mit unserem bisherigen Wissen. Zum Beispiel weiß ich in meiner Praxis, wenn ein Patient traurig ist und gleich zu weinen anfangen wird: Seine Lippen zittern, und die Augen beginnen zu schwimmen. Doch ich habe auch die Erfahrung von einer anderen Art des Wissens. Zum Beispiel, wenn ich in einer Therapiegruppe mit einem ihrer Mitglieder arbeite, «weiß» ich plötzlich die spezielle Ursache seines Konflikts; ich nehme alle Einzelheiten deutlich wahr, und meine darauf folgenden therapeutischen Maßnahmen bewirken «ein Wunder». Solche Wahrnehmungen sind immer richtig, im Gegensatz zu den Ergebnissen, die ich durch Anwendung eines Standardverfahrens, durch gedankliche Schlüsse oder durch eine naheliegende Technik erziele – kurz, wenn ich eine auf Sachkenntnis gestützte Vermutung anstelle. Die Qualität einer Intuitionserfahrung ist einzigartig und ganz verschieden von dem Vorgehen nach klinischem Wissen oder nach den Schlüssen auf Grund von Ereignissen der Vergangenheit. Meine berufliche Erfahrung und mein Denken spielen schon eine Rolle, denn intuitives Verstehen ist nicht naiv – jemandem ohne Kenntnisse auf meinem Gebiet würde es nicht passieren. Aber *wie* erfahre ich bei einer solchen Gelegenheit?

Eine einheitliche Welt ist eine Voraussetzung für Intuition. Klarer ausgedrückt, die Mystiker beschreiben ihr Wissen als Wissen durch Identität: Der Wissende wird eins mit dem Wissen, statt es nur zu beobachten. Solch eine Vorstellung erfordert als Basis eine metaphysische Weltsicht, in der jeder auf irgendeine Weise mit allem anderen verbunden ist; es impliziert eine Feldtheorie, in der zwischen den einzelnen Entitäten keine absoluten Grenzen existieren, sondern alle Entitäten innerhalb des Feldes miteinander verbunden sind.

In einer solchen Weltsicht gehört Bewußtsein zu den Grundelementen. Wenn wir an einem Bewußtsein teilhaben können, das sich nicht auf das einzelne Gehirn beschränkt, sondern sich durch die gesamte Existenz erstreckt, dann sind Subjekt und Objekt eins, und wir können wissen, indem wir das Objekt sind. Nach westlicher Auffassung wird eine derartige Feststellung gewöhnlich als unsinnig betrachtet, denn nach unserem Schema der Objektwelt, der Welt der voneinander scharf getrennten Dinge, läßt sich so etwas nicht verstehen. Die mystische Sicht beschreibt eine andere Organisation der Realität, nicht eine der festen Grenzen, sondern der fließenden Unterschiede. Es existieren zwar Entitäten, jedoch nicht scharf abgegrenzt, sondern so wie Wellen ihre eigene Existenz haben und gleichzeitig ineinander übergehen und eins sind mit dem Ozean, aus dem sie hervortreten und mit dem sie wieder verschmelzen. Die Mystiker gehen noch einen Schritt weiter und sagen, daß jede Welle gleichzeitig jede andere ist, untrennbar in Zeit und Raum.

So eine Weltsicht kommt uns absurd vor auf Grund unserer festen Perspektive, die auf der fundamentalen Annahme unserer westlichen Kultur beruht, die Alfred North Whitehead als «einfache Lokalisierbarkeit» bezeichnet:

Wenn Sie die Philosophie einer Epoche kritisieren, dann richten Sie Ihre Aufmerksamkeit nicht hauptsächlich auf jene intellektuellen Positionen, die zu verteidigen sich deren Vertreter gezwungen fühlen. Es werden einige fundamentale Annahmen existieren, die die Anhänger der verschiedensten Systeme jener Epoche unbewußt glauben. Solche Annahmen erscheinen so offensichtlich, daß die Leute nicht wissen, was sie annehmen, weil ihnen keine andere Weise, die Dinge zu sehen, begegnet ist. Mit diesen Annahmen ist eine gewisse Anzahl von philosophischen Systemen möglich, und diese Gruppe von Systemen konstituiert die Philosophie der Epoche.

Eine solche Annahe unterliegt in unserer modernen Zeit der ganzen Philosophie über die Natur. Sie ist verkörpert in der Vorstellung, die den konkretesten Aspekt der Natur ausdrücken soll. Die ionischen Philosophen fragten: «Woraus besteht die Natur?» Die Antwort darauf wurde in Begriffen wie Stoff, Masse oder Materie gegeben – der besondere gewählte Ausdruck ist nicht wichtig –, der die Eigenschaft des einfachen Ortes in Raum und Zeit hat, oder, wenn Sie die modernen Ideen übernehmen, in der Raum-Zeit ...

Das Kennzeichen, das Raum und Zeit gemeinsam ist, liegt darin, daß man von Materie sagen kann, sie sei hier im Raum und hier in der Zeit, oder hier in der Raum-Zeit, in einem vollkommen eindeutigen Sinn, der für seine Erklärung keinen Bezug auf andere Regionen der Raum-Zeit benötigt.[22]

Whitehead schrieb aus der Sicht der 1905 von Einstein aufgestellten speziellen Relativitätstheorie. 1932 konnte Max Planck erklären:

In der modernen Mechanik ... ist es unmöglich, eine angemessene Version der Gesetze zu finden, nach denen wir suchen, wenn wir das physikalische System nicht *als ein Ganzes* betrachten. Gemäß der modernen Mechanik (Feldtheorie) existiert jedes einzelne Partikel des Systems, in einem gewissen Sinne, zu jedem Zeitpunkt, gleichzeitig in jedem Teil des Raums, der von dem System eingenommen wird. Diese gleichzeitige Existenz bezieht sich nicht nur auf das Kraftfeld, von dem es umgeben ist, sondern auch auf seine Masse und Ladung.[23]

Betrachten Sie Broglies Aussage von 1958:

In der Raum-Zeit ist alles, was für jeden von uns Vergangenheit, Gegenwart und Zukunft konstituiert, auf einmal gegeben, und die ganze Ansammlung von Ereignissen, die für jeden von uns hintereinanderfolgen und die die Existenz eines Materiepartikels bilden, wird durch eine Linie dargestellt ... jeder Beobachter entdeckt im Laufe der Zeit sozusagen neue Abschnitte der Raum-Zeit, die ihm als aufeinanderfolgende Aspekte der materiellen Welt erscheinen, obwohl in Wirklichkeit die ganze Ansammlung der Ereignisse, die

die Raum-Zeit konstituieren, schon existiert, bevor der Beobachter sie erfährt.[24]

Heisenberg erklärte, wie die Relativitätstheorie und die Quantenmechanik zu Auffassungen von Raum, Zeit und Kausalität führen, die sich völlig von denen unterscheiden, nach denen wir in unserer normalen Erfahrungswelt handeln.[25] Diese Konzepte sind so fremdartig, daß noch nicht einmal Physiker sie «verstehen», sich ihre Folgerungen nicht bildhaft vorstellen können. Trotzdem sind die Wissenschaftler gezwungen, die Realität, wie sie durch diese Konzepte dargestellt wird, anzuerkennen, weil sie sich experimentell in der Physik und in der Astronomie nachweisen läßt. Diese Welt kann nur noch durch Begriffe einer Mathematik beschrieben werden, zu deren Vorstellungen die vierdimensionale «Raum-Zeit» gehört, eine Mathematik, die in der subatomaren und der Welt der Galaxien gilt.

Die Experimente der Wissenschaftler haben also den illusionären Charakter der Objektwelt und den der Sicht der Wirklichkeit, wie sie das Objekt-Selbst aufrechterhält, empirisch bewiesen. Das bedeutet nicht, daß die Welt des unendlich Kleinen und des unendlich Großen der Sonderfall ist, sondern eher die gewöhnliche Objektwelt. Unsere gewohnte Sicht der Welt und die logischen Konsequenzen, die wir daraus ziehen, funktionieren nur in einem ganz engen Bereich. Wenn wir ihre Dimensionen verlassen, verliert alles seine Gültigkeit.

Mit unseren Sinnen können wir diese neue Welt, die die Physiker durch die Anwendung einer neuen Mathematik und einer raffinierten Technologie entdeckt haben, nicht erfassen. Doch die Entdeckungen der modernen Physiker unterstützen die Auffassung der Mystiker, daß die Welt des gesunden Menschenverstandes – eine Welt, die aus Objekten besteht – eine Illusion ist, genau deshalb, weil wir dazu neigen, die Welt der Erfahrung in festumrissene Objekte aufzuteilen und sie dann in festen Kategorien von Raum und Zeit einzuordnen. In Wirklichkeit ist die Welt ein Fluß von Aktivität, in dem Formen erscheinen und wieder verschwinden, vergängliche Muster in einem dynamischen, lebendigen Strom, dessen grundlegende Formlosigkeit die Mystiker Leere oder das Absolute nennen.

Skeptiker, die es schwierig finden, die Realität des Absoluten anzuerkennen, brauchen ihre Perspektive gar nicht so sehr zu ändern, um Risse in ihrer festgefügten Welt zu entdecken. Physiker, Psychologen und Biologen sind sich einig, daß Grenzen, die die Welt definieren, mehr scheinbar als real sind.

Gardner Murphy hat darauf hingewiesen, daß unser Konzept der biologischen Grenzen eine Funktion der jeweiligen Zeit und der Größenskala ist, die wir anwenden. Scheinbare Grenzen sind Sinnesphänomene, die aus solchen Skalen resultieren; sie sind nicht absolut. Ein Beispiel: Wir stehen in einem ständigen Austausch von Materie mit unserer Umgebung, durch Atmung, Essen und Ausscheidung, eine Tatsache, die durch Radio-Isotop-Untersuchungen erhärtet wird, die zeigen, daß unsere Körper ständig Stoffe umwälzen und daß wir nicht mehr dieselbe Ansammlung von Atomen sind, die wir vor einem Jahr waren. Bertalanffy faßte das zusammen:

> Als Ergebnis des Stoffwechsels, der für jeden lebenden Organismus charakteristisch ist, sind seine Bestandteile von einem Augenblick zum nächsten nicht mehr dieselben. Lebende Formen *sind* nicht, sie *geschehen*.[26]

Knochen und Muskeln werden also anders gesehen: Was wir Strukturen nennen, sind in Wirklichkeit langsame Prozesse von langer Dauer; was wir Funktionen nennen, sind schnelle Prozesse von kurzer Dauer. Wenn wir also sagen, eine Funktion, wie das Zusammenziehen eines Muskels, wird von einer Struktur ausgeführt, bedeutet das, daß eine schnelle und kurze Prozeß-Welle eine langdauernde und langsam rollende Welle überlagert. Aktivität, Wechsel, Prozeß – das ist die «Substanz» unserer Körper, unserer Welt und des Universums. Gradienten, nicht Grenzen bestimmen Form.[27]

Mystiker gehen noch weiter und behaupten, daß die Welt von isolierten Objekten, wie unsere Sinne sie präsentieren, nicht durch den linearen Ablauf der Ereignisse bestimmt wird, sondern vielmehr ein untereinander verbundenes, organisches Muster von parallelen und gleichzeitigen Beziehungen ist, in dem die linearen Beziehungen nur einen kleinen Teil bilden. Die Physiker sind zu einer ähnlichen Auffassung gelangt:

> Die Quantentheorie zwingt uns, das Universum nicht als eine Ansammlung physikalischer Objekte zu sehen, sondern als kompliziertes Gewebe von Beziehungen zwischen den verschiedenen Teilen eines vereinigten Ganzen.[28]

Sogar die Idee von «Teilen» – das heißt, separate Entitäten – wird durch die Folgerungen von Bells Theorem in Frage gestellt, ein mathematischer Beweis, der zuerst 1964 publiziert und vor einiger Zeit von dem Physiker d'Espignat in einem Aufsatz diskutiert wurde.[29] Kurz zusammengefaßt sagt Bells Theorem folgendes aus: Wenn die statistischen Voraussagen der Quantentheorie richtig sind, dann sind die Theorien der lokalen Örtlichkeit in mindestens einer der folgenden Annahmen, auf denen sie basieren, falsch: 1. Realismus (daß die Welt außerhalb der Person real ist und mindestens einige Eigenschaften besitzt, die unabhängig vom menschlichen Bewußtsein existieren); 2. induktives Schließen (daß allgemeingültige Schlüsse aus einzelnen Fällen gezogen werden können); 3. Einsteins örtliche Trennung (daß ein Partikel kein anderes beeinflussen kann, wenn es sich dafür schneller als mit Lichtgeschwindigkeit bewegen müßte).

Fünf von sieben Experimenten, die bisher durchgeführt worden sind, stützen Bells Theorem.[30] Und laut d'Espignat betrachten die meisten Physiker diese Theorie als bestätigt. D'Espignat schreibt, daß von den oben genannten drei Prämissen Einsteins örtliche Trennung als die fragwürdigste angesehen wird.

Die Doktrin, daß die Welt aus Objekten besteht, deren Existenz unabhängig vom menschlichen Bewußtsein ist, läßt sich mit der Quantenmechanik und den durch Experimente gefundenen Erkenntnissen nicht vereinbaren. Die Aufhebung der örtlichen Trennung scheint zu bedeuten, daß in einem gewissen Sinn alle diese Objekte ein unteilbares Ganzes bilden.

Die vollen Auswirkungen von Bells Theorem sind noch nicht sicher, doch in jedem Fall haben sie eine Revolution in unserer Betrachtung der Welt ausgelöst.

Diese Revolution in der Physik könnte sehr wohl bestätigen, daß das Universum ein «unteilbares Ganzes» ist, was ja eine Voraussetzung dafür bildet, daß Intuition – direktes Wissen – geschehen kann. Bells Theorem führt zu d'Espignats Schlußfolgerung, daß das Rätsel, wie Erkenntnis der Welt überhaupt möglich ist, anscheinend eine einfache Lösung hat, die Erkennen durch Identität von Wissendem und Wissen erlaubt:

> In dem Ausmaß, daß unser Bewußtsein und die empirische Realität komplimentäre Seiten ein und derselben Realität sind, scheint es nicht mehr als höchst überraschend, daß die allgemeinen Strukturen dieser Realität sich einerseits in der von uns konstruierten Mathematik wiederspiegeln und sich andererseits in der empirischen Realität manifestieren.[31]

Parallelen zwischen mathematisch abgeleiteten Schlußfolgerungen der Teilchenphysiker und den poetischen Äußerungen der Mystiker zu ziehen, hat seine Risiken, und Leute wie Capra und Zukav sind auch kritisiert worden. Thomsen findet ihre Versuche, «die moderne Physik mit anderen wichtigen Bereichen der Menschheit ... besonders der Mystik und der Religion in Verbindung zu setzen», verdienstvoll, gibt aber zu bedenken, daß sich die Vorstellungen in der Physik ständig wandeln. Auch in der Religion wandeln sich die Ideen, und kein Feld kann sich leisten, zu eng mit dem anderen verbunden zu sein. Und natürlich warnt Thomsen davor, daß eine zu einfache Gleichsetzung der beiden zu quasi-wissenschaftlichen Kulten und Gurus führen könnte.[32]

Die letzte Wirklichkeit entzieht sich eben jeder Formulierung.

Bernstein nimmt einen ähnlichen Standpunkt ein:

> Die Wissenschaft unserer Zeit wird unseren Nachkommen genauso antiquiert erscheinen wie große Teile der Wissenschaft des 19. Jahrhunderts uns. Eine religiöse Philosophie an eine zeitgenössische Wissenschaft anzubinden ist ein sicherer Weg, sie später überholt scheinen zu lassen.[33]

Doch ganz gleich, wie zutreffend die Sorgen dieser Kritiker sein mögen, fest steht, daß die modernen Physiker durch ihr Erforschen der materiellen Welt zu mystisch aussehenden Spekulationen gezwungen wurden. Nähmen an der Debatte über Bells Theorem oder sogar über die Folgerungen aus der Quantentheorie nicht angesehene Physiker teil, würden diese Diskussionen wahrscheinlich verächtlich als «Metaphysik» abgetan. Doch obwohl sich in der Interpretation der Welt durch die Physiker und die Mystiker Ähnlichkeiten aufzeigen lassen, sollten sie nicht als Beweismaterial dafür genommen werden, daß beide Versionen äquivalent sind. Jedoch sollte die Tatsache, daß die Physiker inzwischen mit ähnlichen Konzepten wie die Mystiker hantieren, uns davon überzeugen, daß die Weltsicht der mystischen Traditionen eine ernsthafte Untersuchung verdient.

Das von den modernen Physikern entdeckte Universum ist durch Einheit, Gleichzeitigkeit und menschliches Bewußtsein als sich gegenseitig beeinflussende Dimension charakterisiert. Dadurch wird auch im westlichen Weltbild das Funktionieren von Institution, wie sie die Mystiker verstehen, denkbar. Man kann nur hoffen, daß westliche Denker im Licht dieser wissenschaftlichen Entdeckungen auch die Möglichkeit von direktem Wissen akzeptieren und damit die mystische Wissenschaft als empirischen Prozeß, der sich mit der Entwicklung des menschlichen Potentials befaßt.

«Erfahrung ist ein überreiches Bergwerk ...

... aus dem viele Menschen Lebensschätze ausgraben.» Sándor Petöfi, Ungarns Nationaldichter, hat das gesagt.

Und was für Menschen ganz allgemein gilt, macht sich im Speziellen auch der Sparer zunutze: Schätze aus Zinsen von Pfandbriefen und Kommunalobligationen.

Pfandbrief und Kommunalobligation

Meistgekaufte deutsche Wertpapiere - hoher Zinsertrag - schon ab 100 DM bei allen Banken und Sparkassen

Verbriefte  Sicherheit

Teil II
Das Selbst

6. Das Selbst als Objekt

Der grundlegende Unterschied zwischen der westlichen Psychologie und den mystischen Traditionen liegt in der Definition vom Selbst. Wir betrachten das Selbst als eine Art Objekt, das zu einem Körper gehört und von anderen Objekten getrennt ist. Die Mystiker dagegen halten diese Auffassung für eine Illusion und sagen, sie würde nur einem sehr begrenzten Menschenbild gerecht. Sie sprechen von einem Selbst, das vom normalen Bewußtsein verdeckt wird, nicht an Raum und Zeit gebunden ist und sowohl individuell als auch universell sein kann, was sich mit den Wellen vergleichen läßt, die für sich einzeln sichtbar existieren und doch wieder völlig in dem Ozean aufgehen, von dem sie nie getrennt waren und dessen Substanz auch die ihre ist.

Da es für uns so offensichtlich zu sein scheint, daß jeder Mensch ein abgegrenztes biologisches Wesen ist, zwar fähig, mit anderen zu kommunizieren, aber an sich allein, kann die Perspektive der Mystiker erst glaubwürdig werden, wenn wir einsehen, daß wir von frühester Kindheit an diese Denkweise gelernt haben und das Objekt-Selbst erworben und nicht *a priori* gegeben ist. Darüber hinaus gibt es Anzeichen, daß wir ein anderes Selbst erfahren können.

In diesem Kapitel zitiere ich Stellen aus der Literatur der Entwicklungspsychologie und Psychotherapie, die so «spirituell» sind wie esoterische Texte. Sie befassen sich auf der psychologischen Ebene mit der Wirklichkeit und den Fragen «Wer bin ich?» und «Wieso bin ich da?», ohne sich der Terminologie der Mystik zu bedienen.

Die Welt bei der Geburt

Wir stellen uns vor, daß das neugeborene Kind die Augen aufschlägt und eine Welt sieht wie wir, nur daß es die Dinge nicht fokussieren kann und der noch unerfahrene Verstand nicht fähig ist, sie zuzuordnen und zu verstehen. Doch wir dürfen uns dessen nicht sicher sein, da wir nur sehr wenig über das Bewußtsein der Säuglinge wissen. Wir erinnern uns nicht an die ersten Monate, und Babies sind nicht in der Lage, uns etwas darüber zu berichten. Deshalb haben Philosophen und Psychologen immer wieder über die faszinierende Frage spekuliert, wie die Welt sich wohl dem Neugeborenen zeigt. Die sorgfältigen, systematischen Beobachtungen frühkindlichen Verhaltens von Piaget, Gesell, Spitz, Wolff und anderen hat uns viel Aufschluß gegeben, inwieweit unsere Vermutungen stimmen. Aber erst die moderne Chirurgie lieferte uns das brauchbarste Material.

Besonders Marius von Senden berichtet über 63 Personen, die von Geburt an wegen grauen Stars blind gewesen waren und denen durch eine Operation das Augenlicht gegeben werden konnte.[1] Sie sahen zum ersten Mal in ihrem Leben. Zum Zeitpunkt des chirurgischen Eingriffs waren die Patienten zwischen drei und dreiundvierzig Jahre alt, die meisten zwischen zehn und zwanzig. Anders als neugeborene Kinder konnten diese Leute über ihre ersten Seherfahrungen berichten.

Von Sendens «zweimal Geborene» erfuhren ihre Umwelt, als sie sie zum ersten Mal sahen, als ein gestaltloses, verwirrendes Feld von Farben und Licht, das ohne jeden Sinn für sie war. Ja, sie empfanden die visuellen Stimuli als aufdringlich und überwältigend und benötigten Wochen, um einfache Gegenstände erkennen zu lernen. So war zum Beispiel ein Patient nach vielen Bemühungen fähig, einen senkrecht gehaltenen Bleistift als solchen zu benennen; aber als der Stift um 90 Grad gedreht wurde, verschwand die Fähigkeit des Erkennens, und die Wahrnehmung mußte neu gelernt werden. Die Schwierigkeiten waren derart groß, daß manche Patienten aufgaben, sich von dem «Geschenk» des Sehens zurückzogen und sich nach der geordneten Welt des Hörens, Tastens und Riechens zurücksehnten, die ihnen so vertraut war und mit der sie gut umzugehen gelernt hatten. Sie waren nicht nur nicht in der Lage, ihre Sehfähigkeit zu nutzen, sondern der Ansturm der neuen Stimuli störte die Effektivität des alten Systems erheblich.

Trotzdem können wir diese Ergebnisse nicht als schlüssige Beweise für die erste Wahrnehmung des Säuglings nehmen, denn es gibt wesentliche Unterschiede zwischen den Reaktionen von Sendens Patienten und denen neugeborener Kinder. Peter Wolff hat zum Beispiel festgestellt, daß Babies nicht neuen Stimuli ausweichen oder vor ihnen zurückschrecken, sondern vom ersten Tag an darauf eingehen, und ihre Aufmerksamkeit wächst, je älter sie werden.[2] Anders als die Patienten von Sendens zeigen sie Zeichen eifriger Aufnahme und Neugier der visuellen Welt gegenüber. Das ist verständlich, denn für die Säuglinge sind visuelle Stimuli genauso neu und unvertraut wie auditive und taktile.

Im Gegensatz zum blinden Erwachsenen oder Jugendlichen, der das Sehen lernt, hat das Neugeborene, wie René Spitz schreibt:

> ... überhaupt kein Weltbild und keine Stimuli aus irgendeinem Sinnesbereich, das er als Signal erkennen kann; sogar mit sechs Monaten sind erst ganz wenige solcher Signale als Gedächtnisraster etabliert. Deshalb sind die Reize, die auf den Sinnenapparat des Säuglings treffen, im visuellen Bereich genauso fremd wie in den anderen.[3]

Spitz sagt auch, daß die Babies davor geschützt sind, von den Reizen überwältigt zu werden. Es scheint so etwas wie eine «Reizbarriere» zu geben, die u. a. durch deren neurologische Unreife, das selektive Aufnehmen, die vielen Stunden, die sie schlafen, und die besondere reizarme Umwelt, für die zu Hause gesorgt wird, bedingt ist.

Obwohl diese Unterschiede bestehen, gibt uns die Arbeit von Wolff, Spitz, Piaget und anderen Anlaß, anzunehmen, daß der Säugling die Welt anfangs genauso gestaltlos erlebt wie von Sendens Patienten. Untersuchungen erhärten die These, daß auch Babies das Wahrnehmen lernen müssen, d. h., die hereinkommenden Reize einzuordnen und ihnen einen Sinn beizumessen, und daß dies durch die Interaktion mit der menschlichen und gegenständlichen Welt geschieht. Säuglinge und Kinder lernen Dinge, von denen sie später, als Erwachsene, annehmen, daß sie sie schon immer gewußt haben. So lernen sie zum Beispiel, daß sich die Umwelt aus Dingen zusammensetzt und daß sie und andere Menschen Objekte sind, die voneinander getrennt und unterschieden sind. Denken und Sprache entwickeln sich zu dieser Zeit und werden durch dieselben Erfahrungen strukturiert. Ein Beispiel: Die Mutter hält einen Gegenstand, einen kleinen Ball, so, daß das Baby ihn sehen und danach greifen kann. «Ball», sagt die Mutter, «schau mal, ein schöner Ball!» Das Baby fokussiert den Ball, streckt die Hand danach aus, der Atem geht schneller, und es stößt Laute aus: «Balla, Balla!» Es greift den Ball und steckt ihn sofort in den Mund – sein wichtigstes Organ, um die Welt zu erfahren und sie sich anzueignen. Es koordiniert Sprache, Denken, Sehen und Motorik in dem Lernprozeß, und deshalb fügen sich Wort, Bild und Berühren zu dem Konzept «Ball» zusammen.

Wie Erikson und Piaget feststellen, benutzen wir unseren Körper als Schablonen, um die Welt zu verstehen. Nehmen wir eines von Piagets Experimenten: Ein Kind wird mit der Problemlösung konfrontiert, eine Schachtel mit einem Deckel zu öffnen. Wie wird es damit fertig werden? Es dreht die Schachtel hin und her und kämpft mit dem Rätsel. Plötzlich macht es den Mund auf und öffnet dann die Schachtel.[4] Es benutzt den Körper als einen Gegenstand, ein Mittel, die Schachtel zu verstehen, also in Kontakt mit der Welt zu treten und sie zu begreifen. Solche Erfahrungen bestimmen die Struktur unseres Denkens und lehren den Körper Regeln. Letztlich gründen sich dann unsere abstrakten und grundlegendsten Auffassungen auf der Gleichung: Objekt = Körper = Selbst oder Ich. Zum Beispiel sind unsere Vorstellungen vom Raum, der Zeit und Kausalität in Wirklichkeit der Raum, die Zeit und die Kausalität, die sich auf die Welt der Objekte beziehen. So nützlich und notwendig diese Begriffsstrukturen auch sein mögen, sie stellen doch ein Hindernis dar, wenn es um die Wahrnehmung einer Realität geht, deren Dimensionen die der Objekt-Welt überschreiten. Diese Grenzen sind schwer zu überwinden, da sie so früh in Ermangelung anderer Erfahrungen errichtet wurden. Die Objekt-Realität ist für uns so ungemein überzeugend, da wir sie mit unserer Objekt-Erfahrung messen.

Das Bewußtsein selbst kann diese andere Erfahrung verschaffen, denn es hat keine Objekt-Eigenschaften und stellt eine Anomalie in der Objekt-Welt dar. Jedoch entwickelt sich das Bewußtsein vom Bewußtsein erst spät. Zu Beginn dominiert das Körperliche. Die Beobachtungen von Louise Ames über das soziale Verhalten von achtzehn Monaten alten Kindern veranschaulichen die Dominanz des Gegenständlichen beim Umgang kleiner Kinder mit anderen oder mit sich selbst, wenn sie mit anderen zusammentreffen:

> Achtzehn Monate alte Kinder behandeln Altersgenossen meist als Gegenstände oder beachten sie überhaupt nicht. Fünf in einem Raum können jeweils einen anderen ignorieren. Wenn zwei zusammen in der Nähe eines Spielzeugs sind, kommt es leicht vor, daß das eine Kind das andere unpersönlich aus dem Weg schubst, als sei es ein Gegenstand … eines stößt, während es klettert, ein zweites weg, das auf ein drittes fällt. Oder zwei versuchen gleichzeitig an derselben Stelle zu klettern. Beide kämpfen miteinander, aber nur wegen des Platzes und nicht aggressiv, wie später. Ein Kind, das auf einen Stuhl will, auf dem schon ein anderes ist, setzt sich entweder *auf* das Kind dort oder versucht, es herunterzukippen. Oder es geht umher oder läuft in ein anderes Kind.[5]

Wir können daraus schließen, daß, wenn Kinder andere Kinder nicht als bewußte, fühlende Wesen wahrnehmen, ihr Sinn vom subjektiven Ich nur schwach oder noch nicht ausgeprägt ist. Arnold Gesell berichtet, daß in einem zwölf Monate alten Kind, das gerade zu laufen anfängt, «sogar der Sinn für sich als eigenes Geschöpf praktisch nicht vorhanden ist und es fast keinen Unterschied zwischen sich und den anderen macht.»[6]

Das Verhalten von Säuglingen zeigt, abgesehen vom Schlafen und Essen, einen elementaren Drang, auf die Umwelt einzuwirken und alles, was auch immer erreichbar ist, zu erkunden, sich einzuverleiben, zu kontrollieren und zu besitzen. Zwangsläufig liegt das Schwergewicht auf der Fähigkeit, wahrzunehmen und Objekte zu manipulieren, und das Lernen ist ganz auf dieses Ziel ausgerichtet. Interessanterweise geht der Drang zu besitzen dem Wissen von einem Ich, das besitzt, voraus. Gesell schreibt, daß im Alter von zwei Jahren «die Pronomen *mein, mir, mein, du* und *ich* ungefähr in dieser Reihenfolge in Gebrauch kommen.»[7] «Mein» führt zu «mir», «mich» (dem Objekt) und «du» (dem Objekt), und erst dann taucht «Ich» (das Subjekt) auf. Jedoch wird das «Ich» anfangs als Objekt betrachtet.

Im zweiten Jahr wächst die Egozentrik und das Besitzverhalten:

> Beziehungen zu anderen Kindern sind zögernd ... Sprache ist weitgehend darauf ausgerichtet, Objekte zu bekommen oder Objekte zu behalten. Das Kind greift nach allem, was es haben will, ist aber mehr an dem sich verschafften Gegenstand interessiert als an der Person, von der es ihn erhalten hat. Das Kind kann nicht teilen. Es ist noch dabei, sein Ich-Gefühl zu stärken, indem es Besitz ansammelt. «Mein» ist ein beliebtes Wort.[8]

Mit sechsunddreißig Monaten jedoch

> scheint (das Kind) ... es nicht mehr nötig zu haben, sein Ich durch Besitz zu bestätigen und auszuschmücken. Es zeigt sich jetzt weniger Gewalt und weniger Gewaltandrohung in seiner Beziehung zu anderen Kindern ... es beginnt, «wir» zu sagen. Mit dreieinhalb Jahren tritt ein Ich-Gefühl, das sich auf andere Kinder ausdehnt, in Erscheinung. In diesem Alter fängt das Kind an, sich mit seinen Altersgenossen einzurichten, es schließt sich mit einigen zusammen und meidet andere. Es behandelt nun andere Kinder als individuelle Personen mit besonderen eigenen Merkmalen.[8]

So beginnen Kinder mit drei Jahren andere als fühlende Wesen wie sie selbst zu erkennen und sich für sie als solche zu interessieren. Reines Besitzstreben weicht sozialerem Verhalten, und die Welt des Kindes dehnt sich erheblich aus. Es entwickelt sich in den ersten drei Jahren so etwas wie ein Bewußtseinsmodus, eine integrierte Wahrnehmungsweise, die automatisch vonstatten geht und ihre Grundlage im Objekt-Selbst hat. Der «Objekt-Modus» ist zweckmäßig und dem Bedürfnis, auf die Umgebung einzuwirken, angepaßt. Er legt Gewicht auf die Wahrnehmung von Unterschieden und Grenzen und die Strukturierung diffuser Reize zu manipulierbaren Dingen. Der Nutzen ist leicht einsehbar. So braucht man zum Beispiel, will man sich Nahrung durch die Jagd verschaffen oder auch nur Taxi fahren, ein scharfes Sehvermögen. Das Bewußtsein muß ein klares Gefühl für die Vergangenheit, die Gegenwart und die Zukunft einschließen, Planen, Erinnern und Kalkulieren sind erforderlich. Das Selbst oder Ich ist in solch einem Bewußtseinsmodus ein Objekt, genau wie der Hirsch oder die Automobile Objekte sind. Das Selbst der normalen, «greifbaren» Erfahrung, d. h. begrenzt und unterschieden von anderen Wesen oder Dingen, bestimmt die Weltsicht. Auf diese Weise ermöglicht der Objekt-Modus dem Organismus, auf die Umwelt einzuwirken und so zu überleben. Selbsterhaltung und Erwerb sind die Grundbestrebungen des Objekt-Selbst, und diese Motivation dient dem Objekt-Selbst und verstärkt es. Man kann also sagen, daß unsere Weise, die Welt wahrzunehmen, eine Funktion unserer Absicht ist. Wie wir das Selbst erfahren, ist jeweils durch den Modus bestimmt, und der erhält wiederum den jeweiligen Selbst-Typus.

Anfänglich ist das Objekt-Selbst zum psychologischen und auch körperlichen Überleben notwendig. Tatsächlich führt das Ausbleiben der Errichtung eigener Grenzen zu verzögerter Entwicklung und Psychose. Ist das Objekt-Selbst jedoch erst einmal geschaffen, gibt es die Kontrolle nicht auf und beherrscht schließlich das Bewußtsein. Die Tyrannei des Objekt-Selbst hat unglückliche Folgen, denn wir sind mehr als Gegenstände und haben Bedürfnisse, die von dem Objekt-Modus nicht erfüllt werden können.

Dagegen erfordert der Wunsch, von der Umgebung aufzunehmen (zum Beispiel Musik hören), statt auf sie einzuwirken, zu handeln, wie der Jäger das tun muß, eine andere Art von Bewußtsein, und zwar eines, das das Gefühl für Grenzen schwächt und die Erfahrung des Einswerdens mit der Umwelt erlaubt. Dieser «rezeptive Modus» hängt mit einem anderen Selbst-Gefühl zusammen als das vom Jäger oder Taxifahrer. Es darf nicht so trennend und so ausgeprägt sein; Vergangenheit und Zukunft fallen weg, und Sinneseindrücke dominieren über die Wahrnehmung von Form und Wortinhalten. Analytisches Denken hört meist auf, die Aufmerksamkeit wird diffus, und die Grenzen verwischen. Das getrennte Selbst löst sich auf, und die Erfahrung von der Verbindung und dem Verschmelzen mit der Umwelt ist möglich.

Die nachfolgende Tabelle faßt die Hauptmerkmale der beiden Modi zusammen.

	Objekt-Modus	*Rezeptiver Modus*
Absicht:	Einwirken auf die Umwelt	Aufnahme der Umwelt
Selbst:	objektartig, lokalisiert, von anderen getrennt, Blickwinkel, von dem die Welt gesehen wird, egozentrisches Bewußtsein	undifferenziert, nicht lokalisiert, nicht von der Umwelt unterschieden, Verwischen oder Auflösen von Grenzen, weltzentriertes Bewußtsein.
Welt:	Objekte absolute Zeit lineare Kausalität	Prozeß relative Zeit Simultanität
Bewußt-sein:	fokale Aufmerksamkeit, scharfe Grenzen bei der Wahrnehmung, logisches Denken, analysieren, das Formale dominiert über das Sinnliche Vergangenheit / Zukunft	diffuse Aufmerksamkeit verwischte Grenzen jenseits der Logik, intuitiv, phantasiereich, das Sinnliche dominiert über das Formale Hier und jetzt
Kommunikation:	Sprache	Musik / Kunst / Poesie
Neurophysiologie	Sympathikussystem linke Hirnhälfte dominiert, EEG: vermehrte Beta-Wellen, geringere Alpha- und Theta-Wellen	Parasymphathikussystem rechte Hirnhälfte dominiert, EEG: verminderte Beta-Wellen, vermehrte Alpha- und Theta-Wellen

Vergleich der Modi

Die verschiedenen Funktionen der zwei Modi decken sich bis zu einem gewissen Grad mit der Arbeitsweise der linken und der rechten Gehirnhälfte. Die lineare Organisation, die für die linke Hälfte des Gehirns charakteristisch ist, entspricht den Kennzeichen des Objekt-Modus, während die rechte Hälfte mehr mit der holistischen Wahrnehmung zu tun hat und beachtliche Übereinstimmung mit dem rezeptiven Modus zeigt.

Bei der Geburt hat das rezeptive Bewußtsein die absolute Dominanz. Da der Säugling aber bestrebt sein muß, zu überleben, sich die Welt zu ordnen und auf sie einzuwirken, entwickelt sich bald das Objekt-Bewußtsein, das mit dem Heranwachsen sehr rasch zu überwiegen beginnt. Genausowenig können wir als Erwachsene in dieser Welt darauf verzichten, Situationen zu kontrollieren und Objekte zu manipulieren. Von daher läßt sich das Objekt-Verhalten nicht einfach durch das rezeptive Verhalten ersetzen und vice versa. Der Taxifahrer, der einen eiligen Fahrgast durch dicksten Verkehr in kürzester Zeit zum Flughafen bringen soll, braucht unbedingt das Objekt-Bewußtsein zur Erfüllung seiner Aufgabe, was in diesem Fall bedeutet: exakte Kontrolle des Autos, scharfe, abgegrenzte Wahrnehmung, klares Erkennen und Analysieren der jeweiligen Verkehrssituation, optimale Muskelspannung und so weiter. Wenn Verliebte sich jedoch mit dem Objekt-Bewußtsein einander nähern und versuchen, den Partner zu kontrollieren und das Gefühl der Abgegrenztheit aufrechtzuerhalten, werden sie höchstens «Sex machen», aber niemals im Orgasmus verschmelzen.

Beide Bewußtseinsweisen sind erforderlich, um das Leben zu meistern. Wir wissen, daß kreatives Problemlösen zwei Phasen einschließt, die diesen beiden Modi entsprechen. Die erste Phase verlangt das objektive Bewußtsein mit seinem aktiven, starken, kontrollierten Denken, um Fakten zusammenzutragen, logische Verknüpfungen herauszufinden und die Lösung der Schwierigkeit zielstrebig in Angriff zu nehmen. Normalerweise gerät man dabei dann jedoch in eine Sackgasse. Darauf setzt die

zweite Phase ein. Man entspannt sich, richtet die Aufmerksamkeit auf etwas anderes, läßt die Gedanken umherschweifen.
Plötzlich taucht in diesem Zustand der Entspannung (rezeptives
Bewußtsein) die Lösung auf. Solche «Inspirationen» kommen
häufig kurz vor dem Einschlafen oder beim Aufwachen vor oder
wenn man Musik hört oder sich in Träumereien verliert. Das
rezeptive Bewußtsein erlaubt eine Synthese, ein Verschmelzen
von dem, was das ordnende Objekt-Bewußtsein getrennt gehal-
ten hat.

Kontrolle ist der wesentliche Faktor beim Objekt-Verhalten,
während das rezeptive Bewußtsein loslassen und zulassen erfordert statt geschehen machen. Das heißt nicht, daß eine Bewußtseinsweise der anderen überlegen ist, sondern jede hat entsprechend der Situation ihre Vorteile. Die Bedeutung der Kontrolle,
die durch das Objekt-Bewußtsein möglich ist, wurde mir einmal
sehr fühlbar während meiner Praktikantenzeit im Krankenhaus
veranschaulicht. Ich assistierte bei einer neurologischen Operation, die um drei Uhr morgens stattfand. Wegen meiner Müdigkeit und der ungewohnten Stunde begann meine Objektivität
und meine analysierende Distanz mehr und mehr nachzulassen.
Als der Geruch des kauterisierenden Skalpells in meine Nase
stieg, nahm ich auf einmal das offen vor mir liegende Gehirn-
stück als das Gehirn eines Menschen wie ich wahr, und die *emotionale Bedeutung* der Schnitte in dem empfindlichen Hirnge-
webe riefen plötzlich heftige Reaktionen in meinen Eingewei-
den hervor. Mir wurde schwindlig und übel, und ich fiel beinahe
in Ohnmacht und mußte mich vom Operationstisch entfernen.
Ich hatte jedoch vor diesem Vorfall schon mehrfach bei solchen
Operationen assistiert, ohne daß es zu diesen extremen Reaktionen gekommen war, weil ich gelernt hatte, im Objekt-Bewußtsein zu funktionieren. Diesmal war es durch die Übermüdung
zusammengebrochen, und das rezeptive Bewußtsein hatte die
Dimensionen meiner Erfahrung bestimmt. Das Ergebnis war das
Versagen bei dieser bestimmten Aufgabe.

Die entgegengesetzte Erfahrung – nämlich die Bedeutung des
rezeptiven Bewußtseinsmodus' – wird beim Besuch einer Kunst-
ausstellung deutlich. Die meisten Menschen betreten ein Mu-

seum im Objekt-Bewußtsein und schlendern ziemlich schnell an den Gemälden oder Skulpturen vorbei, wobei sie ihnen nur zwischen fünf und zehn Sekunden Beachtung schenken. (Achten Sie einmal beim nächsten Museumsbesuch darauf.) Bei einem Besucher mit solchem Bewußtsein bewirkt das Museum müde Füße und einen vollgestopften Kopf. Die Erfahrung ist enttäuschend, weil man Kunst nur in vollem Umfang aufnehmen kann, wenn man ihr mit rezeptivem Bewußtsein begegnet. Die Bewußtseinsweise, mit der jemand Auto fährt oder eine Arbeit verrichtet, die nach Kontrolle verlangt, ist für die Kommunikation mit einem Kunstwerk ungeeignet. Würde sich der Museumsbesucher die Muße nehmen, länger vor einem Ausstellungsstück zu verweilen, würde er sein aktives Denken abstellen und es einfach erlauben, daß sich das Bild oder die Statue ihm gegenüber ausdrückt, wäre die Erfahrung völlig anders. Befriedigt, erfrischt und psychologisch gestärkt verließe er die Ausstellung. Die «Präsenz» eines Werkes sollte zum Betrachten übergehen, statt daß der Betrachter das Werk mit seinem Starren attackiert. Von diesem Unterschied ist in Rainer Maria Rilkes Gedicht *Archaischer Torso Apollos* die Rede:

> Wir kannten nicht sein unerhörtes Haupt,
> darin die Augäpfel reiften. Aber
> sein Torso glüht noch wie ein Kandelaber,
> in dem sein Schauen, nur zurückgeschraubt,
>
> sich hält und glänzt. Sonst könnte nicht der Bug
> der Brust dich blenden, und im leisen Drehen
> der Lenden könnte nicht ein Lächeln gehen
> zu jener Mitte, die die Zeugung trug.
>
> Sonst stünde dieser Stein entstellt und kurz
> unter der Schultern durchsichtigem Sturz
> und flimmerte nicht so wie Raubtierfelle;
>
> und bräche nicht aus allen seinen Rändern
> aus wie ein Stern: denn da ist keine Stelle,
> die dich nicht sieht. Du mußt dein Leben ändern.[10]

Dieses Kunstwerk ist kein lebloser Gegenstand, sondern eine Lebenskraft, die den Betrachter berühren und verändern kann, wenn es durch den richtigen Bewußtseinszustand zugelassen wird.

Ich möchte aber darauf hinweisen, daß dieses rezeptive Bewußtsein nicht das «höhere Bewußtsein», das Ziel der Mystiker, ist. Das höhere Bewußtsein basiert auf dem rezeptiven Wahrnehmen und deckt sich auch in manchen Definitionen damit, überschreitet jedoch diese Ebene bei weitem. Aber die Mystiker legen großes Gewicht auf das rezeptive Bewußtsein, das in unserer westlichen Kultur ein Schattendasein fristet, da der analysierende, ewig beobachtende Verstand so hochgehalten wird. Sie streben als Grundlage für die weitere Entwicklung eine Harmonie zwischen dem Objekt-Bewußtsein und dem rezeptiven Bewußtsein an. Die Schüler dieser Schulen lernen die Fähigkeit, zuzulassen, loszulassen, sich nicht mehr mit einem konditionierten Selbstbild abzugrenzen und für die wesentlichen Wahrnehmungen offen zu werden.

Auch für den Patienten in der Psychotherapie gilt meist, wie für fast alle hier im Westen, daß durch das Überwiegen des Objekt-Bewußtseins das wesentliche, tiefe Erleben verstellt ist. Können Sie für sich das rezeptive Bewußtsein steigern, erlangen Sie dadurch größere persönliche Befriedigung und eine bessere Kommunikation mit anderen.

Das Objekt-Modell ermöglicht zwar, uns gegen eine Objekt-Welt zu behaupten, sie weitgehend nach unseren Wünschen zu gestalten, funktioniert aber auf Kosten der Gefühlswerte und der Erlebnisfähigkeit, die in diesem Modell nicht enthalten sind. Es verengt unsere Wahrnehmung erheblich. Äußeres, Formen und analytische Logik überwiegen gegenüber Gefühlen. Wie sich unser Bewußtsein in unserer Entwicklung vom rezeptiven zum Objekt-Modus verschiebt, zeigt eine Untersuchung von Shapiro, bei der er verschiedenen Altersgruppen einen Rorschachtest vorlegte.[11] In der Reaktion auf die Tintenkleckse läßt sich ein deutlicher Trend ablesen: Die Gruppe der Jüngsten reagiert in der Hauptsache auf die Farbgebung und die Phantasiegestaltung, während die Älteren mehr und mehr Gewicht auf die Form und deren mögliche Bedeutung legen. Das heißt, die Kleinsten *erleben* noch die Kleckse, die anderen *analysieren* dagegen mit zunehmendem Alter mehr und mehr. Davon ausgehend können wir also annehmen, daß unsere Wahrnehmung der Welt sich mit dem Heranwachsen ändert, weil wir unser Gewicht auf ganz andere Aspekte legen; unser Bewußtseinsmodus bestimmt unsere Wirklichkeit.

So kommt es, daß wir uns als Objekte wahrnehmen, die sich von anderen Objekten unterscheiden, und nur sehr selten das subjektive Ich, das «Ich» des Bewußtseins, erleben. Geschieht es, betrachten wir es als unwirklich oder ordnen es kurzerhand dem Bereich der Objekte zu.

Viele Techniken der Mystiker können dahingehend verstanden werden, daß sie unter anderem eine Veränderung in Richtung auf einen Ausgleich zwischen den beiden Bewußtseinsweisen bewirken sollen. Im Westen heißt das, die rezeptive Wahrnehmung des Schülers wird verstärkt. Dadurch wird er für Dimensionen der Wirklichkeit geöffnet, die ihm vorher durch das Objekt-Bewußtsein verstellt waren. Sein Bewußtsein beginnt sich zu erweitern und damit die Wahrnehmung der Realität.

7. Motivation, Tugend und Bewußtsein

Wir haben gesehen, wie die Motivation unser Bewußtsein und damit unsere Wirklichkeit bestimmt. Das Objekt-Bewußtsein mit seiner Ausrichtung auf Kontrolle und Zugriff steht im Widerspruch mit der Wahrnehmung einer untereinander verbundenen, einheitlichen Wirklichkeit. Je egoistischer jemand ist, desto unmöglicher kann er eine Identität, die über das Objekt-Selbst hinausgeht, erfahren. Die Tugenden, die seit alters her in der Mystik und von den Religionen gefordert werden, sind als Mittel zu verstehen, eine Wahrnehmungsbasis zu schaffen, die sich von der des Objekt-Bewußtseins unterscheidet, und erlauben, die Verbindung zwischen den Menschen und den Dingen zu sehen, statt die Trennungen und Unterschiede.

Bei den institutionalisierten Religionen hat die Empfehlung, tugendhaft zu leben, jedoch eine Verengung in Richtung auf ein erzieherisches Mittel, auf eine moralische Bewertung, erfahren, und damit sind Belohnung und Bestrafung verbunden. Die Menschen neigen deshalb dazu, sich tugendhaft zu verhalten wie Schulkinder, die dem Lehrer gefallen wollen, um gute Noten und dessen Lob und Aufmerksamkeit zu bekommen. Betrachtet man solche «tugendhaften» Bestrebungen genauer, ähneln sie einem Handel: Himmlischer Kredit wird, fein säuberlich von einem göttlichen Buchhalter notiert, angesammelt, um sich ein angenehmes Leben nach dem Tod zu sichern. Das ist jedoch nicht die Funktion der Tugend in der Mystik. «Ich will Gott nicht wie ein Arbeiter, in Erwartung auf meine Entlohnung, dienen», sagt Rabia, die Sufi-Heilige.[1]

Im Westen hat man meist ungenaue Vorstellungen, wie die Tugend in der Mystik gesehen wird. In der Tat verwechselt man bei uns immer wieder Frömmigkeit mit Mystik, weil die Ausübung von Tugenden bei den Mystikern eine so wichtige Rolle spielt – ja, eine größere als die meisten Praktiken, die uns interessanter erscheinen. So ist zum Beispiel in den Upanishaden die wichtigste Lehre «das Herz zu reinigen», um Brahman sehen, «frei von Begierden» zu werden, um die Wahrheit erkennen zu können:

> Wenn alle Begierden, die in unserem Herzen wohnen, abfallen, dann wird der Sterbliche unsterblich und erreicht hier Brahman.
> Wenn alle Bande des Herzens hier auf der Erde durchtrennt sind, dann wird der Sterbliche unsterblich. Das ist eigentlich schon die ganze Lehre.[2]

Buddha war deutlicher und verordnete für seine Schüler Barmherzigkeit, Güte, Demut, Geduld und Gelassenheit. Ähnliche Eigenschaften sollen auch für die Schüler des Sufismus nötig sein.

Dabei ist keine Frömmigkeit um ihrer selbst willen gemeint, keine Tugendhaftigkeit, um gut zu sein. In der mystischen Wissenschaft wird tugendhaftes Verhalten als notwendiger Schritt in der Entwicklung intuitiver Wahrnehmung angestrebt. Die Mystiker wissen um die Beziehungen zwischen Motivation, Bewußtsein und Wahrnehmung. Wie sie sagen, führt tugendhaftes Verhalten zu bestimmten psychologischen Veränderungen, die wichtig für ihr Ziel sind. Tugend ändert die Wahrnehmung, erweitert sie, was eines der Hauptanliegen der Mystiker ist.

Unter diesem Aspekt unterscheidet sich die Motivation eines Adepten, sich tugendhaft zu verhalten, von der eines Religionsanhängers, und dieser Unterschied zeigt, daß die Mystik eher eine Psychologie als ein Glaubenssystem ist. Der Wunsch, in den Himmel zu kommen, oder die Angst vor der Hölle – Hauptgrund für tugendhaftes Leben bei den institutionalisierten Religionen – sind nach Ansicht der Mystiker nur hinderlich bei der Entwicklung der intuitiven Wahrnehmung. Nach den mystischen Texten kann ein Lehrer nicht etwas schenken oder verleihen. Er kann nur helfen, jemand zu einem geeigneten Schüler zu machen, der dann fähig ist, die Erkenntnis, das heißt die Erleuchtung, zu erlangen. Erkenntnis kann weder einem Schüler vorenthalten werden, der bereit für sie ist, noch kann sie einem Schüler gegeben werden, der noch nicht die Fähigkeit hat, sie zu empfangen. Das ist wertfrei zu sehen und hat nichts mit Belohnung und Bestrafung im üblichen Sinne zu tun. Die Fähigkeit zur Erkenntnis ist eine Funktion der persönlichen Entwicklung. Man kann sie sich nicht durch Tugendhaftigkeit «verdienen», man kommt in die Lage, sie zu erhalten.

Das Ziel der Entsagung

Aber warum verlangt die Mystik, daß «das Herz gereinigt werden soll», wenn damit keine Belohnung verbunden ist? Warum ist es für den Schüler notwendig, «frei von Begierden» zu sein, sogar von dem Wunsch nach dem Himmel oder der Erleuchtung? Kurz gesagt, wie kann tugendhaftes Verhalten zur mystischen Entwicklung beitragen? Betrachten wir der Einfachheit halber nur eine Tugend, den Verzicht, die Entsagung, die sowohl in der mystischen Schulung als auch in den üblichen Formen der institutionalisierten Religionen als wichtig angesehen wird. Allgemein versteht man unter Entsagung asketisches Verhalten: Keuschheit oder Armut, in einer Höhle, zurückgezogen von der Welt, leben, vegetarisch essen usw. Das sind Äußerlichkeiten. In Wirklichkeit ist Entsagung aber eine *Haltung*. Entsagung heißt, die Verhaftung an die Dinge dieser Welt aufzugeben, eine Verhaftung, die aus dem Wunsch, sie zu besitzen, herrührt.

Ein Zen-Meister hat betont: «Entsagung bedeutet nicht, die Dinge dieser Welt aufzugeben, sondern zu akzeptieren, daß sie weggehen.»[3] Das Ergebnis dieses Akzeptierens ist Erfüllung und nicht Entbehrung. Entsagung heißt nicht, daß man irgendwelche Aktivitäten *per se* aufgibt und sich vom Alltag zurückzieht. In der Bhagavad Gita kann sogar Krieg im Geist der Entsagung geführt werden. Die Veden äußern sich klar dazu: «Nicht die Handlung selbst, sondern der Wunsch nach dem Ergebnis bringt das Leiden. Deshalb wird vom Handelnden gefordert, alles Anhaften an das Ergebnis aufzugeben.»[4]

Mystik hat das Anliegen, die Grenzen des Objekt-Selbst zu sprengen. Wenn wir uns klarmachen, daß zu besitzen eine Hauptfunktion dieses Selbst ist, können wir erkennen, wie Entsagung ein Bewußtsein ermöglicht, das anders als im Objekt-Modus wahrnimmt. Herrscht das Objekt-Bewußtsein, dann ist, ganz gleich, wonach jemand strebt – ob nach Geld, Tugend oder Himmel –, die dahinterliegende Absicht dieselbe: zu besitzen. Und Besitzen verstärkt wiederum das Objekt-Selbst. In der Tat kann nur das Objekt-Selbst – definiert durch sein Getrenntsein von anderen Dingen – besitzen.

Der Wunsch zu besitzen wird als «Gier» oder «Hunger» bezeichnet, und in der Mystik ist dieser Begriff eher beschreibend als bewertend. Das Problem liegt nicht darin, daß Gier vielleicht schlecht ist – im frühen Stadium der Entwicklung ist sie sogar notwendig für das Überleben –, sondern daß sie psychologische Konsequenzen hat. So verstärkt das Streben zu besitzen insbesondere nicht nur das Objekt-Selbst, sondern erzeugt die Angst, das, was man besitzt, zu verlieren. Die größte Angst ist dann die vor dem Tod, weil er den Verlust allen Besitzes *und* des Objekt-Selbst beinhaltet.

Es ist schwer, ein neurotisches Symptom oder ein menschliches Laster zu finden, das sich nicht auf den Wunsch zu besitzen oder die Angst vor dem Verlust zurückführen läßt. Von daher erstaunt es nicht, daß bei den mystischen Traditionen großes Gewicht auf das Entsagen, also das Aufgeben der Besitzgier, gelegt wird. In den buddhistischen Schriften wird das Entsagen sogar als *die* Behandlung für alles menschliche Leid verordnet. Wir werden jetzt verstehen, daß neurotische Symptome sozusagen als Nebeneffekt eines Prozesses verschwinden können, der die Dominanz des Objekt-Selbst verringert.

Schließlich sind Entsagung, Selbstlosigkeit und tugendhaftes Verhalten im allgemeinen notwendig, weil sie die Natur der Wirklichkeit, die Weise, wie die Dinge sind, widerspiegeln.

Eignes Leid

Wann immer der Sasower einen leiden sah, an der Seele oder am Leibe, nahm er daran mit solcher Inständigkeit teil, daß das Leid zu seinem eignen wurde. Als ihm jemand einmal seine Verwunderung darüber aussprach, daß er immer so mitleiden könne, sagte er: «Wie denn, mitleiden? Das ist doch mein eignes Leid, wie kann ich denn anders als es leiden?»[5]

Zu solch einem Verständnis zu kommen, daß wir alle eins sind, ist nicht leicht, insbesondere da wir nicht sehen, in welchem Ausmaß unsere normale Wahrnehmung, die auf dem Objekt-Selbst beruht, eine Verzerrung ist. Als Folge dieser verstellten Sehweise ist unser Verhalten weitgehend egozentrisch, ganz gleich, wie es nach außen wirken mag.

Wir bemerken nur selten die subtile Heuchelei, die unserer Kultur immanent ist, all die akzeptierten Begründungen, mit denen wir die Bedürfnisse anderer ignorieren, oder die Eitelkeit, die durch augenfällige Akte der «Großzügigkeit» genährt wird, oder den Stolz, der sich hinter moralischer oder intellektueller Rechtschaffenheit verbirgt. Die mystischen Schulen weisen den Adepten unerbittlich auf die Verlogenheit der von uns so hoch gehaltenen Tugenden hin und zeigen, daß man sein eigenes Inneres nicht belügen kann. Es verrät dem, der wach dafür geworden ist, doch die Absicht, die dahintersteht.

Im Gegensatz zur mystischen Schulung richtet die Psychoanalyse ihr Augenmerk auf die Fehlentwicklungen und Verzerrungen, die aus der persönlichen Geschichte stammen, und vernachlässigt die kulturellen Neurosen, den sanktionierten Selbstbetrug, an dem die Therapeuten teilhaben. Es wäre von größter Wichtigkeit für die Psychotherapeuten, wenn sie sich bewußter darüber würden, in welcher Weise sie und ihre Patienten nach Befriedigung und Verstärkung des Objekt-Selbst suchen und dadurch anfällig für Ängste werden und das Besitzverhalten der anderen intensivieren. Zu diesem Punkt eine weitere Geschichte aus der chassidischen Tradition:

Der Lubliner und ein Prediger

Ein berühmter wandernder Maggid predigte einmal in einer Stadt, als die Kunde sich verbreitete, der Rabbi von Lublin sei gekommen. Alsbald gingen alle Zuhörer von dannen, den Zaddik zu begrüßen. Der Prediger merkte, daß er allein verblieben war; er zögerte eine Weile, dann begab auch er sich in die Herberge, wo der

Lubliner eingekehrt war. Dessen Tisch war bereits von «Lösegeldern», welche die Bittsteller und anderen Besucher dem Zaddik bringen, ganz bedeckt. Der Maggid fragte: «Wie geht das zu: ich predige hier seit etlichen Tagen und habe noch nichts bekommen, Euch aber ist in einer Stunde all dies zugeflogen?» Rabbi Jaakob Jizchak antwortete: «Es wird wohl dies sein, daß jeder in den Herzen der Menschen das erweckt, was er im eignen hegt; ich Geldeshaß, Ihr Geldesliebe.»[6]

Die mystische Wissenschaft legt großes Gewicht darauf, eine feinere Wahrnehmung für all das versteckte egozentrische Verhalten zu entwickeln, indem sie dem Schüler immer wieder einen Spiegel vorhält, in dem er seine falschen Einstellungen erkennen kann. Er wird durch verschiedene Techniken mehr und mehr sensibilisiert, seine persönliche und kulturbedingte eingeschränkte Perspektive zu sehen und von ihr unabhängig zu werden.

Das Ziel der Demut und Aufrichtigkeit

Andere Tugenden haben einen ähnlichen Zweck bei der Schulung für den mystischen Pfad. Sie werden nicht um der Tugendhaftigkeit willen gepflegt, sondern sie sind für das Lernen erforderlich. Demut ist das Akzeptieren, daß mir jemand etwas beibringen kann, was ich noch nicht weiß, insbesondere etwas über mich selbst. Das kann unangenehm und schmerzhaft sein, und ich stehe womöglich nicht mehr gut da. Aber ich bekomme die Möglichkeit, mich weiter zu entwickeln. Im Gegensatz dazu verschließen Stolz und Arroganz die Türen des Geistes. So ist für die mystische Schulung, die einen Lehrer für notwendig hält, Demut eine Grundvoraussetzung fürs Vorankommen.

Aufrichtigkeit definieren die Mystiker als Ehrlichkeit der Absicht. Die Menschen meinen oft, sie haben den Wunsch zu lernen, obwohl sie in Wahrheit nur Aufmerksamkeit wollen. Wird ihnen die Aufmerksamkeit nicht mehr gegeben, verlieren sie das Interesse und gehen, um andere Quellen des «Lernens» zu suchen. Es läßt sich in jedem beliebigen Erziehungssystem beobachten, daß nur ein sehr begrenztes Lernen stattfindet, wenn der Schüler überwiegend auf Lob und Aufmerksamkeit aus ist, und zwar unabhängig davon, wie der Schüler seine Lernergebnisse einschätzt. Er wird nur reproduzieren, was dem Lehrer seiner Meinung nach gefällt, sich nicht selbständig mit dem Stoff auseinandersetzen und keine für ihn wichtigen Wege kreativ entwickeln. Schließlich verlangt das physische und psychische Überleben, daß wir darin effektiv sein müssen, das zu bekommen, was wir *wirklich* wollen, und nicht das, wovon wir sagen, daß wir es wollen oder was wir zu wollen *meinen*.

Aufrichtigkeit ist deshalb für einen Schüler auf dem mystischen Pfad unerläßlich. Wieder ist das Praktizieren dieser Tugend keine Frage der Moral, sondern der Funktion – wir bekommen, was wir suchen. Doch nur, wenn unser Bewußtsein tatsächlich darauf ausgerichtet ist.

Die biologische Analogie zu diesem Prinzip kann bei Säuglingen im ersten Lebensmonat festgestellt werden. Rubinow und Frankel beobachteten, daß das Neugeborene Nahrung nur erkennt, wenn es hungrig ist. Spitz führt das weiter aus:

> Tatsächlich erkennt es die Milch nicht als solche, auch nicht die Flasche oder den Gummisauger oder die Brustwarze oder sonst etwas. Es «erkennt», wenn man so sagen darf, die Brustwarze oder den Sauger, wenn es ihn in den Mund bekommt, und es beginnt für gewöhnlich, als Reaktion auf diesen Reiz, zu saugen. Doch muß diese elementare Form der Wahrnehmung modifiziert werden. Wenn der Säugling nämlich mit etwas anderem beschäftigt ist, zum Beispiel schreit, weil sein Bedürfnis nach Nahrung nicht unmittelbar befriedigt worden ist, wird er nicht gleich auf die Brustwarze oder den Sauger reagieren, auch wenn er ihm in den Mund gesteckt wird, sondern weiterschreien. Es bedarf längerer oraler Stimulation, um seine Aufmerksamkeit wieder auf die Nahrung zu lenken, nach der er schreit und die die ganze Zeit für ihn verfügbar war.[7]

Der Säugling hat sein Bewußtsein nicht mehr auf die Nahrung ausgerichtet, sondern schreit nach Aufmerksamkeit und erkennt gar nicht mehr, daß ihm Nahrung geboten wird. Wir können diese Situation einmal so übertragen: Wenn die Sucher nach mystischem Wissen aufrichtig sind («hungrig» nach Wahrheit statt nach Lob, Sicherheit, Aufmerksamkeit usw.), werden sie in der Lage sein, auf die besondere «Nahrung» zu reagieren, die die Lehre anbietet. Ist jedoch das Bewußtsein des Schülers von Eitelkeit, Besitzstreben, Ungeduld oder Angst beherrscht, blockieren diese Zustände die genaue Wahrnehmung und machen es dem Schüler unmöglich, das anzunehmen, was ihm gegeben wird. Solche Schüler werden als zu «unreif» bezeichnet und weggeschickt, was nicht als Strafe zu verstehen ist, sondern weil ihre Haltung es nicht erlaubt, daß ihnen der Lehrer oder die Schule etwas vermittelt. Doch vom Anfänger wird nicht erwartet, daß er völlig frei von störenden Wünschen oder von Egozentrik ist, aber solche Faktoren müssen hinreichend kontrolliert werden, damit sie nicht den Lernprozeß verhindern. Deshalb müssen Leute, die mit dem mystischen Pfad beginnen wollen, durch ein Stadium der Vorbereitung, wo sie «lernen, wie man lernt». Während dieser Zeit kommen sie womöglich noch nicht mit den Praktiken in Berührung, auf die sie so begierig sind, wie Meditation, Mantren, Gebete und so weiter. Das alles hätte für den noch nicht bereiten Schüler keine Wirksamkeit, und es wäre dann wie beim Säugling, der den Sauger nicht erkennen kann, weil er völlig darin gefangen ist, nach Nahrung zu schreien.

Das Problem ist in der Psychotherapie nicht unbekannt. Patienten kommen in die Therapie, weil sie von ihrem Leiden erlöst werden wollen, aber sie haben ihre eigenen Vorstellungen, wie das zu geschehen hat. Normalerweise erwarten sie, daß ihnen der Therapeut das geben wird, was ihnen ihrer Meinung nach fehlt: Liebe, Sicherheit, Selbstvertrauen, Zufriedenheit und so fort. Der Therapeut, der weiß, daß das, was der Patient will, das Problem nicht lösen wird, muß diese anfängliche Motivation nutzen, so unpassend sie auch sein mag, um ihm zu helfen, die wahre Natur seiner Schwierigkeiten zu erkennen, nämlich, daß er selbst es ist, der sich immer wieder daran hindert, das zu bekommen, was er möchte. Der Patient muß dahin gelangen, daß er einsieht, wie falsch seine Annahmen über sich und die Welt sind. Die anderen Menschen verweigern ihm nichts, sondern er hat seine Wahrnehmung – meist bedingt durch frühe Traumata – so verengt, daß er nur das hereinläßt, was seine Theorien über sich bestätigt. Hier die dafür typische Aussage eines Patienten: «Andere denken ja vielleicht, daß ich in Ordnung bin, aber wenn sie wüßten, was wirklich mit mir los ist, würden sie mich hassen. Deshalb ist meine beste Strategie, meine wahren Gedanken und Gefühle zu verbergen. Warum sind die Leute immer so langweilig, so fade?»

Um diese Annahme zu korrigieren, müssen die Lektionen, die schon früh von den Eltern und der Gesellschaft gelernt wurden, als das gesehen werden, was sie sind und nicht als endgültige Wahrheit. Besteht aber ein Patient zu sehr auf der Erfüllung seiner Wünsche in der Therapie, kann die notwendige Klärung nicht stattfinden; man gerät in eine Sackgasse, und es bewegt sich nichts mehr. Wenn jedoch eine Person die mit dem Prozeß verbundene Frustration ertragen kann, wird sie aus dem, was der Therapeut tatsächlich bietet, nämlich Hilfe beim Wahrnehmen der Realität, großen Nutzen ziehen.

Die Bedeutung der wahren Motivation wird in vielen Lehrgeschichten, aber auch in den Begebenheiten des Alltags veranschaulicht. Spitz berichtet über ein Experiment von Wolfgang Köhler, das man als Lehrgeschichte betrachten kann:

Einem Hund wurde ein Stück Fleisch angeboten, das jedoch durch einen langen und hohen, an beiden Seiten offenen Drahtzaun von ihm getrennt war. Unter normalen Umständen war der Hund in der Lage, das Problem ohne jegliche Schwierigkeiten zu lösen, indem er um den Zaun herumrannte und sich das Stück Fleisch schnappte. Ließ man ihn jedoch mehrere Tage hungern, konnte er sich von der unmittelbaren Nähe des Fleisches nicht lösen und den Zaun umrunden, sondern sprang dagegen, um an das Fleisch zu kommen – ein Konflikt, der nach verzweifelten und vergeblichen Versuchen, über den Zaun zu klettern, in Erschöpfung endete.[8]

Zuviel Hunger – oder zuwenig – und der Schüler kann nicht vorankommen. Die Zen-Meister sprechen von absichtsloser Absicht. Das heißt, man muß das Ziel klar im Auge haben, aber nicht versuchen, um jeden Preis ans Ziel zu gelangen. Es kommt auf das Bewußtsein an, auf die wahre Motivation. Und es muß immer wieder darauf hingewiesen werden, daß tugendhaftes Verhalten für den Mystiker eine andere Bedeutung hat als für den Durchschnittsmenschen. Für den ersteren ist es eine innere Haltung, unabhängig von der äußeren Erscheinung, ein Nicht-Verhaftetsein mit der Welt, das das Bewußtsein erweitert, während es für den letzteren eine Art Gegengeschäft darstellt, nach dem Motto: Ich verzichte darauf, dafür bekomme ich das und das. Ein Mystiker definierte Großzügigkeit als: «Gerechtigkeit tun, ohne Gerechtigkeit zu erwarten».[9] Nur wenn solch ein hohes Verständnis erreicht wurde, kann die Tugend als eine Manifestation von dem, was wirklich ist, nämlich unabhängig von Kultur und Zeit, betrachtet werden. So ist Keuschheit in der Bedeutung der Enthaltsamkeit vom Geschlechtsverkehr nur ein äußeres Verhalten; die Tugend der Keuschheit liegt in der Haltung, und diese hängt nicht notwendigerweise von sexueller Aktivität oder Enthaltsamkeit ab.

Der Rabbi von Sasow erfuhr das Leiden anderer Menschen als sein eigenes. Dieses Einssein aller Wesen, ihrer Verbundenheit und Abhängigkeit ist die grundlegende Vision der Mystiker. Sie sagt, daß die Mystiker die Tugend nicht nur praktizieren, weil sie für sie eine bestimmte Funktion hat, sondern weil sie wirklichkeitsnah ist. Man soll seinen Nächsten behandeln wie sich selbst, weil wir unter der Oberfläche alle Aspekte *eines* Wesens sind. Diese Goldene Regel ist keine willkürliche, kulturell festgelegte Moral, sondern der Ausdruck der wahren Natur der Welt. Das Fortbestehen unserer Art und unsere weitere Entwicklung hängt von unserer Fähigkeit ab, diese Wirklichkeit trotz des überwältigenden Einflusses des Objekt-Selbst wahrzunehmen. Was seit alters her auf intuitiver Erkenntnis beruhte, wird jetzt erstmals auch durch die Entdeckungen der modernen Physik bestätigt: Wir sind alle untereinander verbunden. Der Standpunkt der Mystik findet auch in der Psychologie Unterstützung, wo die Untersuchungen von Kohlberg besagen, daß die Ethik sich in progressiven, nicht mehr rückgängig zu machenden Stadien entwickelt, deren Richtung mehr auf die von den Mystikern beschriebene Realität hinführt als auf die Weltsicht des naturwissenschaftlichen Empirismus.

Moralische Entwicklung

Die Tugenden sind Mittel zu einem Zweck, zu einem Ziel, das durch einen Entwicklungsprozeß erreicht wird. «Buddhas und Boddhisattvas sind nicht durch eine feststehende Leere erleuchtet worden, sondern durch einen Prozeß der Entwicklung zur Intuition, der von ihnen heraus und natürlich ist.»[10] Es gibt Beweise dafür, daß die Tugenden selbst Produkt eines Entwicklungsprozesses sind, der sich womöglich mit dem zur Erleuchtung deckt. Nach der psychoanalytischen Theorie ist die Moral eine Funktion der Über-Ich-Entwicklung, der Introjektion elterlicher Normen während der Kindheit. Kohlbergs Untersuchungen widerlegen jedoch diese Annahme und lassen darauf schließen, daß moralisches Urteilen eher ein Ergebnis der Entwicklung umfassender sozial-kognitiver Fähigkeiten und Werte ist als das eines «Über-Ich» oder der «Introjektion elterlicher Normen». Kohlberg schreibt:

> Die Entwicklung des moralischen Urteils kann nicht durch eine entwicklungsunabhängige Theorie des moralischen Lernens erklärt werden als einfache Internalisierung von kulturellen Regeln oder durch Identifikationen ... Forschungsergebnisse legen nahe, daß die moralische Entwicklung kontinuierlich und natürlich und eine Reaktion auf die gesamte soziale Umwelt ist, statt ein Ergebnis eines bestimmten Stadiums, eines gewissen Konzepts (Reziprozität) oder sozialer Beziehungen (Peer-Gruppe).[11]

Piaget beschreibt in seinen bahnbrechenden Studien das erste Stadium der Moral, wie es bei Kindern im Alter von vier bis acht Jahren anzutreffen ist, als «moralischen Realismus». Er findet an ihm zwei Mängel im Urteilen, und zwar 1) mit der Egozentrik – das Verwechseln der eigenen Perspektive mit der von anderen, was zu der Unfähigkeit führt, moralische Werte in Relation zu verschiedenen Menschen oder Zielen zu sehen, und 2) mit dem Realismus – das Verwechseln subjektiver Phänomene mit objektiven Beständen, was schließlich in dem Glauben endet, daß moralische Regeln festgelegt und absolut sind und nicht ein Ergebnis bestimmter kultureller Vorstellungen. Eine Person im Stadium des moralischen Realismus beurteilt eine Handlung, indem sie überprüft, inwieweit diese einer Regel entspricht, anstatt das Motiv des Handelnden einzuschätzen, und hält Normen für unveränderlich, ganz gleich, wie die Umstände gerade sind. Solch ein Mensch erkennt nur eine Perspektive an. Er definiert etwas als falsch, weil es unter Strafe steht, und richtet sein Interesse auf die harte, schmerzvolle Bestrafung des Übeltäters, statt zu sehen, was die Tat ausgelöst hat und inwieweit dem Opfer geholfen werden kann. Obendrein glaubt solch ein Mensch, daß das Verletzen der Regeln vom natürlichen Lauf der Welt her zur Bestrafung des Schuldigen führen muß.

Kohlberg stellte fest, daß diese Aspekte eines primitiven moralischen Urteilens während der Jugend und des Erwachsenseins in regelmäßigen Abständen von anderen Moralauffassungen abgelöst werden. Er zieht unter anderem folgenden Schluß aus seiner Arbeit:

> ... moralische Internalisierung steht in engem Zusammenhang mit der kognitiven Entwicklung moralischer Konzepte. [Dieser Befund] steht in auffälligem Gegensatz zu den herrschenden Theorien auf diesem Gebiet. Die Lerntheoretiker, die an beobachtbarem Verhalten, die Psychoanalytiker, die an inneren, unbewußten Vorgängen interessiert sind, und Piaget, der moralisches Urteilen untersuchte, kamen alle zu der Annahme, daß sich die Grundzüge für das Gewissen Erwachsener in der frühen Kindheit (im Alter zwischen fünf und acht Jahren) herausbilden. Diese Annahme über die Altersstufe, in dem sich das Gewissen entwickelt, ist richtig, wenn man Moral von einer intensiven einseitigen Identifikationsbeziehung mit den Eltern herleitet. Sie ist auch richtig, wenn ... Gewissen oder das Gefühl für Verpflichtung als Überreste kindlicher Erfahrung statt als Reaktion erwachsenerer Erfahrungen der Welt gesehen wird. Tatsächlich legen Untersuchungsergebnisse nahe, daß sich offensichtlich alles, was «Gewissen» ist, erst recht spät entwickelt.[12]

Kohlberg führte eine zwanzig Jahre dauernde Längsschnitt-Untersuchung über die Entwicklung des moralischen Urteils bei männlichen Amerikanern durch und folgerte, daß sich das moralische Urteil in sechs qualitativ voneinander unterschiedenen Stadien herausformt und eine gleichbleibende Abfolge hat. Er überprüfte die Testpersonen in Intervallen von drei Jahren und stellte fest, daß sie entweder im selben Stadium verblieben oder ein Stadium weitergerückt waren. Niemand fiel auf eine untere Stufe zurück, wie sein Test zeigte. Diese Stadien konnten berechtigterweise als bestimmte kognitive Strukturen bezeichnet werden, denn die Testpersonen argumentierten immer auf derselben Stufe, unabhängig davon, welches Problem sie zu beurteilen hatten.

> Jedes in der Moral höhere Stadium zeichnet sich durch eine entwickeltere Logik aus ..., wie Piaget es in seinem Werk beschreibt. Moralisches Urteilen ist jedoch nicht einfach logisches Überlegen, das auf moralische Probleme angewandt wird. In erster Linie erfordert moralisches Urteilen eine Rollenübernahme, den Standpunkt des anderen einzunehmen ... Wir haben an anderer Stelle ausführlich dargelegt, daß moralische Urteile universalisierbar, folgerichtig und reversibel sein müssen. Jedes moralisch höhere Stadium erfüllt diese Bedingungen besser als das davor.[13]

Die Testpersonen, die das sechste Stadium erreicht hatten, bildeten ihre moralischen Urteile durch einen in drei Schritten untergliederten Prozeß: 1. die Rolle einer jeden Person in der Situation einnehmen und die jeweiligen Begründungen in Erwägung ziehen; 2. sich vorstellen, daß man nicht weiß, welche Person man in der Situation ist und sich dann fragen, welche moralischen Forderungen man aufgeben würde; 3. die Beurteilung auf voll «reversible» Forderungen gründen, das heißt, auf solche, die man aufrechthalten würde, wenn man nicht weiß, welche Rolle man in der Situation einnimmt. Solch «reversibles» Urteilen, das keine persönliche Entschuldigung und Begründung zuläßt, ist die wahre Basis für die Goldene Regel.

Kohlbergs Untersuchungsergebnisse widerlegen also die Vorstellung, daß Moral in der Hauptsache von den Eltern oder der peer-group gelernt wird. Die Tatsache, daß Versuchspersonen, die das sechste Stadium erreicht hatten, für ihr moralisches Urteilen reversibles Denken ohne Ausnahme benutzten, verstärkt die Annahme, daß Moral nicht willkürliche, kulturelle Produkte sind, sondern eine universale, absolute Basis haben. Der in sechs Stadien ablaufende Entwicklungsprozeß scheint darauf hinzuweisen, daß man sich jener Basis – die wahre Moral – in

Schritten nähert, die jeweils die psychologische Reife des Menschen anzeigen. Dieser Wachstumsprozeß, der einem Freilegen einer «inneren» Moral gleichkommt und nicht die Einprägung von Werten durch unsere Eltern, unseresgleichen oder durch traditionelle kirchliche Dogmen ist, kann sich letzten Endes mit dem mystischen Konzept der Evolution des Bewußtseins decken. So, wie dem reversiblen Urteilen der Gedanke zugrunde liegt, sich so zu verhalten, wie man selber behandelt werden möchte, geht der Entwicklungsprozeß der Mystiker dahin, daß wir die Einheit von allen Wesen und allem Sein wahrzunehmen lernen.

Dazu die kleine Lehr-Geschichte aus der Tradition der Mystiker, wo jemand an Gottes Tür klopft und um Einlaß bittet.

«Wer ist draußen?» fragt Gott.
«Ich bin es», antwortet die Person.
«Geh weg», entgegnet Gott.

Einige Zeit später kommt die Person wieder und klopft erneut an die Tür.

«Wer ist da?» fragt Gott.
«Du bist es», antwortet die Person.
«Komm herein», sagt Gott.

Kohlbergs Ergebnisse auf dem Gebiet der Moral bestätigen diese Entwicklungsrichtung auf die allumfassende Einheit hin, die so wichtig für unsere Sinnsuche ist, aber von der wissenschaftlich orientierten westlichen Psychologie nicht anerkannt wird. Mit Ausnahme von C. G. Jung, dessen Werk leider immer wieder als «mystisch» und unwissenschaftlich abgetan wird, hat sich auch keiner der großen Psychoanalytiker auf die Sinnfrage eingelassen. Man darf aber nicht übersehen, daß Kohlbergs Studien nur eine *Richtung* anzeigen und nicht einen bereits von einer breiten Schicht vollzogenen Prozeß.

Bei den Mystikern ist die Tugend oder Moral eine Funktion der Erkenntnis. Aus dem intuitiven Wissen heraus, daß alles eins ist, können sie nicht mehr unmoralisch handeln, weil sie sich damit selber schaden würden. Je umfassender das Bewußtsein eines Menschen ist, desto moralischer wird er leben. Tugend ist hier als Erkenntnisprozeß zu sehen, während elterliche und peer-group-Normen und kirchliche Dogmen ein erzieherisches Korrektiv sind.

Wenn die Psychotherapeuten die funktionale Bedeutung der traditionellen Tugenden und ihre realistische Basis erkennen würden, könnten sie sich aus der Leere ihrer amoralischen «wissenschaftlichen» Perspektive befreien, die sie häufig in die Therapie miteinbringen. Es ist *eine* Sache, moralische Urteile erst einmal aus dem Spiel zu lassen, um eine sichere Situation zu schaffen, in der der Patient leichter seine verborgensten Gedanken und Gefühle erforschen kann. Es ist jedoch eine andere, den Verzicht auf moralisches Urteilen damit zu begründen, daß Moral willkürlich sei und in einem zufälligen Universum keine substantielle Basis habe. Das ist moralischer Relativismus und hat nichts mit einer selbstauferlegten moralischen Neutralität des Therapeuten zu tun, die sowieso von den wenigsten durchgehalten wird. So wird das Ziel der Therapie oft als Erweiterung der freien Wahl des Patienten gesehen, aber man verläßt sich darauf, daß der Patient auch wirklich die Reife erlangt hat, um ethisch einwandfrei zu wählen. Geht er hin und erschlägt jemanden, dann ist diese freie Wahl pathologisch. Ohne die Sehweise der Mystiker und die damit verbundene Sinnfrage kann Psychotherapie kaum mehr sein als eine Anpassung an die herrschende gesellschaftliche Moral, die im Westen mehr und mehr auf dem moralischen Relativismus gegründet und mit einem pervertierten Leistungsgedanken verquickt wird: Moralisch ist, was mir Erfolg bringt.

Wenn wir den Zusammenhang zwischen Motivation und Bewußtseinsebene und Art des Selbst, das wir erfahren, verstehen, haben wir die Möglichkeit, Motivation auf einer anderen Basis als der der sozialen Anpassung oder der Produktivität einzuordnen. Im Fall von Habgier kontra Großzügigkeit, zum Beispiel, wird es dann klar, daß Besitzstreben zu Verlustangst führt, zu Unersättlichkeit und zu der Erfahrung eines begrenzten, mißtrauischen, isolierten Selbst. Wahre Großzügigkeit dagegen führt zu Freiheit, verringerter Angst und einem Selbst, das mit anderen verbunden ist.

Das Thema ist viel umfassender, als daß es nur um die Verbesserung der Psychotherapie ginge. Auf dem Spiel stehen die Qualität, der Wert und die Zukunft des menschlichen Lebens. Der moralische Relativismus hat uns der Stütze der traditionellen Tugenden beraubt, die auf sehr altem intuitivem Wissen beruhen und von den institutionalisierten Religionen übernommen wurden, wo sie leider gewisse Verzerrungen erfuhren. Ohne diese Stütze ist es schwer, den Weg durch die dunkle Landschaft zu finden, die auf Hiroshima folgte. Und doch läßt sich eine Alternative erkennen, die nicht verlangt, daß wir zum moralischen Korsett einer für uns nicht mehr einsichtigen kirchlichen Moral zurückkehren müssen: Die Erkenntnis, daß «niemand eine Insel ist», bezieht sich auf die wahre Beschaffenheit der Realität. Die traditionellen Tugenden, also die Tugenden der Mystiker, stimmen mit der dahinterliegenden Wirklichkeit überein und geben einem die Möglichkeit, diese Wirklichkeit zu *erfahren*. Die Tugenden bereiten den Geist für eine fortgeschrittenere Wahrnehmung vor, sie dienen dem Erkenntnisprozeß.

8. Das beobachtende Selbst

Auch wenn es hilfreich ist, zu verstehen, daß Sinn und Richtung vorhanden sind und ein größeres Selbst und eine weitere Welt wahrgenommen werden können, darf man das intellektuelle Verstehen nicht als Ersatz für die tatsächliche Erfahrung dieser Wirklichkeit nehmen. Es ist die Aufgabe der mystischen oder inneren Schulen, den Menschen diese Erfahrung nahezubringen. Um das zu tun, werden eine Anzahl Praktiken benutzt, die das verstärken sollen, was ich *das beobachtende Selbst* nennen will. Unsere Psychotherapie erfüllt eine ähnliche Funktion der Verstärkung, obwohl sie nichts davon weiß, und das Vorgehen scheinbar verschiedener Richtungen basiert darauf, das Selbst, wie immer es gerade gesehen und definiert wird, zu stärken. Doch die theoretische Struktur unserer Psychologie und Psychoanalyse hat einen entscheidenden Mangel: Ihr fehlt der Mittelpunkt; sie erkennt das beobachtende Selbst nicht als Zentrum aller Erfahrung an, sondern verweist es auf eine Randposition. Dieser Irrtum führt zu viel Verwirrung und behindert den Fortschritt auf diesem Gebiet. Die Mystik kann der westlichen Kultur dabei helfen, dieses beobachtende Zentrum der menschlichen Erfahrung mit all seinen Implikationen für die Natur des Menschen und des Universums, in dem er lebt, erkennen zu lernen.

Bevor wir uns näher mit dem beobachtenden Selbst befassen, ist es notwendig, die phänomenologische Basis des Wortes *Selbst* zu klären, weil sich die verschiedenen psychotherapeutischen Schulen mit unterschiedlichen Gebieten der Selbst-Erfahrung befassen. Wir können jedoch recht gut Klarheit darüber gewinnen, indem wir beim Lesen der psychotherapeutischen Literatur darauf achten, welches Gebiet des Selbst jeweils hervorgehoben wird. Im Grunde leitet sich das Phänomen, auf das man das Wort *Selbst* anwendet, von vier Erfahrungsbereichen ab: 1. Denken, 2. Fühlen, 3. funktionale Fähigkeiten und 4. das beobachtende Zentrum. Deren Erfahrung gibt uns das Gefühl unserer Zuordnung zum Raum und unserer einzigartigen psychologischen Identität. Das Gedächtnis, das mit allen vier Bereichen zu tun hat, verschafft uns das Gefühl unserer Kontinuität in der Zeit.

Das denkende Selbst

Für die meisten von uns ist das Selbst, mit dem wir uns am stärksten befassen, das des ersten Bereiches – des Denkens. Ob man plant, Probleme löst, sich Sorgen macht, Phantasien nachhängt – dieses Selbst scheint immer verantwortlich zu sein und kontrolliert unsere Aktivitäten und den Lauf unseres Lebens. Wir betrachten es als zuständig für das, was wir tun und nicht tun.

Dieser Bereich schließt das Ich-Bild oder Selbst-Bild mit ein, das heißt, die Vorstellung, wer und was man ist. Das Selbst-Bild hat einen doppelten Aspekt. Einer ist das Ich, wie es von anderen – Eltern, Freunden, Lehrern, Kollegen und der Kultur allgemein – definiert wird, die sagen: «Du bist dumm, hübsch, häßlich, schüchtern, stark, schwach» und so weiter. «Du bist ein biologischer Organismus», «Du bist ein Ego, gefangen zwischen dem Es und der Gesellschaft»; «Du bist ein spiritueller Mensch» sind alles Aussagen über die Person. *Person*, abgeleitet vom griechischen Wort *persona*, heißt Maske. Tatsächlich ist das öffentliche Selbst-Bild wie eine Maske, da es in der Regel ein anderes, persönliches Selbst-Bild verbirgt, das ein Sammelbecken von frühen Selbsteinschätzungen, Phantasien und besonderen Interpretationen von dem, was die Öffentlichkeit sieht, darstellt. «Ich bin in Wirklichkeit egoistisch»; «Ich bin was besonderes»; «Ich bin großartig»; «Ich bin nicht liebenswert»; «Ich bin wundervoll»; «Ich bin wertlos» sind Äußerungen der verborgenen Annahmen von sich selbst.

Die öffentlichen und die persönlichen Sehweisen können sich

zwar überschneiden, decken sich aber nie. Das Bedürfnis, diese Widersprüche in dem doppelten Selbst-Bild auszugleichen oder zu verbergen, ruft Strategien, «Skripte» und Phantasien auf den Plan – bewußt oder unbewußt –, die unser Leben formen und der Mittelpunkt der meisten rationalen Therapien sind. Mit «rational» meine ich Therapien, die Annahmen, falsche Wahrnehmungen und Konflikte zu korrigieren und zu klären versuchen, um die Unstimmigkeit und die Angst zu verringern, die von dem Bedürfnis herrührt, das persönliche Selbst zu verstecken. Die Psychoanalyse, die Transaktionale Analyse, Gestalt- und kognitive Therapien befassen sich besonders mit diesem Bereich.

Das emotionale Selbst

Angst, Freude, Wut, Trauer und Begehren bilden den zweiten Bereich: das emotionale Selbst. Manchmal scheint dieser Aspekt unserem tiefsten Innern am meisten zu entsprechen, denn nichts kommt uns mehr als unser Selbst vor als unsere Gefühle. Man beachte, daß Begehren hier mit eingeschlossen ist, obwohl man es nicht als Emotion *per se* bezeichnen kann. «Ich will haben» ist einem Gefühl sehr eng verwandt und stammt anscheinend auch aus demselben Ort im Körper. Das Selbst, das begehrt, und das Selbst, das Trauer und Freude empfindet, sind phänomenologisch dasselbe. Diese Gefühle bilden alle ein lebendigeres und zwingenderes Selbst als das denkende Selbst – und es ist auch viel persönlicher. Während Gedanken einem oft fremd vorkommen, trifft das für Gefühle nur selten zu.

Abreaktive Therapien (solche, die eine emotionale Katharsis bewirken) konzentrieren sich auf diesen Bereich. In der Primär- und Urschreitherapie ist diese Absicht bis ins Extrem geführt.

Das funktionale oder handelnde Selbst

Der dritte Bereich des Selbst ist die Erfahrung unserer funktionalen Fähigkeiten. Ich weiß, daß ich Dinge *tue*; ich bin mir meines Handelns bewußt, meiner Möglichkeit, die Welt um mich herum in einer konkreten Weise zu beeinflussen. Mein Körper, mit dem ich mich über meine Empfindungen und meine Zuordnung im Raum identifizieren kann, ist das Hauptorgan des funktionalen Selbst, obwohl unbewußte Prozesse des Geistes ähnlich erlebt werden können.

Bestimmte Therapierichtungen konzentrieren sich auf die Weisheit und Effektivität, mit der der Körper viel besser funktioniert, als es durch bewußt kontrolliertes Denken möglich wäre. Andere, wie die Psychosynthese, verwenden Visualisierungstechniken, um die Erfahrung des handelnden Selbst zu erweitern. In diesem Zusammenhang ist auch Carl Simontons Arbeit mit Krebspatienten zu sehen und das wiedererwachte Interesse am «Placebo-Effekt». Das Heilpotential, das einem jeden Menschen innewohnt, wird hier in den Mittelpunkt gerückt, um etwas zu tun, wozu das denkende Selbst nicht in der Lage ist. Solche Erfahrungen vermitteln das Gefühl von einem Selbst, das über beachtliche Kraft und Klugheit verfügt. Auch andere Therapien, die sich auf andere Bereiche konzentrieren, beziehen sich mehr auf dieses funktionale Selbst, als ihnen klar ist.

Das beobachtende Selbst

Wir haben versucht, das denkende, fühlende und handelnde Selbst abzugrenzen, zu definieren. Sie sind alle Ausdruck des Objekt-Selbst. So trägt und stärkt ihre Aktivität das Objekt-Selbst und den Bewußtseinszustand, der wiederum dem Objekt-Selbst dient. Doch betrachten wir den vierten Bereich, das beobachtende Selbst, kommen wir zu einem Phänomen einer ganz anderen Kategorie. Das beobachtende Selbst ist der transparente Mittelpunkt, ist das, was bewußt ist. Dieses vierte Selbst ist das elementarste von allen und reicht über das des Fühlens, Denkens und Handelns hinaus, denn es erfährt all diese Funktionen. Ganz gleich, was stattfindet, was wir erleben, nichts ist dabei so zentral wie das Selbst, das beobachtet. Angesichts dieses Phänomens muß Descartes' Ausgangspunkt: «Ich denke, deshalb bin ich» einer grundlegenderen philosophischen Position weichen: «Ich bin bewußt, deshalb bin ich.»

Das wichtigste Faktum beim beobachtenden Selbst ist, daß es unmöglich Objekt werden kann. Der Leser versuche doch einmal, dieses Selbst zu lokalisieren und seine Grenzen auszumachen. Das ist ein unmögliches Unterfangen; denn was immer wir feststellen oder erfassen können, ist bereits ein Objekt des Bewußtseins und nicht Bewußtsein selbst, das zurückzuweichen scheint, sobald wir ein Objekt erfahren, irgend etwas wahrnehmen. Das sieht nach einem Widerspruch aus, auf den wir später noch zurückkommen wollen.

Ramana Maharshi empfahl seinen Schülern eine yogische Übung: «Wer bin ich?», um ihnen zu demonstrieren, daß das beobachtende Selbst kein Objekt ist und nicht zu den Bereichen des Denkens, Fühlens und Handelns gehört.[1] «Wenn ich meinen Arm verloren habe, existiere ich immer noch; deshalb kann ich nicht mein Arm sein. Wenn ich nicht mehr hören kann, existiere ich immer noch; deshalb kann ich nicht mein Gehör sein.» Und so weiter, bis zum Schluß kommt: «Ich bin nicht dieser Gedanke», was zu einer völlig anderen Selbst-Erfahrung führt.

Die westliche Psychotherapie muß sich mit diesem Paradox auseinandersetzen. Dieser Rückzug des Bewußtseins auf die unbeteiligte Spiegelung war bisher mehr Gegenstand für die Philosophen als für die Wissenschaftler. Die psychologische Literatur beschreibt das beobachtende Selbst als das «beobachtende Ich», untersucht aber nicht die besondere Natur dieses «Ich» und seine Implikationen für unser Verständnis vom Selbst.

Das beobachtende Selbst ist nicht Teil der Objekt-Welt, die von unseren Gedanken und unserer Sinneswahrnehmung geformt wird, sondern es ist buchstäblich ohne Grenzen, während alles andere Grenzen aufweist. So enthält unser alltägliches Bewußtsein ein transzendentes Element, das wir eigentlich nie wahrnehmen, weil es der absolute Grund für unsere Erfahrung ist. Das beobachtende Selbst läßt sich mit einem Spiegel vergleichen, auf dessen Fläche alles auftrifft und reflektiert wird. Der Spiegel hat dabei nichts mit den Bildern zu tun, die er wiedergibt, sie bleiben in gewisser Weise immer getrennt von ihm und Objekte, sie haben ihm nichts an. Er bleibt unveränderlich der Spiegel, auf den die Bilder auftreffen. Ähnlich ist es mit dem beobachtenden Selbst. Es erfährt alle Inhalte des denkenden, fühlenden und handelnden Selbst, aber identifiziert sich nicht mit der Erfahrung, bleibt dabei eigenschaftslos. Die Erfahrungen werden als Objekte sichtbar, bleiben aber vom beobachtenden Selbst getrennt und lassen es nicht objektivierbar werden.

Inmitten der begrenzten Welt gibt es also dieses Selbst, das nicht zur Welt gehört. Es ist offenkundig anders, aber dieser Unterschied wird ignoriert. Alles kann objektivierbar gemacht werden, hat Begrenzungen und läßt sich beschreiben. Alles ist ein Ausschnitt aus einer Welt fester oder relativer Dimensionen. Das beobachtende Selbst jedoch ist anders als alles, was wir kennen.

Im Westen hat man dieses transzendente Element außer acht gelassen und ist immer davon ausgegangen, daß der Beobachter und das Beobachtete Phänomene derselben Kategorie sind. Dagegen ist diese Unterscheidung zwischen dem Beobachter und dem Beobachteten ein wichtiger Aspekt in der Mystik. Er wird im Vedanta betont und besonders in der Sankhya-Philosophie, die zwischen *purusha*, der Lebensmonade, dem Bewußtsein der innewohnenden Gott-Form, und prakriti, allen Phänomenen der Natur, unterscheidet.

Eine Geschichte aus der vedantischen Literatur, die viele Versionen hat und gern als Lehr-Stück gebraucht wird:

Eine Gruppe von Bauern watete durch einen Fluß. Als sie am anderen Ufer angelangt waren, zählte der Führer, besorgt, daß jemand verlorengegangen sein könnte, die Schar, ließ sich selbst aber dabei aus. Jeder zählte dann ebenfalls, ging dabei auf dieselbe Weise vor und kam zum selben Ergebnis. Bestürzt darüber, daß jemand fehlte, verbrachte die Gruppe Stunden mit verzweifelter Suche. Schließlich kam jemand vorbei, erkundigte sich, was los sei, und konnte das Problem lösen, indem er dem Führer vorschlug, auch sich mitzuzählen. Die Bauern waren überglücklich, herauszufinden, daß niemand fehlte, und setzten ihren Weg fort.

Wie die Bauern übersieht die westliche Psychologie den, der zählt. Solange sie das tut, wird der Fortschritt aufgehalten.

Das beobachtende Selbst in der westlichen Psychotherapie

Es ist besonders einschneidend, daß die spezielle Bedeutung des beobachtenden Selbst nicht erkannt wurde, weil die Entwicklung der westlichen Psychotherapie eigentlich auf der Extraktion des beobachtenden Selbst von dem, was es beobachtet, basiert. Nur hat man nicht sehen wollen, daß dieses Selbst in eine andere Kategorie fällt, und ihm eine Ich-Funktion und Objektcharakter zukommen lassen. Dabei wurde das beobachtende Selbst immer klarer herausgearbeitet und stabilisiert, während die beobachtete Welt der Gedanken, Gefühle und Sinnesempfindungen im entsprechenden Maß weniger zwingend, weniger diktatorisch wurde und weniger selbstverständlich blieb.

Andere Methoden werden ebenfalls zur Behebung oder Erleichterung psychologischer Störungen eingesetzt, und sie haben oft eine lange Tradition. Trotzdem meine ich, daß die westliche Psychotherapie mit der fortschreitenden Klärung und Stärkung des beobachtenden Selbst einen wichtigen Beitrag geleistet hat, der zur Autonomie des beobachtenden Selbst vom Denken, Fühlen und den Sinnesempfindungen führt und es ermöglicht, konditionierte Wahrnehmungen und eingefahrene Reaktionen zu erkennen. Das große Manko ist, daß dem beobachtenden Selbst in der Psychotherapie nur eine Ich-Funktion zugewiesen wird, die zwar hilft, die verschiedenen Bewußtseinsinhalte abzuschätzen, aber weit entfernt vom objektiven Bewußtsein der Mystiker bleibt, das ein reines, transzendentes Bewußtsein ist und Antwort auf die Sinnfrage geben kann.

In der Mystik hat das beobachtende Selbst eine sehr lange Tradition, und die verschiedenen Schulen haben eine Anzahl von Techniken entwickelt, um das, was nicht objektivierbar ist, dennoch erfahrbar zu machen. Die «Wer bin ich?»-Übung von Ramana Maharshi ist vielleicht der direkteste Versuch, ein Bewußtsein für das beobachtende Selbst zu entwickeln, doch viele Meditationsarten verfolgen dasselbe Ziel. Die Technik ist dann der psychoanalytischen Prozedur erstaunlich ähnlich. So betonen zum Beispiel die *Vipassana*-Meditation (Theravada-Buddhismus) und *Zazen* (Zen-Buddhismus) beide das unablässige Beobachten des Geistesinhalts. Die Schüler sind aufgefordert, nur den Strom der Gedanken und Eindrücke zu verfolgen, der durch ihren Kopf geht, ohne zu urteilen oder zu versuchen, ihn zu kontrollieren. Vergleichen wir, was Freud über die grundlegende Technik der Psychoanalyse schreibt:

> Die Behandlung beginnt damit, daß der Patient aufgefordert wird, die Position eines aufmerksamen und nüchternen Selbstbeobachters einzunehmen ...[2]
>
> Wir fordern den Patienten auf, sich in den Zustand einer ruhigen, unreflektierten Selbstbeobachtung zu versetzen und uns über innere Wahrnehmungen, welcher Art auch immer – Gefühle, Gedanken, Erinnerungen –, die er macht, in der Reihenfolge zu berichten, wie sie ihm einfallen ...[3]
>
> Handeln Sie zum Beispiel so, als seien Sie ein Reisender, der am Fenster eines Zugabteils sitzt und jemandem im Abteil die ständig wechselnde Aussicht beschreibt.[4]

Es ist die grundlegende Technik der meisten modernen Therapien, den Prozeß des Geistes zu beobachten. Die Verhaltenstherapie macht hierbei eine Ausnahme. Doch obwohl Introspektion nicht zu ihren Mitteln zählt, spricht vieles dafür, daß die Veränderung von Gewohnheiten durch eine erhöhte Selbst-Bewußtheit erreicht wird.[5] Therapien, die Wachstum und Reifen zum Ziel haben, ermutigen die Patienten, sich von den Gedanken und Gefühlen zu distanzieren, um mehr Wahlmöglichkeiten und eine größere Autonomie von kognitiven und emotionalen Reaktionen zu bekommen. Dieser Prozeß ist identisch mit einer Entwicklung und Verstärkung des beobachtenden Selbst. Viele rein kognitive Techniken, wie das Aufschreiben selbstkritischer Ge-

danken und deren anschließende Bewertung, können als ein Verstärken des beobachtenden Selbst gesehen werden, indem es aus
einem Prozeß herausgelöst wird, der es sonst überschwemmt.

Als weiteres Beispiel läßt sich die Gestalt-Therapie anführen,
wie sie von Fritz Perls geschaffen wurde. Diese Therapie kann
als Bemühung gesehen werden, das beobachtende Selbst des Patienten aus der Flut der Gedanken, Phantasien und automatischen Reaktionen herauszulösen, in denen es normalerweise
verborgen ist.

> Wenn du in dir zentriert bist, dann paßt du dich nicht mehr an –
> dann wird alles, was geschieht, zu einer vorbeiziehenden Parade,
> und du nimmst auf, du verstehst und bist mit allem, was ge-
> schieht, verbunden.[6]

> Perls lehrte, daß die wichtige Frage für den Patienten nicht «War-
> um?», sondern «Wie?» lautet.

> Wenn du nach dem *Wie* fragst, betrachtest du die Struktur, du
> siehst, was jetzt vor sich geht, und bekommst ein tieferes Ver-
> ständnis für den Prozeß. Wir brauchen nichts weiter als das *Wie*,
> um zu verstehen, wie wir und die Welt funktionieren. Das *Wie* gibt
> uns eine Perspektive, eine Orientierung.[7]

So wird in der Therapie ein Patient, der Tränen unterdrückt,
nicht nach den Gründen für seinen Widerstand gefragt, sondern
aufgefordert, zu beobachten, *wie* er es bewerkstelligt, die Tränen
zu unterdrücken. Der Patient wird sich dann vielleicht seiner
zusammengepreßten Lippen bewußt oder seines verhaltenen
Atems oder seiner aufsteigenden Wut. Nach dem *Wie* zu fragen,
bringt Reaktionsmuster ins Bewußtsein, die bisher unbewußt
und von daher automatisch abgelaufen sind. Die Deautomatisierung solcher Reaktionen führt zu einem Gewinn an Freiheit, er-
stens, von den gewohnten Mustern und zweitens durch einen
größeren Spielraum des beobachtenden Selbst. «Warum?» bewirkt Denken, «Wie?» bewirkt Beobachten.

Eine andere Technik der Gestalt-Therapie legt die Hauptbeto-
nung auf das «Jetzt» (gerade stattfindende Empfindungen, Emotionen, Wünsche und Wahrnehmungen) im Gegensatz zu Phantasien, abstraktem Denken oder Erinnerungen.

Jetzt umfaßt alles, was existiert. Die Vergangenheit ist vorbei, die Zukunft ist noch nicht angebrochen. *Jetzt* schließt das Gleichgewicht ein, hier zu sein, ist Erfahrung, Dabeisein, Erscheinungsform, Bewußtsein.[8]

Wieder ist es das Ziel, das Bewußtsein von dem, was erfahren wird, zu verstärken. Solche Bewußtheit ist das Wirken des beobachtenden Selbst.

Verwirrung der Theorien

Meiner Meinung nach hat Fritz Perls jedoch nicht erkannt, daß das Bewußtsein, das er zu verstärken suchte, eher das Selbst war als die Persönlichkeit oder die Gesamtheit der Ich-Strukturen.

> Bewußtsein umfaßt sozusagen drei Schichten oder drei Bereiche: das Bewußtsein vom *Selbst*, das Bewußtsein von der *Welt* und das Bewußtsein von dem, was *dazwischen* liegt, der Zwischenzone der Phantasie, die einen davon abhält, mit der Welt oder mit sich in Kontakt zu sein.[9]

Was ganz mit sich «in Kontakt» zu sein vermag, ist allein das beobachtende Selbst. Trennt man das Bewußtsein vom Selbst, führt das zur Verwirrung der Theorien, die sich durch die psychologische Literatur zum Thema Selbst zieht.

Dort spricht man unter anderem von «der beobachtenden Funktion des Ich» oder vom «beobachtenden Ich». Doch obwohl dieses «beobachtende Ich» häufig erwähnt wird, findet man es kaum näher definiert, und die sich daraus ergebenden Konsequenzen für das Selbst werden außer acht gelassen. Nur Miller und seine Kollegen widmen sich ausführlicher diesem Phänomen des beobachtenden Ich, indem sie es in ihrem Artikel unter der Kategorie der mentalen Aktivitäten, also den Funktionen des Ego, einordnen.[10] Dadurch, daß sie dem beobachtenden Selbst nur einen sekundären Status, nämlich den einer Ich-Funktion, einräumen, schaffen auch sie die übliche Unklarheit. So zitieren sie bestätigend Waelder: «Die Funktion der Selbst-

Beobachtung geht mit einer Ich-Objektivierung einher, die die Fähigkeit einschließt, sich über das Selbst zu erheben.»

Die Autoren schaffen weitere Verwirrung, indem sie Bewußtsein *per se* mit Bewertung und Einschätzung durcheinanderbringen. Trotzdem kommen sie zu der wichtigen Feststellung, daß «die beobachtende Funktion des Ich» eine Entwicklung durchmacht, die mit der Geburt beginnt. Sie betrachten die Psychoanalyse als sehr wichtig für die Vollendung dieser Entwicklung und zitieren Sterbas Auffassung, daß sich im Verlauf einer Psychoanalyse als Ergebnis einer «Trennung» im Ego ein «beobachtendes Ego oder Ich» herausbildet. Die Autoren fahren fort:

> Wir sind der Meinung, daß das, was Sterba eine «Dissoziation innerhalb des Egos» nennt, nicht nur höchst wünschenswert, sondern eine Vorbedingung für die auf Einsicht basierenden Psychotherapien ist. In großem Maße ist die Bemühung des Analytikers darauf ausgerichtet, solch eine beobachtende Funktion zu verstärken. Er kann das auf vielerlei Weise erreichen, im allgemeinen, indem er Interpretationen dazu heranzieht, um im Patienten vorhandene Fähigkeiten freizulegen, oder indem er möglicherweise als Modell für den Patienten im Hinblick auf seine Ich-Aktivitäten dient.

Kohut hat eine «Psychologie vom Selbst» entwickelt und fordert in dem Zusammenhang eine Revision der psychoanalytischen Theorie, damit das Selbst als ein übergeordnetes Konzept und nicht lediglich als eine Funktion des Ich angesehen wird. Aber auch er begeht den entscheidenden Fehler, das beobachtende Selbst außer acht zu lassen oder es mit den Inhalten des Beobachteten zu verquicken. Am Ende ist Kohuts «Selbst» ein weiteres Konzept des Verstandes, eine psychische «Struktur» mit einer psychischen «Zuordnung», analog zu einem Objekt:

> Das Selbst ist eine Struktur innerhalb des Geistes, da es a) von Triebenergie genährt wird und b) eine Kontinuität in der Zeit hat, das heißt, fortdauernd ist. Indem es eine psychische Struktur ist, hat das Selbst auch einen Ort in der Psyche. Um genauer zu sein: verschiedene – und häufig nicht miteinander übereinstimmende – Selbst-Bilder existieren nicht nur im Es, im Ich und im Über-Ich, sondern auch innerhalb eines einzigen Bereiches der Psyche. So

mag es zum Beispiel widersprüchliche bewußte und vorbewußte Selbst-Bilder geben, wie Grandiosität und Minderwertigkeitsgefühl, und zwar nebeneinander, wobei sie entweder abgegrenzte Gebiete innerhalb des Ich-Bereichs oder Teilbereiche von jenem Gebiet der Psyche einnehmen, in dem Es und Ich ein Kontinuum bilden. Das Selbst ist also, ganz analog zu den Objekt-Bildern, ein Inhalt des mentalen Apparats.[11]

Kohut erkennt zwar die Notwendigkeit, dem Selbst eine zentrale Stellung einzuräumen, bleibt aber im herrschenden Paradigma gefangen, indem er das Bewußtsein, das heißt, das beobachtende Selbst, nicht als Urgrund der Selbst-Erfahrung anerkennt. Bewußtsein ist eine Kategorie für sich; die Inhalte sind sekundärer Natur. Aus diesem Grund ist es ein entscheidender Fehler, das beobachtende Selbst, das das Zentrum und die Quelle unserer persönlichen Existenz darstellt, als «Inhalt des mentalen Apparats» zu betrachten, da es jeglichen Inhalt transzendiert.

In diesem Zusammenhang sind zwei neuerliche Angänge, die Natur des beobachtenden Selbst zu verstehen, bemerkenswert. Beide versuchen die typische Unsichtbarkeit des beobachtenden Selbst und dessen Fähigkeit zum schier endlosen Rückzug, wenn man es eingrenzen will, herauszuarbeiten. Gleichzeitig zeigen beide die Schwierigkeiten, wenn es darum geht, das beobachtende Selbst in den üblichen Bezugsrahmen zu setzen.

C. O. Evans schlägt, nachdem er zuvor unternommene philosophische Versuche zur Klärung dieses Problems referiert, eine Lösung in Begriffen der kognitiven Psychologie vor.[12] Er führt dazu den Ausdruck *unprojiziertes Bewußtsein* ein und definiert ihn: «Ich gebe den Elementen den Namen ‹unprojiziertes Bewußtsein›, die zusammen den Hintergrund des Bewußtseins bilden, wenn Aufmerksamkeit auf das Objekt gerichtet wird.»[13]

Dann setzt er das beobachtende Selbst mit dem unprojizierten Bewußtsein gleich:

Wenn das Selbst unprojiziertes Bewußtsein ist, dann kann das Selbst genausowenig ein Gegenstand der Aufmerksamkeit werden und gleichzeitig Subjekt bleiben, wie ein Element des unprojizierten Bewußtseins nicht gleichzeitig zum Objekt der Aufmerksam-

keit werden und zugleich ein Element des unprojizierten Bewußtseins bleiben kann.[14]

In anderen Worten: Was wir als beobachtendes Selbst erfahren,
ist die Erfahrung jener Elemente, denen nie eine Aufmerksamkeit zukommt. Mit dieser Gleichung vollführt Evans einen Ta-
schenspielertrick. Weil man sagen kann, daß das beobachtende
Selbst den Hintergrund aller Erfahrungen bildet und Objekte im
Vordergrund der Wahrnehmung alle auch einen Hintergrund haben, setzt er den Hintergrund der Erfahrung und den Hintergrund des Wahrgenommenen gleich. Die beiden Hintergründe
sind jedoch verschieden. Wie er mit seiner Definition zeigt, besteht für ihn das unprojizierte Bewußtsein aus Elementen. Wir
können auf das Vorhandensein dieser Elemente rückschließen
oder es demonstrieren, indem wir einfach die Aufmerksamkeit
darauf richten. Sie stellen das dar, was Freud das Vorbewußte
nennt. Das beobachtende Selbst dagegen hat keine Elemente
und keine Eigenschaften. Es geht nicht um einen Scheinwerfer,
der ein Gebiet erhellt, während der Rest im Dunkel bleibt, sondern um die Natur des Lichtes selbst.
    Ein weiterer Versuch, die beobachtende Funktion in den Griff
zu bekommen, zeigt die Vergeblichkeit, dieses Problem durch
eine Gleichung mit bekannten Teilen zu lösen. Gordon Globus
erklärt das beobachtende Selbst – das er das «Ich» nennt – als die
mentalen Aktionen, die eine sinnvolle Welt von Objekten unterscheiden.[15] Obwohl er damit beginnt, die gestaltlose, nicht faß-
bare Natur des Bewußtseins anzuerkennen, und sie von allem
anderen in der Welt der Erfahrungen trennt («eine analytische
Einzigartigkeit»), fährt er dann fort, vom «Ich» als etwas Ver-
schwindendem zu reden, wenn die Subjekt-Objekt-Unterschei-
dung aufhört wie in gewissen Meditationszuständen mit «unge-
brochenem», «holistischem», «ungeteiltem» Bewußtsein. Ganz
offensichtlich spricht Globus hier nicht mehr über das Bewußtsein *per se*, sondern über das Objekt-Selbst und die mentalen
Aktivitäten, mit denen Objekte unterschieden werden. Bewußtheit kann nicht fehlen, wo Bewußtsein ist. Sie *ist* Bewußtsein.
Die Aktivität des Wahrnehmens, des Unterscheidens ist etwas

anderes; es ist der Welt der Materie zugeordnet, kann beobachtet werden, und auch wenn einige Aktivitäten in den Bereich des Unbewußten fallen, können ihre Auswirkungen als Inhalte des Bewußtseins erkannt werden. In den höheren meditativen Zuständen verschwinden die Inhalte, aber das Bewußtsein oder Innesein bleibt.

Solche Erklärungsversuche können nicht greifen, weil sie auf einem Objekt-Bewußtsein basieren, das beobachtende Selbst aber kein Objekt ist. Es transzendiert die wahrnehmbare Welt. So kann die westliche Psychologie auch nicht die Bedeutung des beobachtenden Selbst erfassen, und die Theorien darüber bleiben verworren und unbrauchbar.

Das Wissen um das Bewußtsein

Gehen wir von der grundlegend andersartigen Natur des beobachtenden Selbst aus, wird offensichtlich, daß bei diesem Phänomen eine andere Art des Erkennens als das durch die Sinne oder den Intellekt beteiligt sein muß. Die Sinne und der Verstand befassen sich mit Inhalten: Klang, Sicht, Berühren, Ideen, Erinnerungen, Phantasien. Das beobachtende Selbst jedoch ist außerhalb des Inhalts und damit außerhalb von Intellekt und Empfindung. Daraus ergibt sich, daß wir es nur durch ein andersartiges Wissen erfahren können, eines, das wir als intuitives oder unmittelbares Wissen bezeichnen, das heißt, wir wissen, indem wir zu dem werden, was wir erfahren. Wir *sind* das Bewußtsein, und deshalb vermögen wir es auch nicht zu beobachten; wir können uns nicht davon abtrennen, weil es die Kernerfahrung des Selbst ist.

Ich will eine Analogie dazu heranziehen, um zu veranschaulichen, wie unmittelbares Wissen vor sich geht und in welcher Beziehung es zum alltäglichen Verstand steht. Nehmen wir einen Teich, der dicht am Meer liegt und mit ihm in Verbindung steht. Unser Bewußtsein, das beobachtende Selbst, ist der Teich. Gedanken, Gefühle und andere mentale Aktivitäten sind wie

Wellen oder Kräusel auf der Wasseroberfläche, so als würde jemand vom Rand her kleine Steine ins Wasser werfen. Hören diese Aktivitäten auf, ist der Teich glatt, ruhig und spiegelt klar wider. Jetzt tritt das beobachtende Selbst klar zutage und ist reines Bewußtsein. Zu anderen Zeiten, wenn Gedanken die Wasseroberfläche aufgewühlt haben, scheint das reine Bewußtsein verschwunden zu sein, und es enthält nur noch die Muster der Störung im Wasser, die Wellen und Kräusel. In solchen Situationen braucht es keinen Beobachter von draußen, um die Stille oder die Wellen zu erfahren. Es ist kein Mittel der Erfahrung notwendig, denn die Erfahrung ist der Zustand der Stille oder der Kräusel, je nachdem, was gerade anliegt.

Wir können uns nun die Frage stellen: «Warum werden Gedanken und Gefühle beobachtet, aber Bewußtsein unmittelbar erfahren?» Die Antwort lautet, daß die Kräusel lokale Phänomene sind, das Wasser *per se* aber nicht. Die Aktivität geschieht vor dem Hintergrund der Stille und durch das Medium des Wassers.

Wenn das Wasser ruhig wird und sich die Ruhe tief genug ausdehnt, beginnt der Teich in den größeren Rhythmen des Ozeans zu schwingen. Dann sind Stille und Aktivität im richtigen, harmonischen Gleichgewicht, der Zustand des Teichs reflektiert den ursprünglichen, subtilen Rhythmus, der für gewöhnlich durch die Kräusel an der Oberfläche verborgen oder durcheinandergebracht ist.

Solch ein Modell veranschaulicht auch, wie Bewußtlosigkeit und Tod das Bewußtsein beeinflussen würden. Wenn alle Aktivitäten vollständig aufhören, ist Bewußtsein nicht an dem bestimmten Ort (dem Teich), das wäre das Individuum, intellektuell erfaßbar, denn es gibt keine auf diesen Ort begrenzte Aktivitäten mehr. Trotzdem hört das Bewußtsein nicht auf zu existieren.

Übersetzt man das zurück in die Begriffe der Mystik, können durch entsprechende Schulung die Motivationen des (lokalen) Objekt-Ich und die damit verbundene Bewußtseinsform beiseitetreten und aufhören, die Wahrnehmung zu dominieren. Dann wird sich die Person der subtileren, tieferen Strömungen bewußt, die die wahre Wirklichkeit reflektieren. Wenn das geschieht, erfahren die Menschen ihre Kontinuität und Identität mit einer größeren Aktivität, für die es verschiedene Namen gibt: Selbst oder Höheres Selbst, Tao, Wahrheit, Brahman oder Gott.

Die Analogie vom Teich und dem Meer hat natürlich ihre Grenzen, weil sie nur dreidimensional ist und uns nicht den transzendenten Charakter des Bewußtseins im Vergleich zu den Verstandes-Inhalten zeigen kann. Deshalb ist es keine Erklärung des Bewußtseins, sondern nur ein ungefähres Modell, um zu zeigen, wie Bewußtsein und intuitives Wissen funktionieren können. Die Analogie ist auch nützlich für das Verständnis der Beziehung von Bewußtsein und mentalen Aktivitäten. Erst wenn die Verstandestätigkeit aufhört, tritt das reine Bewußtsein oder das beobachtende Selbst zutage.

Auch wenn ich das beobachtende Selbst als transzendent bezeichne, hat es deshalb nicht unbedingt etwas Esoterisches oder Religiöses. Es zu begreifen heißt aber, unsere Perspektive erweitern, um etwas einzuschließen, was immer dagewesen, doch schwer zu erkennen ist, weil es nicht in unseren gewohnten Wahrnehmungsrahmen paßt.

Die Entwicklung des beobachtenden Selbst

Man hat viele Theorien entwickelt, um die Resultate der Psychotherapien zu erklären, und es lassen sich viele Faktoren für die verschiedenen Veränderungen heranziehen. Dabei ist jedoch, wie wir gesehen haben, die therapeutische Bedeutung der Entwicklung des beobachtenden Selbst außer acht gelassen worden. Sogar der «beobachtenden Funktion des Ich» wird nicht einmal viel Aufmerksamkeit eingeräumt, obwohl die Techniken der meisten Psychotherapien darauf aufbauen. Das beobachtende Selbst nimmt wegen seiner einzigartigen Natur, die nicht in unser zeitgenössisches materialistisches Paradigma paßt, eine Randposition in der psychotherapeutischen Literatur ein. Miller und seine Kollegen, die noch am ehesten die Bedeutung des beobachtenden Selbst anerkennen, gehen auch nicht auf seine transzendente Qualität ein. Sie behandeln jedoch die verringerte beobachtende Funktion, die bei Neurosen, Psychosen, Charakterstörungen oder «Defekten des Ich-Apparats» anzutreffen ist, und diese herabgesetzte Fähigkeit wird dahingehend interpretiert, daß sie aus Gründen der Abwehr (um Bewußtsein zu vermeiden) zustande kommt, sei es auf einer akuten, ad hoc-Basis oder eher chronisch als Charakterzug, der falscher Identifikation oder einem alles beherrschenden Verteidigungsstil entstammt. Sie vertreten sogar die Auffassung, daß der Mangel an beobachtender Funktion bei manchen Menschen genetischer Ursache oder das Ergebnis sehr früher physischer oder psychologischer Traumata sein könne.

Nehmen wir jedoch eine größere, evolutionäre Perspektive ein, ist es nicht abwegig zu vermuten, daß sogar das normale objektive Selbst nur teilentwickelt ist, verglichen mit den ihm innewohnenden Möglichkeiten, und zwar auch für jene, die sich einer klassischen Psychoanalyse oder einer Langzeit-Psychotherapie unterzogen haben. Miller und seine Kollegen schreiben über das «Endstadium» in der Entwicklung der beobachtenden Funktion folgendes:

> ... da entwickelt sich jenes Stadium der Beobachtung, welchem das Hauptanliegen der Autoren gilt. Es umfaßt die Beobachtung von Ich-Prozessen in Verbindung mit sowohl äußeren wie auch inneren Ereignissen in dynamischen Interaktionen. In diesem Entwicklungszustand der Observierungsfunktion befaßt man sich mit der Beobachtung der Triebe, der Affekte, der Abwehrmechanismen, des Ausdrucks und der Teilnahme des Ich an diesen psychischen Manifestationen. Es ist eine integrierte Beobachtung von sich gegenseitig bedingenden Beziehungen innerhalb des Ich. Das heißt, es geht um die kausalen Verbindungen von «Ich nehme so und so wahr und reagiere auf solche Weise, was mich dann da- und dahin führt».[16]

Mir liegt daran, zu zeigen, daß das Gebiet des beobachtenden Selbst über den individual-spezifischen Bereich ausgedehnt werden kann. Es lassen sich nicht nur persönliche, sondern auch kulturell determinierte Konditionierungen hinterfragen. Jede

Kultur hat nämlich ihren gesellschaftlich sanktionierten Selbstbetrug und ihre Paradigmen. Sogar unsere scheinbar elementarsten wissenschaftlichen Annahmen über die Welt sind nach der Literatur der Mystiker und inzwischen sogar nach den neuesten Erkenntnissen der theoretischen Physik kritisch zu betrachten. Das bedeutet, das beobachtende Selbst kann dahingehend entwickelt werden, daß sich das Individuum von den kontrollierenden, einschränkenden Vorstellungen zu lösen vermag. Die letzte Phase der Entwicklung des beobachtenden Selbst ist wohl nicht mit unseren Begriffen erfaßbar.

Obwohl, wie schon gesagt, die theoretischen Grundlagen der Psychotherapie sich kaum mit dem Entwicklungspotential des beobachtenden Selbst beschäftigen, können die Psychoanalyse und die Psychotherapie als Prozeduren angesehen werden, die diese Entwicklung begünstigen. Und hierin liegt ihr einzigartiger Beitrag. Wie kommt es zu einer solchen Entwicklung? Therapieergebnisse weisen darauf hin, daß entweder zuviel Affekt oder zu wenig den Prozeß behindert:

> Um von dem Beobachteten überzeugt zu sein, muß eine affektive Erfahrung stattfinden, denn fehlt der Affekt, führt es nur zu einer sterilen Intellektualisierung, einem Zustand, der für die Entwicklung von Einsicht wirkungslos ist. Andererseits überwältigen zu starke Gefühle die Wahrnehmungs-, Erkenntnis- und die integrativen Funktionen.[17]

Diese Feststellung entspricht der Betonung, die die Mystiker auf die Notwendigkeit von Ausgeglichenheit, Harmonie und Maß im emotionalen Leben legen. Weitere Parallelen zu den Mystikern sind in der Diskussion von Miller und seinen Kollegen über die Mittel deutlich, durch die die beobachtende Funktion vom «erfahrenen Ich» abgespalten wird. Sie betonen den Gebrauch von Interpretationen, um Abwehrmuster im Verhalten herauszuarbeiten. Außerdem weisen Miller und seine Kollegen darauf hin, daß der Analytiker die richtige Beobachtungshaltung beim Patienten wie auch dessen gefühlsmäßige Ausgeglichenheit herausformen muß, damit ein Interesse am Lernen und eine Bereitwilligkeit entsteht, sich neuen, oft unbequemen Erkenntnissen zu öffnen. Der Therapeut sollte dem Patienten die Ruhe vermitteln, die sich aus dem Fehlen von Angst ergibt.

In diesen Bereichen läßt sich das Eigentliche nicht durch irgendwelche Techniken oder Tricks ersetzen. Ein Therapeut, dessen eigene Entwicklung des beobachtenden Selbst ihn noch nicht zu dem gewünschten Stadium gebracht hat, wird es auch seinem Patienten nicht vermitteln können. Ähnlich weist die mystische Literatur darauf hin, daß die Lehrer nur das lehren können, was sie selber erfahren haben, *was sie selber geworden sind.* Um einem Patienten zu helfen, das beobachtende Selbst zu stärken, muß der Therapeut selbst die Aufgabe für sich gelöst haben. Diese Voraussetzung erklärt vielleicht, warum therapeutische Techniken allein immer nur einen begrenzten, vorübergehenden Erfolg haben. Daraus folgt, daß es nicht unbedingt hilfreich ist, die Vergangenheit des Patienten aufzudecken, solange nicht das beobachtende Selbst ausreichend klar zur Wirkung kommt. Das Herausarbeiten und Stärken des beobachtenden Selbst sind für die Unabhängigkeit von emotionalen Reaktionen wesentlich, ohne die das Wissen von der Vergangenheit nutzlos wird.

Ich meine, daß es das Grundanliegen der Psychotherapie sein sollte, das beobachtende Selbst von den Inhalten des Bewußtseins abzukoppeln. Sobald wir das tun, können wir uns im Beobachter lokalisieren anstatt in den Inhalten – jenen Mustern der Emotionen, Gedanken und Phantasien, die für unseren Schmerz zuständig sind. Indem wir aufhören, uns mit automatischen Abläufen zu identifizieren, verringern wir deren Gewicht und schaffen freien Raum, in dem wir nach einer geeigneten Reaktion Ausschau halten können. Auf diese Weise erreichen wir Unabhängigkeit, wo wir zuvor überwältigt und hilflos waren. Angst, Depression und Wut werden, wenn auch nicht beseitigt, so doch auf ein geringeres Maß reduziert und abgeschwächt. Indem wir uns mit dem beobachtenden Selbst identifizieren, sind wir zu einer realistischeren Einschätzung unserer selbst und unserer Lage imstande, was ein wirkungsvolleres und kreativeres Verhalten ermöglicht. Die folgende Geschichte veranschaulicht, wie dieser «Ortswechsel» positiv auf eine Patientin übertragen werden konnte:

Eine Frau, die ich einmal die Woche zur Therapie hatte, stürzte in heller Aufregung in meine Praxis und erklärte voller Angst, daß sie sich gleich «in Einzelteile auflösen» würde. Meine normale Reaktion wäre gewesen, ihr ruhig zuzuhören, einige Erklärungen für die sie überwältigenden Umstände zu geben und ihr die unterdrückten Emotionen, Wünsche oder Vorstellungen ins Bewußtsein zu bringen, die als Auslöser für ihre akuten Symptome in Frage kämen. Dieses Vorgehen hätte ihr bestimmt etwas geholfen. Doch statt dessen begann ich zu lächeln und fand alles recht lustig. Dabei war die Verzweiflung der Frau nach all den in solchen Situationen angewandten Kriterien echt. Sie neigte keineswegs zu Krisen, und ihre Äußerungen waren nie hysterisch übertrieben. Trotzdem merkte ich, daß ich lächelte. Ich amüsierte mich über ihren Zustand, weil sie sich für mich in keinerlei Gefahr befand, sondern nur in den Inhalten ihres Geistes gefangen war und sich von daher mit den Erschütterungen identifizierte, von denen sie berichtete, und dabei vergaß, daß *sie diese beobachtete.* Bildlich gesprochen war es, als stünde sie oben auf einem Hügel und blickte aufs Meer hinaus, wo sich weit draußen riesige Wellen brachen, und bekäme plötzlich Angst, sie könne ertrinken, weil sie vergessen hatte, wo sie wirklich war.

Die Frau bemerkte auf einmal meinen Gesichtsausdruck, stockte und verlangte empört nach einer Erklärung für mein «gefühlloses» Lächeln als Reaktion auf ihre Verzweiflung. Ihre Frage ließ mich noch breiter grinsen, und schließlich fing ich laut zu lachen an. Sie starrte mich ungläubig an, und dann zeigte sich Wut in ihrem Gesicht. Doch mitten in ihrem aufsteigenden Zorn begann auch sie gegen ihren Willen zu lächeln. «Sie verdammter Kerl!» rief sie und prustete los. Wir lachten beide eine ganze Weile. Die Verzweiflung, die Krisensituation und der befürchtete Zusammenbruch lösten sich in dem Gelächter auf wie Nebel in der Sonne. Das «in Stücke auflösen» fand nie statt.

Das ist kein Beispiel für eine neue Therapie, und es lassen sich viele gut fundierte Erklärungen für diesen Vorfall heranziehen. Soweit ich es jedoch beurteilen kann, war meine Reaktion das Ergebnis einer bestimmten Auffassung über das beobachtende

Selbst, die ich aus meiner Beschäftigung mit der Mystik gewonnen hatte. Ich beurteilte die Situation anders und war in der Lage, diese neue Sicht meiner Patientin durch mein unbekümmertes Lachen und meine ganze Haltung zu vermitteln. Man mag einwenden, daß der klassische erklärende Ausgang das Bewußtsein der Patientin für ihre unterdrückten Impulse geschärft und so einen größeren Erfolg gebracht hätte als die Lösung der Krise, die durch meine unerwartete Reaktion geschah. Das will ich nicht abstreiten, aber die Auswirkungen zeigten dann in der Folge doch, daß es mehr war als nur eine vorübergehende Klärung. Die Frau machte in den darauffolgenden Sitzungen therapeutisch geradezu einen Sprung vorwärts. Ich bin der Meinung, daß eine andere Art von Lernen stattgefunden hatte, durch das sie Abstand von der Angst bekommen hatte und sie eher beobachten konnte, als sich mit ihr zu identifizieren. Dieses Lernen hatte ihr geholfen.

Ein flexibles Bewußtsein

Zahlreiche Untersuchungen haben gezeigt, daß unsere Fähigkeit zur Verarbeitung von Information begrenzt ist. So ist es zum Beispiel für jemanden ungewöhnlich, sich an mehr als sieben in zufälliger Abfolge hintereinander gesprochene Zahlen zu erinnern. Ebenso ist es schwer, zur gleichen Zeit mehr als einer Sache die volle Aufmerksamkeit zu widmen. Allgemeiner gesagt verringern Gedankenaktivitäten die Empfindungen und umgekehrt. Die zwei können für gewöhnlich nicht gleichzeitig zunehmen, sondern sich nur umgekehrt proportional verändern. Eine ähnliche wechselseitige Beziehung besteht zwischen dem beobachtenden Selbst und den Inhalten des Bewußtseins: Sobald das eine stärker hervortritt, läßt das andere nach. Ein Verstärken des beobachtenden Selbst verringert die Intensität von Affekten, zwanghaftem Denken und automatischen Reaktionsmustern, so daß die Möglichkeit für Veränderung, Kontrolle und wachsende Beherrschung gegeben ist. Andererseits kann die größtmögliche Entfaltung sensorischer Erfahrungen – wie im Orgasmus – oder die größtmögliche Leistungsfähigkeit bei der Lösung intellektueller Probleme nicht von jemandem erreicht werden, der nicht fähig ist, vom beobachtenden Selbst loszulassen, um ein Höchstmaß an Energie in den Sinnesapparat oder den Erkenntnisprozeß zu stecken. Bei den meisten Menschen muß jedoch das beobachtende Selbst entwickelt werden.

Wenn die westliche Psychologie sich der Perspektive des beobachtenden Selbst bedienen würde, müßte sie deshalb keineswegs auf ihre Ziele verzichten. Es ist nur die Frage, etwas einzubeziehen und den vollen Platz zukommen zu lassen, was bereits in unserer Erfahrung zentral und dominant, ja, die Basis für die Erfahrung selbst ist. Wie in der Geschichte von dem Bauern, der sich nicht mitzählte, bringt das Bewußtsein vom Bewußtsein die Wende.

Das Überprüfen der unbewußten kulturellen Annahmen

Es ist gleichermaßen für Patienten wie Therapeuten wichtig, die Abwehrmechanismen und Affekte beobachten zu können, die mit dem Objekt-Selbst im Zusammenhang stehen, anstatt in ihren gefangen zu sein. Solche Beobachtung führt zu einer größeren Freiheit der Wahl, zu stärkerer Unabhängigkeit und einem umfassenderen Verstehen. Aber Abwehrmechanismen und Emotionen sind nicht die einzigen beobachtbaren Verstandesinhalte. Die meisten Menschen sind in anderen Geistesprozessen versunken, in grundlegenderen Denkmustern, die ablaufen, ohne daß sie sich dessen bewußt sind. Das beobachtende Selbst kann auch hier von den Prozessen abgekoppelt und dadurch noch mehr Unabhängigkeit und Klarheit erreicht werden.

Die Annahmen unserer Kultur, unbewußt in uns vorhanden, formen solch eine Schicht von Denkprozessen. Sie umfassen einen großen Bereich: was gut und was schlecht ist, die Natur des Menschen, den Sinn des Lebens und was wahr und unwahr ist. In dem Maße, wie wir diese Annahmen als selbstverständlich hinnehmen, sind wir an sie gefesselt, in ihnen gefangen. Auch in der Psychotherapie bleiben diese Grundannahmen meist unerforscht, weil der Therapeut sie teilt und so nicht den Bereich des beobachtenden Selbst seines Patienten auf Dinge ausdehnen kann, in denen er selber gefangen ist.

Betrachten wir einmal die Wertschätzung, die Selbstlosigkeit in unserer Kultur erfährt. Für den Durchschnittsmenschen bedeutet Selbstlosigkeit, Dinge für andere zu tun – Geld zu spenden, jemandem auf diese oder jene Weise zu helfen oder jemandem seinen Teil zu überlassen. Wir kommen kaum auf den Gedanken, daß solch ein Verhalten eine Art von aufgeschobenem Gewinn, ein Mittel der Bereicherung sein kann. Wenn der Empfänger den Spender kennt, dann kann der Spender damit rechnen, Dankbarkeit, Bewunderung und Lob zu erhalten. Und auch wenn die Gabe anonym kam, wird der Gebende doch sich gut finden und sich insgeheim sagen, daß ihm das auf dem himmlischen Konto positiv angerechnet wird. Doch die meisten von uns sind sich über diesen Aspekt ihres Verhaltens nicht bewußt. Es ist jedoch interessant, das Erstaunen von Patienten zu erleben, wenn man ihnen zeigt, daß ihr selbstgerechter Ärger über die «Undankbarkeit» von jemandem nur die geschäftliche Natur ihres Schenkens bloßlegt: Sie gaben in der Erwartung, etwas zurückzubekommen. Solch eine Analyse ist nicht ein Konstrukt oder Haarspalterei, sondern legt die Wahrheit offen. Handel ist Handel, auch wenn man ihn «Opfer» oder «Altruismus» nennt. Das Erwerbsdenken ist bei allem möglich: Geld, Ruhm, Selbstwertschätzung, Tugendhaftigkeit – überall. Nur durch Bewußtwerdung, durch Beobachtung des darunter verborgenen Musters kann man sich von dem Eigeninteresse unabhängig machen. Indem man sich im beobachtenden Selbst begründet und die Inhalte distanziert kritisch betrachtet, gibt man den kulturellen Annahmen den richtigen Stellenwert – sie sind dann nicht länger unumstößliche Wahrheit, sondern Spielregeln, Übereinkünfte.

Für die Mystiker ist dieses Freilegen von gesellschaftlich sanktionierter Gier innerhalb der Schulung eine Selbstverständlichkeit. Der Schüler erkennt in zunehmendem Maße, aus welchen verborgenen Beweggründen er gehandelt hat und daß sich unsere Welt aus Annahmen «zusammensetzt». Das läßt ihn allmählich wach werden für die absolute Wahrheit, das göttliche Bewußtsein. In der Psychotherapie versteht man sich wohl eher als Bewahrer gesellschaftlicher Spielregeln und hat die analytische Betrachtung noch nicht auf diese Ebenen ausgedehnt. Eigeninteresse ist die Basis unseres ökonomischen Systems, der Religionen und der internationalen Beziehungen, und es schließt auch den therapeutischen Vertrag mit ein. Wir unternehmen etwas, um Glück, Befriedigung, kreatives Vergnügen, Sinneslust, Macht, Ansehen, Selbstwert und so weiter zu *gewinnen*.

Weil Therapeuten meist dazu neigen, die Annahme, Eigeninteresse sei unvermeidlich die Basis für soziales Zusammenleben und individuelle Freiheit, als gegeben hinzunehmen, können sie ihren Patienten auch nicht helfen, den Konsequenzen solcher Motivationen zu entgehen, besonders wenn keiner von ihnen die Quelle jener Konsequenzen kennt. Auch hier kann die Mystik weiterhelfen, ohne daß man dazu neue Techniken in der Therapie braucht, sondern nur, indem der Therapeut von ihr das Infragestellen aller «gesellschaftlicher» Wahrheiten und damit die Erweiterung des Horizonts übernimmt. Die Mystiker wissen die Antwort auf die Frage: «Was bleibt denn noch an Motivation übrig, was sich nicht auf Eigeninteresse zurückführen läßt?» Sie lautet: Der Aufgabe dienen!

Der Aufgabe dienen

Wenn wir davon sprechen, eine Aufgabe gut zu erfüllen und um ihrer selbst willen zu tun, meinen wir eine Haltung, bei der wir den Erfordernissen der Aufgabe den Vorrang vor unseren Wünschen geben. Wir sehen ein, daß die angemessene Erfüllung dieser Aufgabe ein gewisses Maß an Anstrengung *verlangt*. So merke ich vielleicht beim Schreiben dieses Buches, daß ein Abschnitt nicht so ist, wie er sein müßte, daß er nicht vollständig, nicht ausgefeilt ist. Ich kann ihn so lassen, es reicht bestimmt, aber ich habe das Gefühl, daß es nicht der richtige Weg ist, und mich treibt es dazu, den Anforderungen gerecht zu werden, auch wenn ich weiß, daß niemand den Unterschied erkennen wird. Dieser innere Drang ist kein Zwang, sondern nur das Anerkennen, daß die Aufgabe *in sich selber* nicht erfüllt ist. Ich kann mich entscheiden, daß ich nicht in der Lage bin, das zu tun, was verlangt wird, oder daß es den Zeit- und Arbeitsaufwand nicht lohnt, doch in jedem Fall ist die Erkenntnis da, daß es mehr bräuchte.

Zu tun, was erforderlich ist, statt was man vorziehen würde, ist eine Wahl, vor der wir in einer Vielzahl von Situationen stehen, ob sie intellektuell, handwerklich, künstlerisch oder zwischenmenschlich sind. In allen Fällen hieße das ein Hingeben an die Aufgabe, und zwar in einer Weise, bei der die Person gleichermaßen aktiv wie geführt ist.

Psychotherapeuten kennen diese Erfahrung wahrscheinlich aus «guten» Sitzungen, wenn alles von allein zu laufen, zu fließen scheint. Der Therapeut reagiert in solchen Fällen als Diener der Situation, handelt in perfekter Übereinstimmung mit den Äußerungen des Patienten und begeht einen subtilen Weg, der ihn trägt und führt. Eigeninteresse und Egozentrik hören auf, wenn «Das-was-erforderlich-ist» übernimmt. Solch eine Erfahrung ist unvergeßlich, wie ein «Wunder», mit sehr erfolgreichem Ausgang und sehr befriedigend für den Patienten wie für den Therapeuten. Es ist hohe Kunst.

Zen-Buddhismus richtet seine Aufmerksamkeit auf das der Aufgabe dienende Verhalten in seiner Betonung auf dem Jetzt. Obwohl dieser Gedanke oft in esoterischer Form präsentiert wird, ist Im-Jetzt-sein nichts anderes als etwas «einfach zu tun», wobei man jegliches Eigeninteresse zugunsten der unmittelbaren Erfordernisse der Situation aufgibt. Hierzu die Beschreibung des «selbstlosen» Weisen durch Huang Po, einem Zen-Meister aus dem 9. Jahrhundert:

wenn alle Handlungen rein vom Ort und den Umständen bestimmt sind...

so werden jene «Weise» genannt, die das intellektuelle Lernen aufgegeben und im absichtslosen Handeln (wu wei) zur Ruhe gekommen sind.[18]

Der Wechsel zum aufgabenorientierten Verhalten verändert den Bewußtseinszustand. Mit dieser Veränderung im Bewußtsein tauchen andere Dimensionen auf und rücken ins Blickfeld, während alte verblassen und verschwinden. Die fundamentale Wirklichkeit erschließt sich mehr der Wahrnehmung. Deshalb ist Dienen nichts Moralisches, sondern funktional.

Der Aufgabe dienen schafft die Grundlagen für eine andere Erfahrung des Selbst und der Welt, aber das heißt nicht, daß das Objekt-Selbst, das Ego, aufgelöst wird. Viel eher erfordert das der Aufgabe Dienen eine Kombination von Objekt-Bewußtsein und rezeptivem Bewußtsein, die sich in etwa die Waage halten müssen. Das Objekt-Bewußtsein ist nötig für das effektive Handeln; das rezeptive Bewußtsein für die Sensibilität gegenüber feinsten Informationen aus der Umgebung, die für die Erfüllung der Aufgabe jeden Augenblick gebraucht werden. Ein verstärktes beobachtendes Selbst sorgt für ein Höchstmaß an Distanz von den Bewußtseinsinhalten und verringert so den Einfluß von Angst, die von dem Objekt-Selbst erzeugt wird und das Aufgehen in dem intuitiven Bewußtsein verhindert. Yeats hat ein sehr schönes Bild von diesem ausgewogenen Zustand:

> Wie eine langbeinige Fliege auf einem Strom
> Gleitet sein Geist über die Stille.[19]

Der Aufgabe dienen und der Lebenssinn

Die Patienten in der Psychotherapie beklagen sich immer wieder, daß ihrem Leben der Sinn fehle. Obwohl diese Beschwerden auf neurotischen Problemen basieren können, wie zum Beispiel einer Störung der Liebesfähigkeit oder der Unfähigkeit, Nähe zu erfahren, läßt sich dieses Gefühl von der Sinnlosigkeit des Lebens auch darauf zurückführen, daß es ego-zentriert und von den Anforderungen des Objekt-Selbst bestimmt wird. Es ist nicht überraschend, daß solch ein Leben letzten Endes als sinnlos empfunden werden muß. Denn das Objekt-Selbst kann nie befriedigt werden, weil sein Wunsch nach Dauerhaftigkeit und Besitz von allem, was er begehrt, nie zu erfüllen ist. Außerdem steht der Tod am Ende des Weges und nimmt alles, was dem Objekt-Selbst so lieb ist. Ein nur dem Eigeninteresse gewidmetes Leben ist oberflächlich und sinnlos, und Personen, die sich darüber beklagen, sollten eher über ihre Sicht vom Leben als über mögliche Neurosen nachdenken.

Es gibt nur eine Lösung für das Sinn-Problem, nämlich die Motivationen des Objekt-Selbst zu transzendieren. Der Weg zu dieser Transzendenz ist das Dienen – das wahre Dienen, das bedeutet, der Aufgabe und schließlich dem zu dienen, was die Mystiker die WAHRHEIT nennen. Um auf das Bild mit dem Teich zurückzukommen: Wenn die lokale Unruhe (Objekt-Selbst) sich ausreichend gelegt hat, reagiert der Teich auf die Strömung, die ihn mit dem Ozean verbindet. Wenn es den Menschen gelingt, die Anforderungen des Ego, des Objekt-Selbst, zu reduzieren, können sie sich auf ein größeres Fließen einlassen. Stimmen sie mit diesem Fließen überein, unterstützen sie nicht nur die Strömung, sondern können sich eher im Einklang mit dem Ozean als auf den Teich begrenzt erleben. Durch die Erfahrung der größeren Identität läßt Angst nach und wird Sinn erkennbar.

Psychotherapeuten werden das natürlich ihren Patienten nicht so ohne weiteres sagen oder diese Evolution zur Vollendung bringen können; aber würden sie sich solch eine Perspektive zu eigen machen, wären sie fähig, ganz anders auf die Lebensfragen einzugehen und eine wirklich tiefgreifende Therapie zu führen. Sie würden dann die Beschwerden der Patienten aus einem anderen Blickwinkel sehen und in einem viel weiteren Rahmen darauf eingehen. Und wenn die therapeutische Situation dann geeignet ist, könnten sie eingreifen, um das beobachtende Selbst des Patienten von der Umklammerung des ich-zentrierten Denkens zu befreien und so die Möglichkeit für ein größeres, tieferes Verständnis des Selbst und der Welt schaffen. Psychotherapeuten müssen zu dieser Perspektive kommen, wollen sie die Sinnfrage ihres Patienten nicht beiseite schieben.

Außerdem hilft sie, die korrekte Diagnose zur Behandlung des Leidens zu stellen. So kann man dann wenigstens erkennen, daß eine Störung der Motivation vorliegt und nicht ein natürlicher Zustand, der als unabänderliches Schicksal der Menschen angesehen werden muß.

Ein Beispiel dafür, wie hilfreich die Sicht der Mystiker für die Psychotherapie sein kann, ist das einer Frau in ihren Vierzigern, die unter Perioden schwerer Depression litt, welche trotz vieler Jahre Psychoanalyse immer wieder jedes Jahr um ungefähr die gleiche Zeit eintraten. Die Depression zeichnete sich durch ein tiefes Gefühl der Sinnlosigkeit ihres Lebens und des Lebens allgemein aus. Dementsprechend versuchte sie, mit ihrem Problem fertig zu werden, indem sie sich ins Bett zurückzog und Wochen in schierster Verzweiflung zubrachte.

Ich reagierte auf ihre Klagen, indem ich ihr sagte, daß ihr Gefühl der Sinnlosigkeit in gewisser Weise eine richtige und konstruktive Sicht der Welt wäre. Ich wies darauf hin, daß große Mystiker wie die Heilige Theresa von Avila und Johannes vom Kreuz alle «die dunkle Nacht der Seele» erfahren haben und dadurch zu einer neuen Position der Stärke und zu einer Vision gekommen wären, die es ihnen dann erlaubt hätte, im Alltag außerordentlich wirkungsvoll zu sein. Ich schlug meiner Patientin vor, *mit* diesem Gefühl der Sinnlosigkeit zu gehen anstatt dagegen anzukämpfen und dabei darauf zu horchen, was es sie zu lehren hätte. Ich riet ihr, die Haltung eines Forschers einzunehmen und das beste aus dem zu machen, was wahrscheinlich eine Gelegenheit zu einem Fortschritt in ihrer Entwicklung sei.

Sie hörte mit wachsendem Interesse und immer größerer Begeisterung zu. Meine Einstellung ergab für sie einen Sinn und schaffte sofort einige Erleichterung, weil sie bisher angenommen hatte, ihr Leiden wäre krankhaft. Als sie ein paar Tage später zur nächsten Stunde kam, ging es ihr auffällig besser. In den darauffolgenden Wochen ersetzte sie ihre hilflose Haltung mehr und mehr durch ein Interesse an ihrem psychologischen Zustand, und ihr Gefühl für die generelle Sinnlosigkeit legte sich, und sie war in der Lage, die tatsächliche Sinnlosigkeit gewisser Aspekte des Lebens und speziell ihres Lebens zu untersuchen.

Sie hatte gewisse Dinge schon jahrelang gespürt, aber sie immer wieder zu verdrängen versucht, um Konflikte mit anderen, von denen sie abhängig war, zu vermeiden.

Der Wahrheit dienen

Viele Menschen erfahren den Zustand der «Selbstlosigkeit» in ihrem Alltag, sehen aber nicht dessen Einzigartigkeit und Bedeutung. Sie erkennen nicht den Zusammenhang zwischen dem ethischen Leitsatz, «eine Aufgabe um ihrer selbst willen anständig zu verrichten», und der Aufforderung der Mystiker, «der Wahrheit um ihrer selbst willen zu dienen». Doch gemäß der mystischen Wissenschaft können die Menschen, nachdem sie die Dominanz des Eigeninteresses eingeschränkt haben, fähig werden, intuitiv die größere «transzendente» Aufgabe wahrzunehmen. Diese Wahrnehmung ermöglicht es ihnen, «dem Willen Gottes zu dienen», ein Satz, der viel von denen mißbraucht wird, bei denen das Eigeninteresse noch sehr aktiv ist. Rabia, die große Sufi-Heilige, sagt dazu:

> Oh, Herr,
> wenn ich Dich aus Angst vor der Hölle verehre,
> wirf mich in die Hölle.
> Wenn ich Dich aus Sehnsucht nach dem Paradies verehre,
> verwehre mir das Paradies.[20]

Diese mit Absicht dramatische Äußerung, die das Eigeninteresse manch eines «spirituellen» Menschen ins Scheinwerferlicht rückt, soll diese Ichbezogenheit herausarbeiten, damit ihre Auswirkung auf das Bewußtsein verringert wird.

Es ist nur natürlich, daß sich Menschen in ihrer ersten Lebenshälfte auf die Selbsterhaltung und Besitz konzentrieren. Der menschliche Organismus wird zum Hervorbringen von Leben und dessen Entwicklung gebraucht, wozu er nur in der Lage ist, wenn er selber überleben kann. Gleichzeitig haben die Menschen jedoch Verbindung mit einer Wirklichkeit, die über die mit ihren Sinnen und ihrem Intellekt erfaßbaren Grenzen hinausgeht. Sie sind Teil eines viel größeren Bereichs. So, wie man anfangs dem Ego dienen muß, damit der menschliche Organismus leben kann, hat man später dem größeren Bereich zu dienen, um sich auf einer höheren Ebene weiterzuentwickeln.

Ich habe mich auf das Thema des beobachtenden Selbst konzentriert, weil es der Schwerpunkt der psychotherapeutischen und mystischen Arbeit ist. Das Thema der Selbstlosigkeit und des Dienens zeigt wiederum die Wichtigkeit, den Rahmen des beobachtenden Selbst auszudehnen und dadurch die blinden Flecken unserer Kultur, die Annahmen und Selbsttäuschungen, die durch gesellschaftliche Übereinkunft unsichtbar gemacht werden, in den Blickpunkt zu rücken. Eine dieser Annahmen hat das beobachtende Selbst in eine Randposition, wenn nicht sogar in einen Status der Nichtexistenz gedrängt, mit dem Ergebnis, daß es bisher keine umfassende Psychologie des Selbst gibt.

Wenn die Mystiker recht haben, können wir durch richtig gelenkte Selbstbeobachtung dazu kommen, mehr und mehr dem Kreis der Ichbezogenheit zu entrinnen, und zu einem neuen Bereich der Freiheit und einer neuen Quelle des Wissens gelangen und damit letztendlich unser Entwicklungsziel erfüllen.

9. Die Trance des gewöhnlichen Lebens

Obwohl wir als Erwachsene mit der Welt auf praktische, konkrete Weise umzugehen scheinen und völlig mit der gerade vor uns liegenden Aufgabe beschäftigt sind, zeigt eine Innenschau jedoch, daß wir die meiste Zeit in abstrakten, abschweifenden Gedanken und Phantasien verloren sind. Wenn wir plötzlich von dieser Art des Beschäftigtseins zu einem vollen, wachen Gewahrwerden der Welt wechseln, ist der Kontrast so groß, daß wir uns als «zu sich gekommen» oder «erwacht» beschreiben würden. Entsprechend sagt man von jemandem, der tief in Gedanken und Phantasien absorbiert ist, er sei in «Trance». Und genau diesen Trance-Aspekt unseres normalen Wachbewußtseins möchte ich diskutieren.

Ein unverzüglicher Nutzen, der sich ergibt, wenn wir uns auf die Perspektive des beobachtenden Selbst einstellen, ist der, daß wir damit beginnen, das von diesem menschlichen Bewußtseinszustand geschaffene Problem wahrzunehmen und zu verstehen – was sonst unerkannt bliebe. Die Vorliebe der Menschen, sich in Gedanken und Phantasiebildern zu ergehen und ihre Aufmerksamkeit auf Ausschnitte der Wirklichkeit zu verengen, ist etwas, das die mystischen Schulen sehr beschäftigt, bei der Psychotherapie dagegen nur indirekt eine Rolle spielt. Ich will das die Trance des gewöhnlichen Lebens nennen.

Wie im vorangegangenen Kapitel gezeigt wurde, führt Reflektion zu der Erkenntnis, daß unser wahres Zentrum das beobachtende Selbst ist und alle anderen «Selbste» oder «Ichs» nur Inhalte dieses Zentrums darstellen, die dessen Beobachtung unterworfen werden können und loslösbar und vergänglich sind. So geht zum Beispiel der Glaube an ein alleiniges Objekt-Selbst mit Verlust- und Auflösungsängsten einher, die wiederum zu weiteren Vorstellungen und Phantasien führen, die ihren Stoff aus der dramatischen Welt der kindlichen Abhängigkeit beziehen, in der unser erstes Lernen stattgefunden hat. Auf der Bühne des Kindheitstheaters verführt und zwingt ein kleines, verletzliches Kind machtvolle Elternfiguren, um sich Nahrung, Aufmerksamkeit und Liebe zu sichern, die nur sie dem Kind geben können. Strategien der Angst und der Kontrolle führen einen Kampf des Verstandes an, ein Drama, in dem alle Personen in vorgefertigte, stereotype Rollen gepreßt sind. Diese Strategien legen wir normalerweise nie ab. Und so sind wir als Erwachsene in einem Leben der Vorstellungen gefangen, die viel tiefer reichen, als wir es wahrnehmen, ein Leben, das wie ein unterirdischer Fluß unter unseren bewußten Gedanken fließt und diese mit verborgener Kraft formt und antreibt. Dieser Strom der Phantasievorstellungen ist die Basis der unerkannten Trance, in der wir die meiste Zeit unseres Daseins verbringen.

Die treibenden Kräfte der Hypnose

Im fachlichen Gebrauch wird das Wort *Trance* für das Verhalten von jemandem verwendet, der hypnotisiert wurde und nicht normal reagiert: Das Bewußtsein ist eingeengt, die Aufmerksamkeit fixiert, und das Verhalten wirkt automatisch, in Reaktion auf Suggestionen und Befehle. Der allgemeine Eindruck ist der, daß die Person sich in einer Art Schlaf befindet, da sie innerlich beschäftigt scheint und kaum auf äußere Reize reagiert. So ließe sich sagen, daß Trance ein besonderer Bewußtseinszustand ist. Doch tatsächlich können auch gewöhnliche Alltagsbeschäftigungen kurze Perioden eines Verhaltens mit sich bringen, das in gewisser Weise ähnliche Eigenschaften aufweist, nur daß sie nicht so stark ausgeprägt sind.

Im normalen Leben, wie auch unter dem Einfluß von Hypnose, kann Trance als Verlust des Kontext verstanden werden. Die meiste Zeit funktionieren wir innerhalb eines Vorstellungsrahmens, dessen wir uns nur am Rande bewußt sind, eines Bezugssystems, das uns unseren Platz in der Zeit, in der Geographie, in der Kultur und der Gesellschaft zuweist und uns eine

Selbstdefinition gibt. Wenn ich also am Tisch sitze und schreibe oder mit Freunden rede oder Auto fahre, wird meiner Aktivität durch einen losen Hintergrund von Konzepten und Erinnerungen Richtung und Sinn verliehen, ja, in gewissem Maße meine Erfahrung bestimmt. Dieser Rahmen, von dem meine psychologische Orientierung abhängt, ist von R. W. White als «Bezugsrahmen» oder «Handlungsrahmen» bezeichnet worden, und er legte dar, daß in der Hypnose der Bezugsrahmen «eingeengt» ist.[1]

R. Shor, der Whites Untersuchungen fortsetzte, schlug den Begriff «allgemeine Realitätsorientierung» statt «Bezugsrahmen» vor und erweiterte Whites Hypothese zu einer Reihe von Theorien über den hypnotischen Zustand.[2] Er vertrat, daß drei dynamische Faktoren an der hypnotischen Trance beteiligt seien und daß deren relative Intensität die Art der Trance, wie sie von Person zu Person variiert, bestimmten. Indem ich auf diese Faktoren eingehe, will ich zeigen, daß sie sich nicht nur auf den hypnotischen Zustand, sondern auch auf das normale Alltagsbewußtsein anwenden lassen.

Der erste Faktor betrifft die «allgemeine Realitätsorientierung», die

> alle Erfahrungen unterstützt, einordnet und ihnen Sinn verleiht...
> Im normalen Wachzustand, sogar wenn nur bestimmte Aspekte der allgemeinen Realitätsorientierung im Blickpunkt sind, befinden sich die übrigen die ganze Zeit über in enger Kommunikation. Wenn die enge Kommunikation aufhört, kann man den daraus folgenden Bewußtseinszustand als Trance bezeichnen. Jeden Zustand, bei dem die allgemeine Realitätsorientierung einer verhältnismäßig funktionslosen Bewußtheit gewichen ist, kann man Trancezustand nennen.[3]

So betrachtet, ist Trance nicht auf Hypnose begrenzt. Es gibt ähnliche Zustände der Absorption bei extremer Müdigkeit, Drogengebrauch oder bei gewissen Aspekten kreativer Arbeit. Die Stärke der Trance oder ihre Tiefe hängt jedoch davon ab, wie vollständig die allgemeine Realitätsorientierung gewichen ist.

Der zweite Faktor ist der der Rollenübernahme. Shor meint, daß Personen in der Hypnose die Eigenschaften einer hypnotisierten Person annehmen, wie sie in ihrer Kultur gesehen wird.

(Siehe auch Martin Ornes Untersuchung über «Verlangste Eigenschaften in der hypnotischen Situation».[4]) Solche Rollenübernahme stellt eine für gewöhnlich zwar unbewußte Einwilligung dar, die trotzdem das Verhalten der Person beeinflußt. White hat in diesem Zusammenhang gezeigt, daß die der Hypnose Unterzogenen ein «zielbezogenes Streben» zeigen, und Sarbin hat diese Einwilligung «Als-ob»-Verhalten genannt und darauf hingewiesen, daß dieses Als-ob-Phänomen nicht auf die Hypnose beschränkt ist:

> Wir stellten eine offensichtliche Beziehung zwischen der Rollenübernahme im Schauspiel und der Rollenübernahme in der Hypnose fest. Mr. Arbuthnot verhält sich, wenn er die Rolle des Hamlet spielt, *als ob* er Hamlet sei und nicht Mr. Arbuthnot. Der Hypnotisierte verhält sich, *als ob* er ein Automat sei (sofern automatisches Handeln in seine Wahrnehmung der Rolle einbezogen ist)... Diese *als-ob*-Formulierung kann man nicht nur beim Schauspiel und in der Hypnose sehen, sondern auch in Phantasien, beim Spielen, ja, bei allem von der Imagination bestimmten Verhalten.[5]

Dieser Punkt ist von besonderer Wichtigkeit, weil ich behaupten möchte, daß sich die Menschen im Alltag auch fast immer nach diesem Als-ob-Schema verhalten, nämlich, *als ob* sie das wären, was ihre Eltern oder ihre Kultur (die Elternnorm) ihnen, offen und versteckt, zu sein beigebracht haben.

Die Menschen strengen sich unbewußt an, Elternfiguren in ihrer Vorstellung zu gefallen und deren Anerkennung zu bekommen, indem sie deren unausgesprochene Forderungen erfüllen. Wenn diese verborgenen Anweisungen in der Psychotherapie bewußt gemacht und ausgesprochen werden können, wird das beobachtende Selbst des Patienten gestärkt, und daraus resultiert dann wachsende Unabhängigkeit. Doch das Bewußtmachen der grundlegenderen Instruktionen – der elementaren Annahmen unserer Kultur – ist, wie ich bereits im vorigen Kapitel gesagt habe, viel schwerer zu erreichen. Diese uns bestimmenden Annahmen sind so selbstverständlich und allgegenwärtig, daß auch die nach außen rebellischsten, trotzigsten Individuen sie nicht bemerken, ganz zu schweigen von den akademisch ausgebildeten Psychotherapeuten. Die Mystiker dagegen zielen mit ihrer

Schulung darauf hin, auch das Gefängnis der kulturellen Annahmen zu sprengen.

In Shors Beschreibung ist die dritte Kraft, die die hypnotische Trance bestimmt, die «Beteiligung des Regressiven», was folgendermaßen definiert wird:

> a) das Ausmaß, in welchem während der Hypnose regressive Objekt-Beziehungen zu der Person des Hypnotiseurs geformt werden;
> b) das Ausmaß, in welchem eine spezielle hypnotische «Übertragungs»beziehung zu der Person des Hypnotiseurs geschaffen wird;
> c) das Ausmaß, in welchem der Kern der Persönlichkeit des Hypnotisierten an dem hypnotischen Prozeß beteiligt ist.[6]

Die Beteiligung des Regressiven beruht auf Abhängigkeitswünschen, Wünschen, Eltern zu haben, die einen versorgen, schützen, trösten und nähren. Diese Wünsche sind zu Phantasien strukturiert, die eine Orientierung nach Belohnung, Bestrafung, Anerkennung, Schutz, Furcht und Unterwerfung zur Folge haben. In der Psychotherapie hilft der Therapeut, solche Phantasien zu klären, indem er die Motivationen, die ein Verhalten bestimmen, herausarbeitet und untersucht, in welcher Weise der Patient die Beziehung zum Therapeuten verzerrt wahrnimmt.

Im Alltag werden Abhängigkeitswünsche in Erwachsenenrollen zum Ausdruck gebracht, die Hilflosigkeit oder Macht unterstreichen, also Rollen, in denen eine Person auf andere herabblicken oder zu ihnen aufblicken kann. Bestimmte Verhaltensweisen zeigen das Vorhandensein von solchen Abhängigkeitsphantasien. So, zum Beispiel, enthalten Klagen fast immer eine Botschaft, wie: «Ich bin unglücklich, und jemand sollte etwas dagegen tun.» Beschuldigend wird der Finger auf jemand gerichtet und gesagt: «*Du* bist schlecht» (nicht ich). Im Zusammenhang damit fordern Leute die Freiheit eines Erwachsenen, weigern sich aber, auch dessen Verantwortung mitzuübernehmen. Man bricht Gesetze auf die Weise, wie es innerhalb der peergroup akzeptiert ist, äußert jedoch Verachtung und Haß für die Gesetzlosigkeit anderer. Abhängigkeit kommt sehr klar zum Ausdruck in den Bergen von Bier- und Schnapsflaschen, Dosen, Papier- und Plastiktüten und anderem Abfall, der in Parks, an Straßenrändern und an Waldwegen zurückgelassen wird und vom Durchzug von Menschen zeugt. Solche Verschandelung der Welt findet in der Phantasie von der Freiheit und dem Privileg der Kindheit statt oder von der Egozentrik Fünfjähriger. So wie die Hypnose die Kombination von verengter Aufmerksamkeit und Abhängigkeit vom Hypnotiseur zeigt, so spiegelt die gewöhnliche Trance des Alltags die Abhängigkeit von unbewußten Kindheitsphantasien und das unwillentliche Lenken der Aufmerksamkeit auf diese wieder.

Trance wird allgemein mit dramatischen Befehlen oder Gesten assoziiert. Das klassische Setting ist ein dominierender Hypnotiseur und eine ergebene weibliche Versuchsperson. Doch in Anbetracht des Einflusses der allgegenwärtigen regressiven Kindheitsphantasien braucht die Hypnose gar nicht ein Schauspiel. Trance kann viel eher als Möglichkeit gesehen werden, die uns allen innewohnt. Sie tritt bereits ein, wenn man etwas hört, das eine Abhängigkeitsphantasie auslöst, egal, ob das von einem einzelnen, einer Institution oder sogar von den Medien kommt. Weitzenhoffer schreibt dazu:

> Alle echten (spontanen) Reaktionen auf Vorschläge und Beeinflussungen lassen sich *ipso facto* mit einem hypnotischen Zustand oder einer Trance vergleichen. Von diesem Standpunkt aus gibt es keinen Unterschied mehr zwischen «Wach»-Beeinflussung oder «hypnotischer» Beeinflussung, oder, wenn man so will, zwischen extrahypnotischer und intrahypnotischer Suggestion. Auf eine Suggestion entsprechend zu reagieren heißt, hypnotisiert zu sein.[7]

Weitzenhoffers Interpretation beruht auf der Arbeit von Milton Erickson, dessen Fähigkeit, jemand durch subtile, indirekte Mittel in Trance zu versetzen, legendär ist. Auch wenn Erickson scheinbar überhaupt keine Trance herbeiführen wollte, fielen seine Versuchspersonen trotzdem in einen hypnotischen Zustand. Er verwendete Suggestionen, die auf das gegenwärtige Verhalten der Versuchsperson zugeschnitten waren und so in die regressiven Phantasien quasi einklinkten, die den unbewußten Hintergrund für die Art dieser Person und ihrer Handlungen bildeten. Jay Haley, der ebenfalls Ericksons Arbeitsweise erklärte, meinte, daß der Eintritt in den Trancezustand die Double-bind-Botschaft: «Gehorche spontan diesem Befehl!» löst. Der Verlauf der Trance läßt es zu, einerseits unbewußt gehorsam und andererseits auf der Oberfläche «spontan» und «unabhängig» zu sein.[8]

Das Gefängnis der Phantasievorstellungen

Ich bin der Auffassung, daß, genau wie der Hypnotisierte sich dem Hypnotiseur und der zwischen ihnen bestehenden Beziehung fügt, auch die normale Person sich den Forderungen der verinnerlichten Elternfiguren unterwirft, von denen sie Liebe, Lob, Anerkennung, Macht und Sicherheit zu erringen hofft, indem sie deren Wünschen gehorcht – kurz gesagt, «gut» ist. Wie beim Hypnotisierten ist solches Folgeleisten unbewußt und von Phantasievorstellungen gesteuert.

In der Psychotherapie können diese kontrollierenden Phantasien ins Bewußtsein gebracht werden, was aus unbewußten Zwängen befreit. Durch diese wachsende Freiheit wird das automatische Folgeleisten, die Trance, die durch die Phantasievorstellungen bestimmt ist, aufgehoben. Das Ergebnis ist ein engerer Kontakt mit der unmittelbaren Wirklichkeit, eine erhöhte Wahrnehmung der Umwelt und der Menschen und zunehmende Zufriedenheit im Leben. Der Patient beschreibt diese Veränderung vielleicht als «aus einem Traum aufwachen».

Der Leser mag skeptisch sein und dazu neigen, diese Beschreibung der allgegenwärtigen Phantasievorstellungen für eine Übertreibung zu halten oder eine Ausgeburt der Psychotherapeutengehirne. Schließlich haben wir doch nicht fast die ganze Zeit Phantasien über unsere Eltern im Kopf. Es stimmt, wir denken vielleicht lange Zeit überhaupt nicht an sie. Doch genaue Untersuchungen der Ursprünge unserer Wünsche, Ziele, Befürchtungen, Depressionen, Begeisterung und Wut zeigen, daß die meisten unserer Phantasien und Vorstellungen über uns und die Welt tatsächlich Kinderphantasien sind.

Zum Beispiel ist es für jemand in der Psychotherapie nicht ungewöhnlich, zu entdecken, daß es das primäre Ziel seiner oder ihrer Arbeit ist, Ruhm zu erwerben oder wenigstens die Bewunderung von Freunden. Ist der Wunsch erst einmal bekannt, führt er womöglich zu einer Phantasie, in der der Betreffende von bewundernd lächelnden Gesichtern umgeben ist und sich sicher, geliebt und akzeptiert fühlt. Solche Gefühle bringen die Person wiederum zu tiefer liegenden Bildern von einem nicht liebenswerten Selbst und mißbilligenden Eltern oder anderen Menschen – Phantasien von Einsamkeit und Ablehnung. Diese Phantasien sind meist außer Reichweite des Wachbewußtseins, aber der «Wunsch» nach Erfolg dringt durch, wobei das geistige Auge auf diesen inneren, aus dramatischen Szenen zusammengesetzten Film gerichtet ist, in dem die Person eine festgelegte Rolle hat. Vieles, wenn nicht das meiste, in unserem Verhalten setzt sich aus diesem unbewußten Ausagieren dieser Dramen zusammen. Deshalb tendieren wir dazu, unser Leben nach den Anweisungen verborgener Träume zu führen.

Ein weiteres Beispiel: Menschen, die wie «besessen» arbeiten, haben auch ihr geistiges Auge auf eine Szene dieser oder jener Art gerichtet. Sie schenken der äußeren Welt nur begrenzt Aufmerksamkeit; sie dient als Hintergrund für ihre Phantasie, die ihr Bewußtsein absorbiert. In diesem Fall ist die Phantasie der Glaube oder die Vorstellung, daß sie ohne unablässige harte Anstrengung in ihren natürlichen, faulen Zustand zurückfallen und alle Hoffnung auf Glück verlieren würden. Wie die Psychotherapeuten wissen, ist dieser «Glaube» tief verwurzelt; solche Menschen haben sich meist ein wirkungsvolles Bild von ihrem unkontrollierten Selbst konstruiert, eine Karikatur eines störrischen, schlampigen, «ungezogenen» Kindes. Sie sind normalerweise in der Lage, es zu zeichnen, wenn man sie darum bittet. Darüber hinaus steht das Kind in einer Landschaft mißbilligender, ablehnender oder geistig abwesender Leute. Die kontrollierende Phantasie lauert darauf, jede Abweichung von den Abwehrstrategien zu bestrafen, die sie ins Leben gerufen hat.

Phantasievorstellungen müssen nicht nur mit Psychopathologie assoziiert werden; sie bilden den bestimmenden Hintergrund für den größten Teil des Alltagslebens. Die meisten Menschen, die innehalten und ihre Gedanken, Sorgen und Wünsche beobachten, werden sich bewußt, daß sie ihre Zeit in der Hauptsache in einer Art Halbschlaf der Phantasie verbringen – einer Trance –, auch wenn sie zur gleichen Zeit gewissenhaft praktische Ziele verfolgen.

Betrachten wir als Beispiel dafür, wie sich solche unbewußten Bilder in einen Bereich des normalen Lebens eingeschlichen und breitgemacht haben, in welchem Maß die männlichen und weiblichen Rollen tyrannisch von Kindheitsphantasien aufgezwungen werden, die in eine Erwachsenenkultur eingegangen sind. Das kastrierende Biest; die reine, unerreichbare Jungfrau; der sadistische Lüstling; das selbstsüchtige Kindchen; das gefühlvolle dumme Weibchen; der stoische starke Mann und so weiter – diese Zerrbilder sind alles Muster, nach denen Individualitäten geformt werden. Jede dieser Phantasien hat ihre Konsequenzen im Alltag. Eine Frau beklagt sich, daß der Mann, wenn sie nicht mit ihm ins Bett geht, sie verlassen wird; wenn sie es aber tut, er sie gleichfalls kurz darauf verlassen wird. Ein Mann beschwert sich, daß die Frauen ihn «in die Falle locken», indem sie ihn mit Gefälligkeiten und Entgegenkommen ködern, um später unersättliche Forderungen zu stellen. Männer und Frauen sind sich nicht bewußt, in welchem Ausmaß Phantasien ihre Handlungen kontrollieren, weil die Bilder so eng mit dem normalen Gedankenablauf verflochten sind, daß sie unbemerkt kommen und gehen. In der Psychotherapie werden die Phantasien, die diese Stereotypen tragen, mehr und mehr durchleuchtet und als Inhalte des Bewußtseins beobachtet, wodurch sie ihre Macht verlieren. Ein Mann entdeckt dann vielleicht, daß er dazu neigt, Frauen als junge Göttinnen zu sehen, wenn sie auf Distanz von ihm sind, und als alternde Gefängnisaufseherinnen, wenn sie sich ihm genähert haben. Eine Frau erkennt womöglich, daß sie in der Phantasie einem Mann väterliche Macht, Stärke und Großzügigkeit eingeräumt hat, um ihren Abhängigkeitswünschen zu entsprechen, und ihn dann, als sie *seine* Abhängigkeitswünsche spürte, auf einmal als gieriges, liebloses Kind erlebte.

Auch wenn wir solche Phantasien kennen und es uns langweilt, sie wieder beschrieben zu finden, werden wir uns wundern, wie sie doch noch immer in uns arbeiten und Wut, Niedergeschlagenheit, Untreue und Rückzug in uns auslösen. Die subtileren Wirkungen verborgener Phantasien führen zu folgenden vertrauten Klagen: «Du bist gar nicht richtig hier!» «Ich bin für dich ja nur ein Gegenstand.» «Du siehst mich gar nicht wirklich.»

Wir finden es irgendwie leichter, den Einfluß der Phantasien im Bereich der sexuellen Beziehungen zu akzeptieren als in anderen Bereichen, wie zum Beispiel dem der Macht und Ambitionen. Denn wenn wir das Ziel von Macht näher untersuchen, sehen wir, daß unabhängig davon, ob es durch Geld, Sex, persönliche Anziehung oder «spirituelle» Mittel angestrebt wird, der Wunsch nach dieser Macht durch eine Phantasie angetrieben wird. In diesem Fall kann diese Phantasie genauer hervorgelockt werden, indem man fragt: «Was ist, wenn du die Macht hast?» Die Antwort, die normalerweise in Form eines Bildes kommt, legt vielleicht den Wunsch nach Kontrolle über Verlust oder Tod frei oder nach Versicherung gegen eine andere Phantasie, nämlich die der Hilflosigkeit oder verlassen oder angegriffen zu werden. Das Streben nach Macht wird so lange andauern, wie die Phantasie lebt. Und während diese besteht, ist die Person nur zur Hälfte wach; ihre Aufmerksamkeit ist, wie in Trance, zwischen der inneren Phantasie und der Außenwelt gespalten. Diese Trance ist subtil, nicht erkennbar und wird geleugnet, bis man sie erkannt hat.

Diese Beispiele mögen überzeugend sein oder auch nicht. Sie sind jedenfalls kein Ersatz für die Erfahrung, zu erkennen, daß man, während man doch ganz normal lebte und wohl ähnlich dachte wie andere, in Wahrheit in unbewußten Phantasien versunken war. Diese «alltägliche» Trance schließt Erfolg keineswegs aus, denn die von der Phantasie mobilisierte Energie kann Aktionen bewirken, die zu Reichtum, Ruhm oder Erwerb führen. Trotzdem ist das in Trance Dahinleben etwas ganz anderes als das «Wachsein». Der letztere Zustand, den wir manchmal erfahren, ist vielleicht ein Vorgefühl von dem Bewußtsein, das die Mystiker anstreben. Dabei muß dieses mystische Bewußtsein von Berichten über «spirituelle» Erfahrungen unterschieden werden, die oft mehr in den Bereich von Phantasie und wunschbeladenen Träumen von Verschmelzen und Abhängigkeit gehören. Der in ständiger Seligkeit dahinschwebende Schüler mit dem ewigen Lächeln ist genauso ein Gefangener seiner Träume wie der von Machtwünschen angetriebene Demagoge.

In den seltenen Momenten, wenn das Denken und die Phantasien aufhören, kommt das beobachtende Selbst zum Tragen. Man erfährt dann die Welt mit jener Lebendigkeit und Fülle an Einzelheiten, die eine durch und durch aufmerksame Wahrnehmung mit sich bringt. Leider hält diese Klarheit nicht lange an. So strahlend und wundervoll die Welt auch sein mag, früher oder später findet man sich erneut in Phantasien versunken, ohne daß einem der Übergang bewußt war, und man fragt sich, warum man, wo doch der wache, vorstellungslose Zustand so schön und klar gewesen ist, wieder in die Trance zurücktaucht. Ich meine, es ist ein automatischer Prozeß, der das Objekt-Selbst, das Ego, wiedereinsetzt, das beiseite tritt, wenn die Wahrnehmung «wacher» wird. Da die Phantasievorstellungen das Objekt-Selbst stärken, werden sie mobilisiert, sobald es sich zu sehr in seiner Existenz bedroht sieht. Das ist der Grund, warum der wache Zustand im allgemeinen nicht lange anhält und die Trance wieder bestimmend wird. Nur wenn ein anderes Ich oder Selbst die Oberhand gewinnt, kann die Macht der Trance gebrochen werden und der wache Zustand anhalten.

Das Erwachen aus der Trance

Bei psychotischen Zuständen wie auch in der Hypnose ist man sich einig, daß Phantasievorstellungen oder äußere Einmischung die Wahrnehmung beeinflussen, es zur Wirklichkeitsverzerrung oder Trance kommt. Unser normales Bewußtsein halten wir dagegen nicht so ohne weiteres für einen tranceähnlichen Zustand, denn der uns insgeheim lenkende Strom der kulturellen Vorstellungen und kindlichen Phantasien wird mit allgemeiner Übereinstimmung als verbindlich beziehungsweise nicht einmal existent hingestellt. Wir meinen, bewußt zu sehen und zu handeln, dabei gibt uns unser innerer «Hypnotiseur» die Anweisungen und zieht an den Fäden. Für den erwachten Menschen mit dem mystischen Bewußtsein ist die Trance des alltäglichen Lebens dagegen ganz offensichtlich.

Indem wir uns mit dem Phänomen der Hypnose befassen, beginnen wir zu erkennen, wie auch das normale Bewußtsein ein unerkannter Zustand eingeschränkter Wahrnehmung sein kann (Shors und Whites erstes Kriterium für Trance). Wir glauben, wir sehen die Realität, wie sie ist, doch in Wirklichkeit sind wir «hypnotisiert» und nehmen nur das wahr, was uns eingegeben wird. Alles darüber hinaus, eine *viel größere Realitätsorientierung*, bleiben unbekannte Dimensionen. Wir können lernen, das Netz der Phantasievorstellungen zu sehen, die uns mit ihren hypnotischen Suggestionen einspinnen und uns die meiste Zeit unseres Lebens in Trance verbringen lassen.

Die Trance des gewöhnlichen Lebens ist so normal, daß man die Menschen als Schlafende bezeichnen kann, die ab und zu aufwachen, aber nie ganz. Da es für die meisten Aufgaben durchaus reicht, halbwach zu sein, sind sich nur sehr wenige unseres reduzierten Zustandes bewußt. Es gibt zwar immer mal wieder Momente völligen Erwachens, aber die Übereinkunft der Gesellschaft und die automatische Rückkehr der Ego-Funktionen (die ja für das Überleben in unserer Welt nicht zu unterschätzen sind) lassen solche Erscheinungen eher vorübergehende Besonderheiten sein als dringende Signale, daß mit unserem «Normalzustand» etwas nicht in Ordnung ist.

Träume können uns ein Gefühl geben, was es mit unserer Situation auf sich hat. Shor beschreibt, als er Träume und Trance vergleicht, eine Episode, wo er von einem Traum erwacht und beides, die Wirklichkeit des Wachzustands und die des Traums, gleichzeitig erfährt:

In diesem flüchtigen Augenblick konnte ich die beiden Welten vergleichen, und was für ein verblüffendes Ergebnis war das: zwei Universen, die grundlegend verschieden waren, mit jeweils anderer Logik und anderen Grenzen. Besonders erstaunlich war die Erkenntnis, daß mein Traum eine zerflatterte, unscharfe Welt darstellte, verglichen mit der klaren, vielfältigen, unbegrenzten Welt des Wachseins. Die Bilder waren dürftig, die Kulisse kaum ausgemalt.

Doch während des Träumens war diese Traumwelt gefühlsmäßig völlig überzeugend und bewohnbar gewesen. Sie war so lebendig und so genau, wie sie sein mußte, um für mich «wirklich» zu erscheinen. Erst als ich sie mit den Maßstäben der Wach-Welt verglich, erlebte ich sie als begrenzt.[9]

Der Unterschied ist dem ähnlich, der für die Mystiker zwischen dem normalen Bewußtsein und dem mystischen Bewußtsein besteht. Sie sagen, so wie ein Kind nicht die umfassendere Bewußtheit eines Erwachsenen wahrnehmen kann, so ist dem Erwachsenen die umfassendere Bewußtheit einer Person nicht nachvollziehbar, die eine andere Ebene erreicht hat. Wenn wir aufgewacht sind, wissen wir, daß wir geträumt haben, doch im Traum scheint es nichts darüber hinaus zu geben.

Wenn wir unsere spärlichen und kurzen Momente des Erwachens wegen ihrer Klarheit, Lebendigkeit und größeren Wahrnehmung schätzen, so müssen wir uns jedoch vor Augen halten, daß das Ziel der Mystik weit über das hinausgeht, was für das normale Bewußtsein möglich ist, und auch jede simple Vorstellung vom «im Jetzt Sein» sprengt. Dazu ist eine weitere Entwicklung erforderlich. Das Objekt-Selbst oder Ego muß vom Herrn zum Diener werden. Die Motivationen, die von Phantasien – Eifersucht, Gier, Stolz, Neid, Haß – bestimmt sind, müssen mehr und mehr aufhören, damit wir auf feinere Stimuli achten können als auf jene, die unser Bewußtsein beeinflussen und einengen. Dadurch wird sich unser beobachtendes Selbst ausdehnen, und die Inhalte, die Vorurteile und Annahmen unserer Kultur werden auf ihr wahres Maß, nämlich Inhalte und nicht letzte, uns bestimmende Wahrheit, zurechtgerückt und können so hinterfragt werden. Erst dann haben wir die Möglichkeit, vollständig aus der Trance zu erwachen.

EINE ANDERE DIMENSION

Die verborgene Welt hat ihre Wolken und ihren Regen, doch von einer anderen Art.
Ihr Himmel und ihr Sonnenschein sind von einer anderen Art.
Das wird nur den Geläuterten offenbar – jenen, die sich nicht von der scheinbaren Vollkommenheit der gewöhnlichen Welt täuschen lassen.   Rumi[10]

Teil III
Anwendung

10. Meditation

Meditation ist die bekannteste Technik der Mystiker, was zum Teil darauf zurückzuführen ist, daß ihr viel Aufmerksamkeit in der mystischen Literatur gewidmet wurde und sie außerdem eindrucksvolle Veränderungen im Bewußtsein auslösen kann. Sie wird als der Kern der mystischen Wissenschaft angesehen, und Leute, die meditieren, halten sich oft allein wegen dieser Praktik für «spirituell». Tatsächlich ist Meditation nur ein Bestandteil eines umfassenden Entwicklungsprogramms, aber einer, über den sich Genaueres sagen läßt als über die meisten anderen wirksamen Faktoren.

Seit den frühen sechziger Jahren erfreut sich in den USA die Meditation großen Zuspruchs und wird heute – wie auch in Europa – von einer Vielzahl von Organisationen propagiert. Als Folge davon ist sie zum Forschungsgegenstand geworden, und den westlichen Wissenschaftlern ist es gelungen, festzustellen, daß Meditation tatsächlich etwas bewirkt: physiologische Veränderungen im Zusammenhang mit Entspannung und psychologischen Erfolgen, wie größere Ruhe und Verbesserung bestimmter Handlungsweisen. Meditation wird inzwischen als psychotherapeutisches Werkzeug für einen großen Anwendungsbereich betrachtet. Wenn davon die Rede ist, daß die mystischen Traditionen etwas zur westlichen Kultur beizusteuern hätten, insbesondere zur Psychotherapie, denken die meisten zuerst an die Techniken der Meditation.

Um den möglichen Nutzen der Meditation beurteilen zu können, muß man wissen, wie sie wirkt. Trotz des Exotischen, was ihr noch immer anhaftet, ist Meditation dem westlichen Verständnis durchaus zugänglich, und mir liegt daran, daß sowohl ihre Bedeutung innerhalb der Mystik als auch ihre Rolle für die Psychotherapie erkannt wird.

Die Wirkungsweise der zwei Meditationsarten

Obwohl es eine Vielzahl von Meditationstechniken zu geben scheint, ordnen die meisten Autoren auf diesem Gebiet sie in zwei Hauptkategorien ein: Konzentration und Achtsamkeit (oder Einsicht). Bei der konzentrativen Meditation wird die Aufmerksamkeit auf ein einzelnes Objekt gerichtet, zum Beispiel die Flamme einer Kerze, eine Reihe laut oder leise ausgesprochener Silben (Mantra), auf ein Gefühl, wie Verehrung oder Liebe, oder auf Körperempfindungen, wie solche, die mit dem Atmen oder Gehen verbunden sind. Die meisten yogischen Meditationen sind konzentrativ. Bei der Achtsamkeits- oder Einsichts-Meditation macht man keinen Versuch, die Gedanken zu kontrollieren, sondern strebt danach, eine gleichmäßige, unbeteiligte Achtsamkeit allem gegenüber, was sich an Gedanken, Gefühlen oder Empfindungen zeigt, aufrecht zu halten. Die meisten buddhistischen Meditationen sind von dieser Art. Manche Meditationsformen scheinen beide Aspekte zu kombinieren, zum Beispiel, wenn ein Sammeln auf die Körperempfindung des Atmens mit dem Registrieren aller aufsteigenden Ablenkungen gekoppelt ist. Doch bei keiner Meditationsart befaßt man sich mit folgendem analytischem Denken. (Der heilige Ignatius nennt einige seiner Denkübungen «Meditationen», aber dieser Gebrauch ist ungewöhnlich.) Meditation hat die Aufgabe, dem üblichen Gebrauch des Verstandes entgegenzuwirken, nämlich dem Analysieren, Problemlösen und Begriffebilden, diesen im Westen so hochgeschätzten Funktionen. Auch wenn die yogischen und buddhistischen Meditationstechniken ursprünglich für die Menschen im Osten zugeschnitten waren, ist die Meditation klar von universeller Ausrichtung.

Bei meinen früheren Untersuchungen zur Meditation befaßte ich mich mit den Reaktionen von Versuchspersonen, die ihre Aufmerksamkeit auf eine blaue Vase konzentrierten.[1] Die Personen berichteten von Veränderungen ihrer Wahrnehmung, die man als Folge der *Deautomatisierung* ansehen konnte, einem Unterbrechen des automatischen Prozesses, der Wahrnehmung und Erkennen steuert. (Deautomatisierung ist ein Konzept, das aus Hartmanns Erörterung über die Automatisierung von motorischem Verhalten stammt.[2] Das Konzept ist von Gill und Brenman weiterentwickelt worden.[3] So wurde zum Beispiel die Vase während der Meditation klarer, nahm lebendige Eigenschaften an und rief eine Verquickung von Sinneseindrücken hervor. («Ich fühlte, wie Licht von ihr ausströmte.») Indem die Meditierenden die Gedankenprozesse zum Stillstand bringen und dem wahrgenommenen Gegenstand so ihre volle Aufmerksamkeit widmen können, kehren sie die normale Vorgehensweise um, bei der die Aufmerksamkeit vom wahrgenommenen Gegenstand zum Denken verlagert wird, damit es zum Erkennen und Einordnen kommt. Ich stellte die These auf, daß man durch diese Deautomatisierung frei wird, neue Aspekte der Umwelt wahrzunehmen, und so eine Erweiterung der Wahrnehmung erfährt.

Weitere Studien wiesen auf eine zweite, ebenso wichtige Wirkungsweise der Meditation hin: ein Wechsel von dem Objekt-Modus zum rezeptiven Modus.[4] In den meisten Meditationen geschieht es, daß das Streben und Besitzenwollen aufgegeben wird und eine Haltung des Geschehenlassens die Oberhand gewinnt. Problemlösen und andere zukunftsorientierte Aktivitäten sind beiseite geschoben, wodurch der Geist des Meditierenden voll mit der unmittelbaren Wirklichkeit beschäftigt ist. Statt auf die Welt einzuwirken (auf die innere wie die äußere), wird der Welt erlaubt, hereinzukommen und das Bewußtsein auszufüllen. Wie wir an anderer Stelle gesehen haben, bringt der Wechsel zum rezeptiven Modus eine Veränderung in der Wahrnehmung der Zeit, des Selbst und des Lebenssinns mit sich.

Für mich ist klar, daß diese beiden Auswirkungen sekundär gegenüber einem anderen, wichtigeren Aspekt der Meditation sind: nämlich, daß sich der Meditierende mehr im reinen Bewußtsein als im Bewußtseinsinhalt gründet. Mit den Begriffen ausgedrückt, die ich in dem Buch verwende, heißt das, das Hauptziel der Meditation ist die Verstärkung des beobachtenden Selbst, bis dessen Wirklichkeit für den Meditierenden außer Frage steht und er sich vollständig damit identifiziert. Das hat eine ganz andere Bewußtseinsform zur Folge, die man Nirwana, Erwachen, Erleuchtung und so weiter nennt.

So kann man die beiden Grundformen der Meditation, die Konzentration und die Achtsamkeit, als verschiedene Wege zu ein und demselben Ziel verstehen.

Konzentrative Meditation

Die Funktion der Meditation, das beobachtende Selbst zu stärken, ist bei Meditationspraktiken wie der Transzendentalen Meditation (sammeln auf ein Mantra) oder Varianten davon vielleicht nicht so ersichtlich. Doch befassen wir uns mit den Texten über klassische, konzentrative Meditation, erfahren wir, daß es eine Reihe von Stufen der Meditation gibt. Das Konzentrieren auf ein Mantra wird dort im allgemeinen der untersten Stufe zugerechnet, während das Konzentrieren auf das reine Bewußtsein, also das beobachtende Selbst, zur höchsten Stufe zählt.

Der Visuddhimagga (wichtiges Werk über die buddhistische Theravada-Lehre aus dem 5. Jahrhundert von Buddhaghosa) beschreibt unter anderem sehr klar und ausführlich die konzentrative Meditation, wie sie von den buddhistischen Mönchen der damaligen Zeit praktiziert wurde. Es gibt zwar Unterschiede zu den Yoga-Sutras des Patañjali, doch der Hauptteil des Weges verläuft für beide sehr ähnlich, indem man von den groberen und oberflächlicheren Schichten des Bewußtseins zu den feineren und tieferen vordringt. Golemans Abhandlung über Meditation, die auf dem Visuddhimagga basiert, ist knapp und klar und bietet eine gute Zusammenfassung des umfangreichen, schwierigen Originaltextes. Er zeigt die stufenweise Entwicklung:

> In den ersten Stadien der Meditation gibt es eine Spannung zwischen dem Konzentrieren auf das Meditationsobjekt und den umherschweifenden Gedanken... Nach langem Üben kommt der Moment, wo diese Hindernisse völlig bewältigt sind. In diesem Moment... tritt Einspitzigkeit und Seligkeit an die Stelle.[5]

Mit fortgesetztem Üben dauert die Einspitzigkeit (das ständige Gerichtetsein des Geistes auf ein einziges Objekt) an, bis der Verstand in das Objekt einzutauchen scheint und in ihm versinkt. Störende Gedanken haben völlig aufgehört. Es gibt weder Sinneswahrnehmungen noch das übliche Empfinden des eigenen Körpers: Schmerzen werden nicht mehr gefühlt... das Bewußtsein ist von Entzücken, Seligkeit und Einspitzigkeit erfüllt.[6]

Der Meditierende geht weiter, durchschreitet nach und nach subtilere und grundlegendere Erfahrungsbereiche und läßt sie hinter sich. Entzücken wird von Seligkeit abgelöst, die wiederum Gleichmut Platz macht, der dann zurückgelassen wird, wenn die Einspitzigkeit als nächstes in den Raum gerichtet ist und dann auf das grenzenlose Bewußtsein und dann auf die Nicht-Existenz des grenzenlosen Bewußtseins. Jedes vorausgegangene Stadium erscheint als grob, verglichen mit dem nächstfolgenden. Am Ende des Konzentrationsweges gibt es ein Stadium, das als Weder-Wahrnehmung-noch-Nicht-Wahrnehmung beschrieben wird.

Dieses achte Stadium ist nicht Nirwana, nicht das letzte Ziel. Nach der Lehre des Visuddhimagga wird dieses Ziel jedoch nur durch die Meditation der Einsicht oder Achtsamkeit erreicht. Die Praktik der konzentrativen Meditation verschafft eine ausgezeichnete Basis, um mit der Einsichtsmeditation fortzufahren, aber das ist nicht zwingend notwendig. Ein Schüler kann auch gleich mit der Einsichtsmeditation anfangen, obwohl er langsamer vorankommen wird, als jemand, dessen Einspitzigkeit schon entwickelt wurde. Jemand, der die höchsten Stufen der Konzentration erreicht hat, kann rasch auch zu den höchsten Stufen der Einsichtsmeditation voranschreiten und so die letzte, transformierende Erfahrung erlangen.

Vom buddhistischen Standpunkt aus ist die wesentliche Schwäche der konzentrativen Meditation die, daß das Streben der Persönlichkeit eher unterdrückt als eliminiert wird, wobei kein materielles Begehren, sondern das Verhaften in der Seligkeit und Entfaltung gemeint ist. Es muß aber auch darauf hingewiesen werden, daß in der vedantischen Tradition die konzentrative Meditation als geeignet angesehen wird, um die letzte Stufe zu erreichen. Beim Patañjali-Yoga gibt es Anweisungen für eine Folge von konzentrativen Meditationspraktiken, die schließlich zum Verschwinden der letzten Reste von Begehren und Anhaften und zur Entwicklung des *Savikalpa samadhi* führen – dem Einswerden mit Brahman. Shankara beschreibt den Zustand des Meditierenden, der diese Stufe erreicht:

> Obwohl sein Geist sich in Brahman aufgelöst hat, ist er völlig wach und frei von der Unwissenheit des gewöhnlichen Wachzustandes. Er ist voll bei Bewußtsein, aber frei von jeden Begierden. Solch ein Mensch, sagt man, ist sogar in diesem Leben frei.[7]

Patañjali warnt jedoch ausdrücklich, daß ohne völlige Abgelöstheit zwar Kräfte zu erlangen sind, aber nicht die letzte Freiheit.

> Wenn solche Konzentration nicht mit dem Nichtverhaftetsein einhergeht und deshalb Unwissen bleibt, wird der Aspirant die Ebene der körperlosen Götter erreichen oder mit den Kräften der Natur verschmelzen.[8]

Einsichtsmeditation

Die Einsichtsmeditation ist vielleicht deshalb entwickelt worden, weil sich die durch die konzentrative Meditation hervorgerufenen Zustände und Kräfte als zu verführerisch und verwirrend erwiesen.

Die Einsichtsmeditation versucht, die Begierden bei der Wurzel zu packen. Indem durch sie allmählich alle Phänomene als vorübergehend und deshalb unbefriedigend erfahren werden, bewirkt sie ein völliges Desinteresse an der Selbsterfüllung und letztlich an der Selbstverwirklichung.

Um die Einsichts- oder Achtsamkeitsmeditation zu praktizieren, muß man seine Aufmerksamkeit auf das bloße Zurkenntnisnehmen von Empfindungen und Gedanken beschränken. All den während der Meditation im Geist auftauchenden Inhalten begegnet man in völlig rezeptiver Haltung. Zu Anfang bemerkt und benennt der Meditierende jeden Inhalt, zum Beispiel «Wut», «störender Lärm», und läßt ihn dann ohne Urteil, ohne Ablehnung und ohne sich weiter mit ihm zu beschäftigen, los. Die

Achtsamkeit kann genauso auf Körperempfindungen gerichtet sein, das heißt, man bemerkt jede Bewegung des Fußes, wenn man langsam geht: «anheben», «federn», «senken». Auch hierbei tauchen vielleicht ablenkende Gedanken auf, die man kurz registriert und hinter sich läßt. Mit fortschreitender Entwicklung kommen dem Meditierenden eine Reihe von Erkenntnissen über den Geist und das Selbst:

> Die erste Erkenntnis bei der Einsicht ist die, daß die betrachteten Phänomene von dem Geist, der sie betrachtet, unterschieden sind... er (der Meditierende) kann mit weiterer Einsicht klar sehen, daß diese dualen Prozesse nichts mit seinem Selbst zu tun haben... Jeder Augenblick der Bewußtheit vollzieht sich gemäß seiner Natur und unabhängig vom «Willen». Der Meditierende bekommt die Gewißheit, daß er nirgends in seinem Geist eine sich versteckt haltende Entität entdecken kann... er weiß, daß «ich bin» ein Trugbild ist.[9]

Hier scheint mir im Visuddhimagga, auf das sich der Autor bezieht, ein Fehler zu stecken, der kaum zu vermeiden ist, weil unsere Sprache nicht auf dem Bewußtsein, dem beobachtenden Selbst, sondern auf dem Objekt-Selbst basiert. Wieder erklärt die Stimme in der Nacht, daß es keine Stimme in der Nacht gibt. «Er weiß, daß ‹ich bin› ein Trugbild ist.» Wer weiß das? Wie kann man sagen, daß das Bewußtsein auftaucht und verschwindet wie die Inhalte des Bewußtseins – wenn das Bewußtsein aufhört, wer ist da, es zu wissen? Wodurch?

Ich vermute, daß dieses Vermengen des beobachtenden Selbst mit dem, was beobachtet wird, eher einen strategischen Grund hat, als daß es auf Überzeugung aus Erfahrung beruht. Nach buddhistischer Auffassung – wie auch nach der mystischen allgemein – wird das, was wir für gewöhnlich als wirklich bezeichnen, als ziemlich unwirklich angesehen, verglichen mit dem, was man durch intuitive Erkenntnis erfährt. Obwohl das beobachtende Selbst kein Objekt und deshalb auch nicht von «dieser Welt» ist, bedeutet es doch auch nicht den Zustand der Erleuchtung, und da die Lehrer nicht wollen, daß ihre Schüler das eine mit dem anderen durcheinanderbringen, machen sie kurz vor dem Ziel halt. Da man das beobachtende Selbst nicht im üblichen logischen Sinn wie ein Objekt erkennen kann, wird es erst einmal zusammen mit seinen Inhalten als nicht wirklich, nicht bleibend, nicht ewig erklärt. So mag der Meditationsanfänger meinen, daß das Bewußtsein und seine Objekte gemeinsam auftauchen und wieder verschwinden, da er nur wenig Erfahrung mit dem reinen Bewußtsein, unterschieden vom geistigen Inhalt, hat. Wenn die Einsichtsmeditation dann Fortschritte macht, wird diese Unterscheidung immer offensichtlicher, und Bewußtsein – das beobachtende Selbst –, weit davon entfernt, vorübergehend zu sein, wird sehr klar und andauernd.

> Einsicht ist jetzt kurz vor ihrem Höhepunkt; der Meditierende nimmt jeden Moment des Bewußtseins lebhaft, stark und klar wahr... weiß, daß jeder Moment nicht von Dauer, schmerzhaft ist oder ohne Ich, weil *er sieht* (Hervorhebung von A. Deikman), wie es sich auflöst. Er erkennt alle geistigen Phänomene als begrenzt und festgelegt, also ohne Reiz oder fremd. Seine Loslösung von ihnen ist in vollem Gange. Er dringt in keines der Phänomene mehr ein und bleibt nicht an ihnen haften.[10]

Das ist das Stadium, aus dem, so heißt es, die Nirwana-Erfahrung entsteht. Klar «weiß» und «sieht» das beobachtende Selbst die geistigen Phänomene auftauchen und verschwinden. Wenn das beobachtende Selbst vollständig entwickelt und nicht beeinträchtigt durch «Anhaften» ist, wenn es sich nicht mit einem Inhalt befaßt, kann der Meditierende Zugang zu einer höheren Erfahrungsebene bekommen, die sowohl den Geist wie auch das beobachtende Selbst transzendiert.

Zusammenfassend möchte ich sagen, daß es das wichtigste Ziel der Meditation ist, das beobachtende Selbst zu entwickeln. Die konzentrative Meditation tut dies, indem man dabei die Aufmerksamkeit auf einen einzelnen Bewußtseinsinhalt – meist eine Sinnesempfindung – richtet und dann allmählich dahin kommt, die darunterliegenden mentalen Schichten Lage für Lage abzutragen, bis nur noch das Licht des reinen Bewußtseins übrigbleibt. Die Achtsamkeits- oder Einsichtsmeditation hat einen anderen Ausgang, indem sie von Anfang an den Unterschied zwischen dem Beobachter und dem Beobachteten herausstellt. Dadurch, daß die Vergänglichkeit aller Geistesinhalte erkannt wird, läßt der Wunsch nach Sinnes- und Gefühlsphänomenen nach, bis schließlich auch die Inhalte selbst verschwinden. Das ermöglicht den nächsten Schritt, das Auftauchen des intuitiven Bewußtseins, auch Nirwana, Erleuchtung oder Wahrheit genannt.

Dieser letzte Schritt ist das Wichtige. Nach Ansicht der Mystiker sind andere Nutzen der Meditation, wie größere Ruhe, bessere Gesundheit oder gesteigerte Kreativität, ziemlich unbedeutend und können sogar zum Hindernis werden, wenn sie für das Ziel der Meditationsübung genommen werden. Außerdem kann das Praktizieren der Meditation für zweitrangige Zwecke leicht dazu führen, daß ihre Wirksamkeit für den eigentlichen Zweck abgeschwächt wird. Das sollte man sich vor Augen halten, wenn man an die Anwendung von Meditationsübungen aus psychotherapeutischen, physischen oder gesundheitlichen Gründen denkt. Einen feinen Holzmeißel zum Dosenöffnen herzunehmen, ist nur dann sinnvoll, wenn man damit nicht mehr schnitzen will und kein anderes Werkzeug hat, um die Dosen zu öffnen.

Die Anwendung von Meditation innerhalb der Psychotherapie

Unsere Psychotherapeuten, die die Meditation in ihre Arbeit einbeziehen, sehen sie als eine Ergänzung und nicht als Ersatz. Dagegen betrachten einige Lehrer der alten Traditionen, wie dem tibetischen Buddhismus, die Meditation als eine Psychotherapie für sich allein, und ihre Schulung empfiehlt bestimmte Formen der Meditation, die in vorgeschriebener Umgebung abzuhalten sind, als Behandlung für gewisse Zustände. Diese Therapiemöglichkeiten sind von unserer psychologischen Wissenschaft noch nicht weiter in Betracht gezogen worden. Auch haben die Psychotherapeuten im Westen keine entsprechende Ausbildung und Erfahrung, um solche Meditationspraktiken richtig anzuwenden. Deshalb will ich mich auf die Meditation als Ergänzung zur Psychotherapie beschränken, was wahrscheinlich auch von größerem Interesse für die Leser ist.

Untersuchungen über die therapeutischen Auswirkungen von Meditationstechniken, wie ständige Wiederholung eines Mantras oder Konzentration auf den Atem, besagen, daß sie bei fortgesetzter Anwendung zu wachsender Entspannung und Ruhe und weiterhin zur Verbesserung des Allgemeinzustands bei Bluthochdruck, Ängsten, Suchtverhalten und Phobien führen können.[11,12] Natürlich kommt das nur jenen zugute, die über längere Dauer meditieren, und viele tun das nicht. Trotzdem bestätigen diese Ergebnisse, daß Meditation bei entsprechend geeigneten Patienten eine Möglichkeit der Behandlung ist. Carrington und Shapiro weisen jedoch auf neue Studien hin, bei denen die Wirksamkeit der Meditation mit der von anderen selbstregulierenden Techniken wie Biofeedback oder progressiver Entspannung oder auch nur, wie in einer Studie, mit der von Musikhören verglichen wird. Dabei zeigte sich kein relevanter Unterschied in der Effektivität. Meditation wäre von daher nicht das einzige Mittel zur Entspannung, noch wäre sie zwangsläufig anderen Methoden vorzuziehen.[13] Dieses Ergebnis darf nicht überraschen, denn die «Erfinder» der Meditation haben immer wieder betont, daß psychologische Vorteile ohne größere Bedeutung sind und nicht der Grund für die Meditationsübungen sein dürfen.

Die große Bedeutung der Meditation liegt darin, daß sie den Meditierenden allmählich die Wirklichkeit anders erfahren läßt, weil sich dessen Wahrnehmung und Verstehen durch sie verändert. Die Arbeit von Deatherage zeigt, wie die Meditation unter diesem Gesichtspunkt für die Psychotherapie genutzt werden kann. Deatherage verwendete Varianten der Achtsamkeitsmeditation als Teil einer längeren, einsichtsorientierten Therapie. Bei einer Art (Satipatthana) achtet der Meditierende auf den Atem und registriert alle Gedanken und Gefühle, die seine Aufmerksamkeit unterbrechen. Er benennt diese Unterbrechungen, zum Beispiel «Sorgen», und kehrt dann wieder zu seinem Atem zurück. Zwei von Deatherages Fallstudien stellen die Bedeutung des beobachtenden Selbst heraus, obwohl er es nie erwähnt und immer nur betont, daß der Meditierende «mehr Distanz» von seinen Symptomen erfährt.

Im ersten Fall litt die Patientin unter Angst und Depression, hatte kein Interesse mehr am Leben und keine Selbstachtung. Sie war wegen schwerer Depressionen und Suizidgefahr in die Psychiatrie eingeliefert worden. Sie klagte außer über ihre Depression noch über ständig rasende Gedanken und die Unfähigkeit, sich zu konzentrieren.

Der Patientin wurde die Einsichtstechnik als «Konzentrationsübung» angeboten. Sie wurde gebeten, sich ruhig hinzusetzen, auf den Sekundenzeiger einer elektrischen Uhr zu schauen und zu versuchen, seine Bewegung mit voller Aufmerksamkeit zu verfolgen. Sobald ihre Konzentration aufhörte, sollte sie sorgfältig registrieren, was diese Unterbrechung hervorgerufen hatte, und dafür eine Bezeichnung finden. Sie stellte rasch fest, daß ihre Konzentration ständig durch Gedanken unterbrochen wurde. Bei näherer Betrachtung zeigte sich, daß die Gedanken, die ihr durch den Kopf schossen, im Grunde ein und derselben Natur waren – Kummer über ihre Vergangenheit, ihr Pech in der Beziehung zu ihrem früheren Ehemann und ihr Bedauern über diese Situation.

Ihr wurde gesagt, sie solle diese Gedanken mit «Erinnerung, Erinnerung» etikettieren. Dieser Benennungsprozeß erlaubte ihr, aus der Verflechtung in jenen despressiven Gedanken über die Vergangenheit herauszutreten und zu erkennen, daß mehr als nur jene Gedanken in ihr waren; da gab es auch noch eine «sie», die Gedanken beobachten und benennen konnte. Sie lernte, sich als den objektiven Beobachter ihrer störenden Gedanken zu identifizieren und nicht als den depressiven Denker, und so spürte sie allmählich Erleichterung von ihren psychischen Beschwerden...

Mit den weiteren Möglichkeiten, die ihr die leicht abgewandelte Satipatthana-Technik gab, konnte sie dann die Natur des Beobachter-Ichs erforschen, das sie erkannt hatte. Das erlaubte ihr, mit den ruhigen, friedvollen Aspekten ihres Geistes – ihrem «Zentrum», wie sie es zu der Zeit bezeichnete – in Kontakt zu kommen und Freude und Vergnügen am Leben zu finden.[14]

Im Sinne der buddhistischen Lehre weist Deatherage ausdrücklich darauf hin:

Wenn wir die Achtsamkeitsmeditation bei klinischen Fällen anwenden, ist es nicht unser Ziel, den Beobachter als etwas Dauerhaftes oder «Wirkliches» hinzustellen.[15]

Dazu würde ich sagen, daß – obwohl sich das Gleichgewicht zwischen Bewußtsein und Bewußtseinsinhalten je nach den Erfordernissen einer Situation verschieben kann – es von höchster Bedeutung ist, daß sich der Patient mit dem beobachtenden Selbst identifiziert, statt mit den Gedanken, Emotionen und Bildern, die normalerweise die Aufmerksamkeit beanspruchen und das Objekt-Selbst stärken. Die Vorteile solch einer Unterscheidung werden bei Deatherages Fall einer Frau deutlich, die wegen häufiger Angstanfälle, besonders in der Menge, bei ihm Hilfe suchte. Desensibilisierung und Gesprächstherapie hatten bei ihr nichts bewirkt.

> Nach einigen Vorbereitungsstunden beschlossen wir, es mit Achtsamkeitstechniken zu versuchen. Ihr wurde die einfache Atembeobachtungstechnik erklärt, bei der alle Unterbrechungen zu registrieren und zu benennen sind. Danach bestanden die meisten Sitzungen darin, ihre Erfahrungen bei der Achtsamkeitspraktik zu besprechen. Nachdem sie sich ziemlich darauf eingestellt hatte, die Unterbrechungen bei ihrer Atembeobachtung zu bemerken und zu bezeichnen und auch der Beobachter erkannt war, begann sie, an der Beobachtung ihrer Gefühle zu arbeiten. Sie berichtete, daß, als sie ruhig dasaß und die Unterbrechungen und Gefühle beobachtete, aus einer nicht auffindbaren Quelle in ihr Angst aufstieg, sogar Panik, und daß sie dann mit dieser Angst zu kämpfen hatte, was natürlich die Beobachtung beendete, sobald sie mit der Angst zu tun hatte. Allmählich wurde sie sich bewußt, daß der Beobachter die Angst zwar sehen, aber nicht erfahren konnte, und so gelang es ihr, manchmal ein bißchen «Abstand» zwischen dem «Ich», das so verängstigt war, und dem Beobachter zu schaffen.[16]

Nach dieser Erkenntnis machte sie in der Therapie Fortschritte.

> Deatherages Heranziehen der Meditation zur Behandlung führt zu einer Verstärkung der Beobachter-Position, die in der normalen Psychotherapie nicht in dieser Weise betont wird. Indem das Zentrum vom Inhalt auf den Beobachter verlegt wird, erfährt der Patient mehr und mehr Befreiung von den zwanghaften Gedanken,

Emotionen und Empfindungen, die bisher sein Bewußtsein beherrscht haben. Diese Anwendung der Meditation erscheint mir sinnvoller, als wenn man sie primär zur Entspannung und Beruhigung benutzt. Außerdem kommt es meist im Zusammenhang mit der Stärkung der Beobachter-Position auch zu letzteren Ergebnissen. Doch ich finde, die westliche Psychotherapie muß gar keinen großen Schritt machen, wenn sie Meditationstechniken zur Verstärkung des unbeteiligten Beobachters einsetzt. Im Grunde versucht sie ja – wie schon früher erwähnt –, eine beobachtende Distanz zu schaffen, mit deren Hilfe automatische Reaktionen durchbrochen werden sollen. Nur siedelt sie leider den Beobachter im Ich an, womit er Bewußtseinsinhalt ist, und nicht im Bewußtsein selbst. Greift man zu modernen Meditationstechniken, wie die Konzentration auf den Sekundenzeiger einer Uhr, und läßt die mystische Komponente beiseite, fällt es den Psychotherapeuten vielleicht leichter, sie in ihre Arbeit zu integrieren und schließlich auch die Bedeutung des beobachtenden Selbst zu erkennen. So kann das noch Exotische vertrauter und die Meditation ein wichtiger Bestandteil westlicher Psychotherapie werden.

Voraussetzungen

Die Frage der Adaption und Integration wird noch bedeutender, wenn wir bedenken, daß Meditation – wie jede Schulung der mystischen Wissenschaft – auf die jeweilige Zeit, Kultur und den jeweiligen Menschen zugeschnitten sein muß, um ihre größtmögliche Wirkung zu haben. Leider ist das Übernehmen klassischer Techniken mit ihrer archaischen Verbrämung bei den Menschen im Westen, die sich auf der Sinnsuche den östlichen Traditionen zugewandt haben, gang und gäbe. Bei einigem Nachdenken wird einem klar, daß eine Meditation, die für eine bestimmte Gemeinde in lang zurückliegender Zeit geschaffen wurde, eigentlich andere Wirkungen haben muß, wenn sie von Menschen mit einem ganz anderen kulturellen Hintergrund und aus einer anderen Zeit praktiziert wird. Die Notwendigkeit einer speziellen Anpassung wird von Daniel und Nina Freedmans Untersuchung über die Unterschiede in Verhalten und

Temperament von chinesischen und kaukasischen Babies unter-
strichen.

> ...sie verhielten sich wie zwei verschiedene Arten. Die kaukasi-
> schen Babies schrien leichter und waren, hatten sie erst einmal
> damit begonnen, schwerer zu trösten. Chinesische Babies stellten
> sich auf fast jede Position ein, in der sie hingelegt wurden... anstatt
> sich sofort auf eine Seite zu drehen, wie das die kaukasischen
> taten.

Als die Nasen der Babis kurz mit einem Tuch zugehalten wurden, wehrten sich die kaukasischen Babies dagegen, aber

> das durchschnittliche chinesische Baby unserer Untersuchung lag
> einfach auf dem Rücken, atmete durch den Mund und «akzep-
> tierte» das Tuch ohne Gegenwehr. Dieses Ergebnis ist im Film
> höchst beeindruckend.

Bei einem anderen Versuch wurde auch Licht auf die Augen der
Babies gerichtet.

> Es dürfte nicht mehr überraschen, daß die kaukasischen Babies
> noch lange blinzelten, als sich die chinesischen längst daran ge-
> wöhnt und aufgehört hatten.

Studien über die Neugeborenen bei den Navajos zeigten, daß sie
dem Stereotyp des Indianers – stoisch und gleichmütig – entsprachen und die chinesischen Babies noch an Gelassenheit und
Anpassungsfähigkeit übertrafen. Die Ruhe der Navajo-Babies
war auch noch bei dem Reflex als Reaktion auf ein Fallengelas-
senwerden deutlich erkennbar.[17]

Mit diesen Beispielen vor Augen scheint es mir klar, daß jede
Form der Meditation (zum Beispiel reglos sitzen und den Atem
zählen) sich entsprechend der ethnischen Charakteristika des
Meditierenden unterschiedlich auswirken wird. Was für den
Chinesen oder den Navajo zu einem bestimmten Zweck gut ist,
muß bei dem Kaukasier nicht unbedingt das gleiche Ergebnis
bringen.

Westliche Forscher stimmen darin überein, daß mehr Untersuchungen notwendig sind, um die einzelnen Auswirkungen der
Meditation festzustellen und zu sehen, wie sie angewandt wer-

den sollte. Trotzdem läßt sich keine Studie finden, die sich mit der Bedeutung des Zusammenhangs befaßt, in dem die jeweiligen Meditationstechniken ursprünglich entwickelt und angewandt wurden. Genausowenig werden die Hinweise in der klassischen Literatur berücksichtigt, die besagen, daß Demut, Selbstlosigkeit und Aufrichtigkeit für den Meditationsweg erforderlich sind. Obwohl die Fähigkeit der Meditation, physiologische und psychologische Funktionen zu beeinflussen, in vielen verschiedenen Versuchen festgestellt wurde, haben wir ironischerweise dem, was die Urheber der Meditation und über ihren Zweck und die Voraussetzungen für ihre richtige Anwendung gesagt haben, kaum Beachtung geschenkt. Auch deren Betonung des Motivationsaspekts ist außer acht gelassen worden. Dementsprechend sind die Ergebnisse nahezu aller Meditationsuntersuchungen durch die ungenügende Berücksichtigung der Einstellung und der Absicht des jeweils Meditierenden nicht verbindlich.

Die meisten bringen eine erfolgsorientierte und egozentrische Haltung mit in die Meditation, die unsere kulturelle Norm ist. Nach der mystischen Literatur bestimmt die Einstellung das Ergebnis der Meditation. Deshalb befassen sich die Meditationsanweisungen in den klassischen Texten zuerst mit der Notwendigkeit, «das Herz zu reinigen», das heißt, eine selbstlose Haltung zu entwickeln, bevor man nach den besonderen Kräften strebt. «Das Herz zu reinigen», ist für die meisten Menschen sehr schwer und erfordert normalerweise Jahre aufrichtigen Bemühens. Solch ein Bemühen ist unter den westlichen Meditierenden nicht gerade üblich. Die Anweisungen betonen auch, daß die Meditation nur als ein Teil eines umfassenden, auf den einzelnen abgestimmten Entwicklungs- oder Schulungssystems funktioniert, das einen Lehrer erfordert, jemanden, dessen Wahrnehmungsfähigkeit eine höhere Stufe erreicht hat und der in der Lage ist, Praktiken wie Meditation entsprechend den Bedürfnissen des Schülers zu geben.

Wird die Meditation aus simpleren Gründen herangezogen und nicht intensiv angewandt, hat es wahrscheinlich kaum größere Folgen, wenn man diese Hinweise und Vorsichtsmaßnahmen nicht beachtet. Doch will jemand das volle Potential der Meditation erfahren und ausnutzen, ist die richtige Haltung des Meditierenden (und Forschers) und die Führung durch einen geeigneten Lehrer von zunehmender Wichtigkeit.

In diesem Zusammenhang möchte ich die tibetische Geschichte von dem Studenten bringen, der jeden Tag, während er in seinem Zimmer meditierte, eine Spinne sah, die sich vor ihm herunterließ und immer größer wurde. Er beschloß, die Spinne zu töten, und erzählte seinem Lehrer von dem Plan, die Spinne zu erstechen, sobald sie sich wieder vor ihm herunterlassen würde. Der Lehrer wies ihn an, nichts weiter zu tun, als der Spinne ein Kreidezeichen auf den Bauch zu malen und ihm dann zu erzählen, was passiert sei. Als der Schüler berichten kam, befahl ihm der Lehrer, auf seinen eigenen Bauch zu schauen. Das Kreidezeichen war dort.

Vom Standpunkt der westlichen Psychologie zeigt die Geschichte, wie die Projektion funktioniert: Der Schüler versuchte, feindselige Gefühle und Angstimpulse, die ihm nicht bewußt waren, durch die Halluzination einer Spinne zu bewältigen. Die Quelle der «Gefahr» lag, wie deutlich wurde, in ihm selbst. Aus der Sicht der mystischen Wissenschaft sind es die Emotionen und Begierden des Objekt-Selbst, die die Wahrnehmung verzerren und verdunkeln. Die Geschichte veranschaulicht, wie das zu verletzenden Handlungen gegen das führen kann, was wir zwar als andere Lebewesen oder Menschen wahrnehmen, aber in Wirklichkeit wir selber sind. Das heißt, wir bekämpfen oder hassen etwas am anderen stellvertretend für die Anteile in uns selbst, die wir nicht anzuschauen wagen. Der Lehrer erkennt, was der Schüler noch nicht sehen kann, und vermag ihn so vor den Folgen der falschen Wahrnehmung zu schützen.

Negative Auswirkungen

Befaßt man sich mit dem möglichen Nutzen der Meditation für die Psychotherapie, muß man berücksichtigen, daß einige Menschen nicht in der Lage sind, zu meditieren, oder es nicht wollen. Viele, die damit begonnen haben, hören trotz anfänglicher Erfolge wieder damit auf. Auch erfährt nicht jeder eine Besserung; negative Auswirkungen sind durchaus üblich. Denn manch einer benutzt die Meditation als bequemen Weg, sich von sozialen Interaktionen zurückzuziehen und eigene Kontakte zu meiden. Gute Ergebnisse können nicht garantiert werden. Bestimmte Meditationsformen fördern unter Umständen Zwanghaftigkeit und schizoide Tendenzen. Beeindruckende veränderte Bewußtseinszustände gehen nicht unbedingt mit zunehmender Reife einher. Tatsächlich ist der umgekehrte Fall genauso häufig. Fehleinschätzungen des veränderten Bewußtseins führen leicht zu Überheblichkeit, magischem Denken und Paranoia. Angstzustände, sogar Panik, können durch das Schwächen der herkömmlichen Wahrnehmungs- und Realitätsgrenzen ausgelöst werden.

Negative Auswirkungen sind für jene ziemlich gewiß, die meinen, daß, wenn dreißig Minuten Meditation gut sind, drei Stunden besser wären und drei Tage noch viel besser. Solch zweifelhafte Logik scheint auf dem Gebiet der esoterischen Praxis zu blühen. Diese Leute würden jedoch nicht auf die Idee kommen, hundert Aspirin zu nehmen, nur weil zwei so schön gegen ihre Kopfschmerzen geholfen haben. Auch wenn sie mit der Meditation in bescheidenem Maß anfangen, stopfen sie sich bald voll. Das Ergebnis kann psychotische Disintegration sein.

Wegen dieser möglichen Auswirkungen betonen die Befürworter der Anwendung von Meditation in der Psychotherapie, daß die Techniken sorgfältig vom Therapeuten auszuwählen sind. Dazu muß der Therapeut entsprechend in der Meditation geschult sein und mit negativen Reaktionen umzugehen wissen.

Die Probleme, die sich beim Einsatz von Meditationstechniken in der Psychotherapie ergeben, sind nicht auf den Patienten beschränkt. Wenn die Verwendung von Meditation nicht mit dem Temperament des Therapeuten und dessen klinischer Ausbildung in Einklang steht, wird sie eher nachteilig sein. Der Therapeut kann Meditation – wie auch andere Hilfsmittel – aus Angst vor der Gegenübertragung verordnen oder weil er in eine Sackgasse geraten ist. Man sollte in der Therapie immer gut überlegen, ob Meditationstechniken wirklich das Geeignete sind oder ob sie sich nicht durch geschicktere Anwendung der dem Therapeuten vertrauten Möglichkeiten ersetzen lassen. Berücksichtigt man diese Faktoren nicht, kann es leicht geschehen, daß der Patient weder in den Genuß einer guten Meditation noch einer guten Therapie kommt.

Erweiterung der Perspektive

Man darf wohl sagen, daß der Nutzen, den die westliche Wissenschaft bisher aus der Meditation gezogen hat, unbedeutend ist. Die klassische Meditation kann nicht außerhalb ihres Zusammenhangs mit der mystischen Schulung angewandt werden und trotzdem die Wirkungen erzielen, für die sie geschaffen wurde, nämlich die Entwicklung des intuitiven Bewußtseins zu fördern. Wie jedes andere machtvolle Instrument wird sie leicht mißbraucht und ihr Potential vergeudet. Sie nur für die Psychotherapie zu nutzen, ist, als sammle man Austernschalen und werfe die Perlen weg. Wer sie auf diese Weise benutzt, neigt dazu, von den relativ unwesentlichen Resultaten auf die mystische Wissenschaft zu schließen, und er wird nicht weiterschauen.

Will die westliche Psychologie mehr aus der Meditation gewinnen als nur die mäßigen Ergebnisse, die bisher vorliegen, können wir es uns nicht leisten, lediglich das aus den mystischen Methoden auszuwählen, was uns interessiert, und den Rest beiseite zu lassen. Wir müssen beachten, was die mystischen Autoren über die für die Meditation notwendigen Voraussetzungen sagen. Außerdem sollten wir qualifizierte Lehrer aufsuchen und die mystische Wissenschaft studieren und an uns selbst erfahren, um die Rolle der Meditation als ein Bestandteil eines speziellen Wissensgebäudes einschätzen zu können. Richten wir uns danach, werden wir allmählich die Dimensionen der Motivation so ernsthaft in Betracht ziehen wie die physiologischen, denen wir uns bisher so intensiv gewidmet haben, und mehr und mehr die verborgenen Absichten der Leute erkennen, die Meditation praktizieren. Erst wenn die Motivation der Meditierenden – und auch der Therapeuten, die Meditationstechniken benutzen – in die Untersuchungen einbezogen werden, läßt sich die Wirkungsweise der Meditation umfassender erforschen. Wir werden die praktische Bedeutung des Wechsels von der erfolgsorientierten Haltung zu einer erkennen, die im Lernen als menschlichem Wachstum und im Dienen gegründet ist.

Schließlich ist die Meditation, wie die mystische Wissenschaft generell, nicht Zauberwerk, sondern eine Sache der persönlichen Entwicklung. Meditation kann diesen Prozeß fördern, aber ihn nicht ersetzen. Dies kennt man aus dem Gebiet der Computer-Wissenschaft, wo ähnliche Wunder von den Computern erwartet werden. Die Leute, die mit den hochkomplizierten Maschinen arbeiten, erinnern sich und die anderen immer wieder daran: «Unsinn rein – Unsinn raus.» Warum sollte es mit der Meditation anders sein?

11. Lehrgeschichten

Lehrgeschichten lassen sich in allen Traditionen finden: im Vedante, Buddhismus, Zen, im Chassidismus, im Christentum und besonders im Sufismus, wo umfassende Unterweisungssysteme bewahrt und auch noch benutzt werden. Die meisten Geschichten dieses Kapitels kommen von den Sufis. Verglichen mit der Meditation haben die Lehrgeschichten wenig Beachtung im Westen gefunden und werden eigentlich höchstens als lehrreiche Parabeln oder Ausdruck der Volksweisheit angesehen. Tatsächlich sind sie viel ausgefeiltere Werkzeuge, als es sich die meisten vorstellen. Den Sufis zufolge können die Lehrgeschichten bis zu sieben Bedeutungsebenen enthalten, und sie sind so konstruiert, daß der Leser oder Zuhörer die Ebene wahrnimmt, die der Stufe seiner spirituellen Entwicklung entspricht.

Auf der Oberfläche kann die Geschichte humorvoll, moralisch oder unterhaltsam sein oder eine Mischung davon. Solche Elemente sorgen dafür, daß die Geschichte weiterlebt. Doch ihre Lehrfunktion beruht auf anderen Eigenschaften, und eine ist die Fähigkeit, bestimmte Denk- und Verhaltensmuster darzustellen. Der Zuhörer oder Leser registriert die Muster unbewußt, und wenn eine dazu passende Situation auftritt, kann er sie wiedererkennen und sie durchblicken. Dadurch wird die beobachtende Position gestärkt und man gewinnt an Beweglichkeit, Unabhängigkeit und Effizienz, während das Objekt-Selbst an Vormachtstellung verliert. Die Lehrgeschichten helfen, das beobachtende Selbst Schritt für Schritt zu stärken, und bereiten den Weg für die weitere Entwicklung der Wahrnehmung.

Nehmen wir als Beispiel die folgende humorvolle Geschichte über Mulla Nasrudin, eine erfundene Figur, dessen komische Heldentaten ein wichtiges Werkzeug zur Unterweisung sind:

Der Grund

> Der Mulla ging zu einem reichen Mann.
> «Gib mir Geld.»
> «Warum?»
> «Ich will ... einen Elefanten kaufen.»
> «Wenn du kein Geld hast, kannst du es dir nicht leisten, einen Elefanten zu halten.»
> «Ich bin hier», sagte Nasrudin, «weil ich Geld will und nicht Ratschläge.»[1]

Wir können darüber lachen, wie Nasrudin die Scheinheiligkeit seiner Begründung und seine Gier selbst entlarvt. Hätte er wirklich einen Elefanten gewollt, wäre er mehr an dem Rat interessiert gewesen. Er will Geld; der Elefant ist nur ein Vorwand.

Nachdem wir über Nasrudin gelacht haben, können wir wiedererkennend über uns lachen, wenn wir bei uns ein gieriges Verhalten rationalisieren. Dieses Erkennen ermöglicht es uns, eine gewisse Distanz zu unserer Handlung zu gewinnen und sie nüchterner zu betrachten. Dadurch wird die Tyrannei des Objekt-Selbst geschwächt.

Diese trügerisch einfache Geschichte, ein Scherz, zeigt auch, wie eine Lehrgeschichte auf mehreren Ebenen einen Sinn hat. Nasrudin lehrt uns auch etwas über die Voraussetzungen für das Studium der mystischen Wissenschaft. Oft werden die Lehrer der Mystik – andere auch – von Leuten aufgesucht, die sagen, sie wollten die eine Sache, doch in Wirklichkeit wollen sie etwas anderes. Nehmen wir an, eine Lehrerin (es wird leicht übersehen, daß es sowohl männliche wie auch weibliche Lehrer der Mystik gegeben hat und gibt) wird von einem Mann auserwählt, der behauptet, er wolle etwas bestimmtes, doch in Wahrheit will er etwas anderes. Solch ein Schüler rechtfertigt sein Begehren mit der Begründung, daß die Weisheit, die er von der Lehrerin zu erlangen sucht, es ihm erlauben würde, anderen zu helfen und das spirituelle Wohlergehen der Welt zu fördern. Die Lehrerin erklärt ihm vielleicht, daß sie nicht von Nutzen für ihn sei, bevor er nicht eigene Weisheit (Geld) erworben hätte. Der Sucher mag dann denken, wenn auch nicht sagen, «Ich bin hier, um Weisheit und nicht Rat zu bekommen.»

Diese Sinn-Ebene liegt direkt unter dem Scherz. Weitere Bedeutungsschichten lassen sich je nach der Erfahrung, die jemand mitbringt, finden oder je nach der Sorgfalt, mit der jemand die verschiedenen Perspektiven betrachtet. Sich den Sinn zu «erarbeiten», bringt eine Vielzahl von Einsichten, deren Auswirkungen viel größer sind, als würde dem Schüler die Interpretation wie eine Summe Geld ausgehändigt. Durch die Auseinandersetzung mit dieser Geschichte, wie mit allen anderen Lehrgeschichten, lernt man durch Erfahrung den wichtigen Unterschied zwischen «Gib mir Geld!» und «Lehr mich, wie ich reich werden kann.» Das erste führt zu Abhängigkeit, das letzte zur Unabhängigkeit. Die Geschichten sind das Werkzeug, die Mittel – sie sind nicht das Geld. So verringert mein Erklären von «Der Grund» freilich auch den möglichen Nutzen für den Leser, indem ich ihm – bis zu einem gewissen Maß – die Gelegenheit genommen habe, selbst die Bedeutungen zu entdecken.

Man vergesse nicht, daß jede Erklärung das Ganze in Teile zerlegt. Die mit der Geschichte beabsichtigte Wirkung verlangt nach intakten Mustern. Nehmen wir sie auseinander – wie eine Uhr –, stellen wir zwar fest, daß alle Teile da sind, aber nichts mehr «geht». Vielleicht kann der folgende Text aus der chassidischen Tradition dazu beitragen, die besondere Art der Vermittlung klarzumachen, die durch die Lehrgeschichten geschieht und in keine didaktische Erklärung übertragbar ist.

Der Schatz

Den Jünglingen, die zum erstenmal zu ihm kamen, pflegte Rabbi Bunam die Geschichte von Rabbi Eisik, Sohn Rabbi Jekels in Krakau, zu erzählen. Dem war nach Jahren schwerer Not, die sein Gottvertrauen nicht erschüttert hatten, im Traum befohlen worden, in der Stadt Prag an der Brücke, die zum Königsschloß führt, nach einem Schatz zu suchen. Als der Traum zum drittenmal wiederkehrte, machte sich Rabbi Eisik auf und wanderte nach Prag. Aber an der Brücke standen Tag und Nacht Wachtposten, und er getraute sich nicht, zu graben. Doch kam er an jedem Morgen zur Brücke und umkreiste sie bis zum Abend. Endlich fragte ihn der

Hauptmann der Wache, auf sein Treiben aufmerksam geworden, freundlich, ob er hier etwas suche oder auf jemand warte. Rabbi Eisik erzählte, welcher Traum ihn aus fernem Land hergeführt habe. Der Hauptmann lachte: «Und da bist du armer Kerl mit deinen zerfetzten Sohlen einem Traum zu Gefallen hergepilgert! Ja, wer den Träumen traut! Da hätte ich mich ja auch auf die Beine machen müssen, als es mir einmal im Traum befahl, nach Krakau zu wandern und in der Stube eines Juden, Eisik, Sohn Jekels sollte er heißen, unterm Ofen nach einem Schatz zu graben. Eisik, Sohn Jekels! Ich kann's mir vorstellen, wie ich drüben, wo die eine Hälfte der Juden Eisik und die andre Jekel heißt, alle Häuser aufreiße!» Und er lachte wieder. Rabbi Eisik verneigte sich, wanderte heim, grub den Schatz aus und baute das Bethaus, das Reb Eisik Reb Jekels Schul heißt.

«Merke dir diese Geschichte», pflegte Rabbi Bunam hinzuzufügen, «und nimm auf, was sie dir sagt: daß es etwas gibt, was du nirgends in der Welt, auch nicht beim Zaddik* finden kannst, und daß es doch einen Ort gibt, wo du es finden kannst.»[2]

Keine Erklärung, keine direkten Darlegungen über den Sinn der Geschichte können die Art ersetzen, wie sie auf den Geist des Lesers wirkt. Die Geschichte ermöglicht das *Erfahren* des Sinns. Und auch hier gibt es mehr als eine Ebene, was mit dem Symbolgehalt und der Verwendung solcher Wörter wie *Königspalast*, *Brücke, Traum* und *unter dem Ofen* zusammenhängt. Lehrgeschichten sind so angelegt, daß sie eine Reihe bestimmter Anstöße in Richtung auf ein Entwicklungsziel geben. Ihre besondere Wirkungsweise macht sie zu erstaunlichen Werkzeugen, vorausgesetzt, sie stammen von jemandem, der weiß, wie sie funktionieren, zu welchem Zweck sie zu verwenden sind und wie er sie in eine Form bringen kann, die der Zeit und Kultur entspricht, in der sie gebraucht werden sollen.

* Hebr. «Gerechter, gerecht». Bezeichnung für den wahrhaft Frommen. Im Chassidismus ist er der Mittelpunkt und Leiter eines religiösen Kreises.

Das Umgehen der linken Gehirnhälfte

Moderne Untersuchungen über die unterschiedlichen Funktionsweisen der beiden Gehirnhälften vermitteln uns eine Grundlage, um die Leistungsfähigkeit der Lehrgeschichten einzuschätzen. Man hat demonstriert, daß jede Gehirnhälfte Informationen auf eine verschiedene, spezielle Weise verarbeitet. Bei den meisten Menschen funktioniert die linke Hirnhälfte eher linear, analytisch und sequentiell, was grob dem Objekt-Bewußtsein entspricht. Logik, Mathematik und Spachsyntax sind Domänen der linken Hemisphäre.

Im Gegensatz dazu reagiert die rechte Hälfte auf räumliche Aspekte der Erfahrung, auf Muster und Formen, auf das, was ganzheitlich erfaßt wird – das Gleichzeitige, das Symbolische. Ihre Domänen sind künstlerische Tätigkeiten und Raumorientierung. So sind zum Beispiel das Wiedererkennen von Gesichtern oder Musikverständnis Funktionen der rechten Hemisphäre.

In Experimenten, wo normale Testpersonen bestimmte Informationen nur mit ihrer rechten Gehirnhälfte aufnehmen konnten, hat es sich gezeigt, daß die Informationen *außerhalb* der unmittelbaren bewußten Wahrnehmung bleiben – das heißt, sie hinterließen nur den Eindruck oder das Gefühl, daß da etwas war, was jedoch nicht in Worte gefaßt werden konnte. So wurde zum Beispiel in einer Untersuchung von Roger Sperry einer Testperson eine Reihe von Bildern mit neutralen Gegenständen gezeigt. Dazwischen war jedoch auch das Bild einer nackten Frau. Die Bilder wurden zuerst der linken und dann der rechten Gehirnhälfte präsentiert, und man fragte die Testperson jeweils, was sie sah. Als das Foto der linken Hemisphäre vermittelt wurde, lachte die Versuchsperson und sagte: «Es ist eine Nackte.» Als das Bild nur von der rechten Hälfte aufgenommen wurde, sagte die Versuchsperson, sie sähe nichts, aber fast gleichzeitig ging ein leichtes Lächeln über ihr Gesicht, und sie begann zu kichern. Auf die Frage, warum sie lachen würde, entgegnete sie: «Ich weiß nicht ... nichts ... Oh, das ist eine komische Maschine.» [3]

Das Problem für die linke Gehirnhälfte ist, daß sie Schwierigkeiten hat, die von der rechten kommenden Informationen zu registrieren und auszudrücken, weil die Art der Information nicht in das Verarbeitungssystem der linken Hemisphäre paßt. Julian Jaynes vertritt die Auffassung, daß es früher einmal eine bessere Kommunikation zwischen den beiden Gehirnhälften der Menschen gegeben hat, wobei es zum Wahrnehmen einer Art inneren Stimme kam, die den Göttern zugeschrieben wurde.[4] Ob das zutrifft oder nicht, ist es doch wahrscheinlich, daß wir die Funktionen der rechten Gehirnhälfte in viel größerem Ausmaß nutzen könnten. Um dazu fähig zu sein, müssen wir so etwas wie ein Sensorium entwickeln, das uns hilft, die Informationen der rechten Hälfte (z. B. Intuitionen) von anderen subtilen Inputs zu unterscheiden (gesellschaftliche Normen, Kindheitsphantasien, Begierden usw.). Die Lehrgeschichten können uns dabei helfen, indem sie uns wacher für den alles verfälschenden Einfluß der Emotionen und Begierden auf unsere Wahrnehmung werden lassen. Damit wir empfänglich für das werden, was uns die rechte Gehirnhälfte mitzuteilen hat, ist es notwendig, daß die Dominanz der linken Hälfte aufgehoben oder eingeschränkt ist. Dadurch mögen Gefühle überwältigender werden, doch wir müssen nicht ihr Opfer sein, wenn wir lernen, die Emotionen und Begierden – diesen subtilen Input – in ihren Mustern zu erkennen, und uns damit aus ihrer Automatik befreien. Lehrgeschichten fördern diese notwendige Unterscheidung und Loslösung, indem sie uns auf unbewußte Strukturen und Muster aufmerksam machen.

Alles, was du brauchst

«Ich werde dich hängen lassen», sagte ein grausamer und dummer König, der von Nasrudins Kräften gehört hatte, «wenn du mir nicht beweist, daß du ein Mystiker bist.»

«Ich sehe seltsame Dinge», sagte Nasrudin sogleich, «einen goldenen Vogel im Himmel und Dämonen unter der Erde.»

«Wie kannst du durch feste Materie hindurchsehen? Wie kannst du so weit in den Himmel schauen?»

«Angst ist alles, was du brauchst.»[5]

Es ist auch möglich, daß die vielschichtige Struktur der Lehrgeschichten die linke Hemisphäre in die Lage versetzt, besseren Gebrauch vom Modus der rechten zu machen. Beim gewöhnlichen Informationsverarbeiten kann es durch die Funktionsunterschiede in den beiden Hirnhälften zu konkurrierender Beeinträchtigung kommen. Levy und seine Kollegen schreiben zu diesem Problem:

> Die beiden Hemisphären verarbeiten dieselben Sinnesinformationen in deutlich unterschiedlicher Weise ... die beiden Operationsmodi, darunter räumliche Synthese für die rechte und zeitliche Analyse für die linke, zeigen Indikationen für einen wechselseitigen Antagonismus. Die Neigung der Sprach-Hemisphäre, analytische Einzelheiten so zu registrieren, daß die Beschreibung in Worten möglich ist, scheint sich mit der Wahrnehmung der Gesamtgestaltung nicht zu vereinbaren und läßt die linke Hemisphäre «den Wald vor lauter Bäumen nicht sehen».[6]

Eine Lehrgeschichte beschäftigt, indem sie der linken und der rechten Gehirnhälfte gleichzeitig Informationen bietet, die dominierende linke Seite damit, das für sie geeignete Material zu verarbeiten, und reduziert so die linksseitig bedingte Beeinträchtigung der räumlich-holistischen Information der rechten Hälfte, die so besser genutzt werden kann.

So werden zum Beispiel in der Geschichte «Der Schatz» die Ereignisse in einem linearen (linke Hemisphäre) Modus erzählt. Sie entwickelt sich in der Zeit und hat ein Ende; der Dialog ist logisch und weist Überlegung und Planung auf. Die Beziehung ihrer einzelnen Elemente untereinander ist jedoch von anderer Art. Es ist ein Muster, dessen tiefe Wirkung darauf beruht, gleichzeitig auch die paradoxen Elemente, die den Fluß der Ereignisse eher zu einem Kreis als zu einer geraden Linie führen, im Bewußtsein zu halten. Die Geschichte vermittelt etwas, über das man eigentlich nicht in logischer Abfolge denken kann, was man kaum «zu fassen» bekommt. Die Gestalt, die allumfassende Gesamtheit, ist von der rechten Hemisphäre ungestört verarbeitet worden. (Ein bekanntes Beispiel dieser nicht-linearen Strukturierung sind die «Erzählungen aus Tausendundeiner Nacht», wo wir eine Geschichte in der Geschichte in wieder einer Geschichte haben, wobei der Schluß von jeder hinausgeschoben und mit der nächsten in abschließender Weise verbunden ist.)

Ornstein und seine Mitarbeiter kamen zu Untersuchungsmaterial, das diese These stützt, indem sie mit Hilfe der EEGs die Alpha-Wellen von Testpersonen, denen man Sufi-Geschichten zu lesen gegeben hatte, mit den Wellen nach der Lektüre von technischen Berichten verglich. Sie stellten signifikant mehr Beteiligung der rechten Hemisphäre beim Lesen der Geschichten fest als beim Lesen der technischen Artikel.[7]

Weiteres Material spricht für die Hypothese, daß die Lehrgeschichten Gebrauch von den kognitiven Unterschieden der rechten und linken Gehirnhälfte machen. Otto Poetzels Experiment, das später von Fischer wiederholt und ausgebaut wurde, zeigt, daß die Verarbeitung visueller Informationen davon abhängt, ob die Information im Zentrum des visuellen Feldes oder an der Peripherie wahrgenommen wird. Als Testpersonen ein Bild anschauten und dann aufgefordert wurden, es aus der Erinnerung zu beschreiben, tauchten die Einzelheiten, die sie *nicht* beschrieben hatten, in der Nacht in ihren Träumen auf.[8] Spätere Experimente erklärten, daß es zu diesem Phänomen gekommen war, weil die nicht berichteten Einzelheiten eine Randstellung im Aufmerksamkeitsfeld der Testpersonen eingenommen hatten. Die fehlenden Angaben erschienen in der nichtlinearen, eher holistischen Weise des Traumdenkens.

Die folgende Geschichte veranschaulicht dieses Thema. In der zweiten Hälfte enthält sie einen Kommentar über sich selbst und über Lehrgeschichten im allgemeinen.

Das Muster

Ein Sufi vom Orden der Naqshbandi wurde einmal gefragt: «Der Name deines Ordens bedeutet wörtlich «Mustermacher». Was zeichnest du für Muster und zu welchem Zweck?»

Er entgegnete: «Wir machen alle möglichen Muster, und es ist äußerst nützlich.» Hier ist eine Parabel von einem solchen Entwurf.

Einem Blechschmied, der zu Unrecht im Gefängnis saß, wurde gestattet, einen von seiner Frau geknüpften Teppich in Empfang zu nehmen. Tag für Tag verneigte er sich auf dem Teppich, um seine Gebete zu sprechen, und nach einiger Zeit sagte er zu seinen Wärtern:

‹Ich bin arm und ohne Hoffnung, und ihr werdet jämmerlich bezahlt. Aber ich bin ein Blechschmied. Bringt mir mein Blech und mein Werkzeug, und ich will kleine Gegenstände anfertigen, die ihr auf dem Markt verkaufen könnt, und wir werden alle einen Gewinn daraus ziehen.›

Die Wachen waren einverstanden; und bald darauf verdienten sie alle daran, kauften von dem Erlös Nahrung für sich und Annehmlichkeiten.

Dann, eines Tages, als die Wachen zur Zelle gingen, war die Tür offen und der Schmied fort.

Viele Jahre später, als die Unschuld des Schmiedes erwiesen war, fragte ihn der Mann, der ihn ins Gefängnis gesteckt hatte, wie er denn entkommen wäre, welche Zauberei er dazu benutzt hätte. Er antwortete:

‹Es ist eine Frage des Musters und des Musters im Muster. Meine Frau ist Weberin. Sie suchte den Mann, der die Schlösser der Zellentür angefertigt hatte, und erhielt das Muster von ihm. Das knüpfte sie an die Stelle im Teppich, die mein Kopf fünfmal am Tag beim Gebet berührte. Ich bin ein Metallbearbeiter, und dieses Muster sah mir wie das Innere eines Schlosses aus. Ich entwarf den Plan mit den Gegenständen, um Material zum Schlüsselschmieden zu bekommen – und floh.›

«Das», sagte der Naqshbandi-Sufi, «ist einer der Wege, auf dem man der Tyrannei seiner Gefangenschaft entrinnen kann.»[9]

So wie der schlaue Blechschmied – im Gegensatz zu seinen Wächtern – die tiefere Bedeutung des Musters im Muster erkennen konnte, ist es der rechten Gehirnhälfte möglich, Informationen zu nutzen, die für die linke nicht erkennbar sind. Informationen an die rechte Hemisphäre können in Einzelheiten verschlüsselt sein, die das fürs Entkommen benötigte Muster bilden.

Sorgfältiges Achten auf die Einzelheiten der Geschichte enthüllen eine Fülle von Themen, die in ihr reiches, komplexes Gewebe eingeknüpft sind, wie die psychologische Gefangenschaft der Menschen, die Notwendigkeit, unsere Wärter auszutricksen, die Funktion des Gebets, die Rolle der Intuition, die Wichtigkeit, «in der Welt» zu sein, die Erforderlichkeit, den subtilen Aspekten der Erfahrung Aufmerksamkeit zu schenken, und die «verborgene» Natur des mystischen Wissens. Die Personen in den Lehrgeschichten sind oft so angelegt, daß sie verschiedene Funktionen des Geistes darstellen. Die Ereignisse einer solchen Geschichte zeigen womöglich auch die Evolution des einzelnen oder der Menschen überhaupt auf.

Um Geschichten wie «Das Muster» auszuschöpfen, muß man für die Vollendung und Kunstfertigkeit, mit der sie konstruiert wurden, empfänglich werden, für die sorgfältig ausgewählten Worte und Satzabfolgen und die Möglichkeit einer radikalen, unvertrauten Perspektive, die sich tief in ihr verbirgt. Ruhe, Geduld, wiederholtes Lesen und ein Verzichten auf die übliche analytische Haltung zugunsten der rezeptiven sind die Voraussetzungen.

Lehrgeschichten in der Psychotherapie

Lehrgeschichten in geeigneter, moderner Form könnten sich für die Psychotherapie als passender erweisen als die Meditation, da sie unserer auf das Verstehen ausgerichteten Kultur eher zu entsprechen scheinen und nicht so geheimnisvoll wirken. Doch auch hier – genau wie bei der Meditation – fehlen uns noch die

Voraussetzungen, sie direkt als therapeutisches Werkzeug zu benutzen. Erst einmal dürfte ihr Wert in der Hauptsache darin liegen, daß sie dem Therapeuten helfen können, seinen Selbsttäuschungen auf die Spur zu kommen. Als Beispiel möchte ich zeigen, was nachfolgende Geschichte bei mir bewirkt hat:

Eitelkeit

Ein weiser Sufi forderte einst seine Schüler auf, ihm zu sagen, welches ihre Eitelkeiten gewesen wären, bevor sie bei ihm zu lernen angefangen hätten.

Der erste sagte: «Ich bildete mir ein, ich sei der schönste Mann auf der Welt.»

Der zweite sagte: «Ich glaubte, weil ich religiös war, sei ich einer der Auserwählten.»

Der dritte sagte: «Ich glaubte, ich könnte lehren.»

Der vierte sagte: «Meine Eitelkeit war größer als all diese; denn ich glaubte, ich könnte lernen.»

Der Weise bemerkte darauf: «Und die Eitelkeit des vierten Schülers bleibt die größte, denn seine Eitelkeit besteht darin, zu zeigen, daß er einst die größte Eitelkeit hatte.» [10]

Nachdem ich die Geschichte gelesen hatte, beobachtete ich mich einige Zeit später dabei, wie ich dasselbe tat wie der vierte Schüler, indem ich mich heftig für ein persönliches Versagen kritisierte. Während ich mir Vorwürfe machte, hatte ich auf einmal die Geschichte wie einen Spiegel vor mir, und ich erkannte, wie ich meiner Eitelkeit aufgesessen war. Meine Situation unterschied sich von der des Schülers, aber die dynamische Struktur war ähnlich. Ich grinste innerlich und hörte mit meinen Selbstvorwürfen auf. Nicht viel später zeigte ein Patient von mir Gefühle der Selbstbeschuldigung, deren versteckte Eitelkeit ich entlarven konnte, weil das Muster das gleiche war. Er bewarf sich mit Dreck dafür, daß er seine Chancen «vermasselt» hätte, besonders da man ihn allgemein für höchst intelligent und liebenswert hielte. Ich hörte ihm eine Weile zu und kam dann mit einem alternativen Standpunkt: «Ich meine, Sie tun sich unrecht. Sie sind nicht ein prima Kerl, der alles vermasselt – Sie selber sind ein Schlamassel, das seine Sache gut macht!»

Er war verblüfft, riß die Augen weit auf, warf den Kopf zurück und brüllte vor Lachen. In der nächsten Sitzung berichtete er, daß er sich besser fühlte und seine Selbstbezichtigungen beachtlich reduziert hätte. Indem ich seine versteckte Eitelkeit erkannte, sie richtig interpretierte und auch er sie sah, verringerten sich seine Symptome. Ein Verhaltenstherapeut mag entgegnen, ich hätte einen aversiven Stimulus eingesetzt und dadurch seine Reaktion aufgelöst – ein Fall instrumentaler Konditionierung. Ich bin anderer Auffassung. Nach meiner eigenen Erfahrung fühlte sich dieser «Stimulus» gar nicht abscheulich an, sondern ich empfand ihn als Erleichterung, daß ich etwas wiedererkannt hatte. Die Quelle des Leids wird plötzlich sichtbar, und das Leid hört auf und gibt einem ein wunderbares Gefühl neuer Freiheit. Diese Erleichterung ist nicht nur vorübergehend, da das beobachtende Selbst an Boden gewinnt.

Ich habe dem Patienten die Geschichte nicht vorgelesen. Das war nicht notwendig; es hätte nichts gebracht. Ich mußte nur verstehen, was vor sich ging, und dann therapeutisch eingreifen. Ohne meine Einsicht durch die Lehrgeschichte wäre mir das wohl nicht so ohne weiteres gelungen. Indem diese Geschichten die Wahrnehmung des Therapeuten erweitern und schärfen, ermöglichen sie es, der Situation des Patienten ganz andere Dimensionen zuzumessen.

Zusammenfassung

Wie ich gezeigt habe, sind Lehrgeschichten so etwas wie eine verborgene Schablone, an der wir unser Verhalten messen können. Wir nehmen sie ohne Abwehr an, da sie ja über andere Personen berichten, die mit uns überhaupt nichts zu tun zu haben scheinen; sie sind – scheinbar – unpersönlich. Die Geschichten passieren so unbehelligt unsere wache Abwehr, und wir bewahren sie in unserem Geist auf, bis zu dem Moment, wo unser Denken oder eine Situation, in der wir uns befinden, sich mit der Schablone deckt. Dann tritt sie plötzlich wieder ins Bewußtsein, und wir «sehen», wie in einem Spiegel, Gestalt und Bedeutung von dem, was wir gerade tun. Verstärkung und weitere Entwicklung des beobachtenden Selbst – und die damit verbundene Reduzierung der Kontrollfunktion des Objekt-Selbst – sind wahrscheinlich der wichtigste unmittelbare Nutzen, der sich aus den Geschichten ergibt. Sie dürften auch für die meisten Menschen einfacher zu akzeptieren sein als Meditationspraktiken, weil sie uns auf einer Alltagsebene ansprechen, wo wir deren Weisheit ausprobieren und überprüfen können. Die Lehrgeschichten bieten außerdem einen speziellen Input, der für die rechte Gehirnhälfte erfaßbar ist. Gemäß den Sufis können sich solche Geschichten auf die verborgenen intuitiven Funktionen unseres Geistes auswirken und eine Art «Nahrung» für die Entwicklung von diesen darstellen. Sie sind Werkzeuge, deren Wirkung von der Motivation des Benutzers und seiner Einsichtsfähigkeit abhängt. Je mehr das Verstehen wächst, desto feiner und tiefer kann das Werkzeug arbeiten.

So ist die Lehrgeschichte ein viel raffinierteres Mittel, als die meisten Leute vermuten. Man muß sich jedoch klar darüber sein, daß nicht alle Geschichten diesem Anspruch genügen. Einige sind im Laufe der Zeit abgeändert oder verwässert worden; andere sind zu fremd für uns oder nicht mehr wirksam. Wie andere Elemente der mystischen Schulung müssen auch die Lehrgeschichten auf die gegenwärtige Situation und die Bedürfnisse zugeschnitten sein. Ist das Material kundig ausgewählt und dem Zuhörer von heute angepaßt, bietet es eine wertvolle Quelle. Da sie zu unserer vom Wort bestimmten Kultur passen, sind sie, meiner Ansicht nach, die beste verfügbare Einführung in die mystische Wissenschaft.

Lehrgeschichten haben noch eine weitere wichtige Funktion, die nichts mit den bereits besprochenen zu tun hat: nämlich den «Moses-im-Korb-Effekt». Ist eine Geschichte unterhaltsam genug und prägt sie sich dem Leser oder Hörer wegen ihres Witzes oder der Thematik ein, wird sie bewahrt und – mit ihrer verborgenen Information und Kraft – an die nächsten Generationen weitergereicht. Wenn religiöse oder wissenschaftliche Texte verboten oder sogar vernichtet werden, wird sie jede Zensur überstehen, weil sie an der Oberfläche so harmlos wirkt und keine Doktrin herausfordert. So bewahrt die Lehrgeschichte unbezahlbare Informationen. Dies vor Augen, können wir vielleicht die verborgenen Schätze dieser abschließenden Geschichte erahnen:

Der wertvolle Juwel

Nach Daudzadah ist in den vielfältigen Interpretationsebenen dieser alten traditionellen Geschichte alle Weisheit enthalten.

In einem fernen Reich der Vollkommenheit gab es einen gerechten Herrscher, der hatte eine Frau und zwei wundervolle Kinder, einen Sohn und eine Tochter. Sie lebten alle glücklich zusammen.

Eines Tages rief der Vater die Kinder zu sich und sagte: «Die Zeit ist gekommen, wie sie das für alle tut. Ihr müßt eine unermeßliche Entfernung hinunterziehen in ein anderes Land. Ihr sollt einen wertvollen Juwel suchen, ihn finden und zurückbringen.»

Die Reisenden wurden verkleidet zu einem seltsamen Land gebracht, dessen Bewohner fast alle ein dunkles Dasein führten. Die Gegend hatte derartige Auswirkungen, daß die beiden die Verbindung miteinander verloren und sie wie im Schlaf umherwanderten.

Von Zeit zu Zeit sahen sie Erscheinungen, Abbilder von ihrem Land und dem Juwel, aber sie waren in einem solchen Zustand, daß diese Dinge nur ihren Traumzustand vertieften, den sie jetzt allmählich für die Wirklichkeit hielten.

Als Kunde von der Not der Kinder den König erreichten, sandte er durch einen vertrauenswürdigen Diener, einen weisen Mann, einen Befehl:

«Erinnert euch an eure Aufgabe, wacht aus eurem Traum auf und bleibt zusammen.»

Durch diese Botschaft rafften sie sich auf und wagten sich mit der Unterstützung ihres rettenden Führers in all die fürchterlichen Gefahren, die den Juwel umgaben, und kehrten mit seiner magischen Hilfe in ihr Reich des Lichts zurück, um dort für immer in noch größerer Glückseligkeit zu bleiben.[11]

12. Mystik und Psychotherapie

Bewußtseinsentwicklung – bewußte Entwicklung

Die Mystik vertritt einen evolutionären Standpunkt, aber nicht im Sinne Darwins, wo eine natürliche Auslese die Entwicklung bestimmt und es keine Ziele, keine höchste Stufe gibt. Ein weiterer Unterschied ist, daß Darwin sich gegen die Idee vom evolutionären «Fortschritt» stellte, die «höhere» und «niedrigere» Arten voraussetzt und den Menschen an die Spitze stellt. Die Mystik erkennt dagegen einen höheren Zustand intuitiven Wissens an, dem eine niedere, auf den Intellekt und die sinnliche Wahrnehmung beschränkte Seinsweise gegenübersteht. Auf solch einer Bewußtseinsskala sind die Tiere niedriger als die Menschen, und die Pflanzen und Mineralien noch niedriger. Die Mystiker glauben, daß all diese Ebenen Stufen in einer unaufhörlichen Linie fortschreitender Entwicklung darstellen, deren weiteres Werden nicht biologisch, sondern psychologisch ist. Diese weitere Entwicklung hängt von einer Kraft ab, die keine selektive Anpassung aufgrund erfolgreicher Fortpflanzung ist, wie in Darwins Theorie, sondern *bewußte Evolution*: Die Menschen entwickeln sich selber durch eine bestimmte Art des Lernens weiter, das sie für sich als wichtig ansehen.

So betrachtet ist unsere zukünftige Entwicklung ein Manöver, sich an den eigenen Haaren herauszuziehen. Der menschliche Organismus, der gelernt hat, sich selbst als Objekt zu betrachten, um das Überleben in der biologischen Welt zu gewährleisten, muß nun den nächsten Schritt vollziehen und lernen, daß er *mehr* als nur ein Objekt ist. Dazu ist es notwendig, daß er seinen Intellekt gebraucht, um die Begrenzungen des Intellekts zu erfahren und sich zu ermutigen, etwas zu suchen, das über die ihm vertrauten Denkmuster hinausgeht. Die Aufgabe ist nicht einfach. Das Denken allein kann uns nicht wirklich davon überzeugen, daß unser Objekt-Selbst nur eine vorübergehende Einrichtung ist, da Gedanken und Sprache auf dem Verhalten von physikalischen Objekten beruhen. Ebenso werden Wahrnehmung und Vorstellung von Objekten geformt, was uns mit einer zeitgebundenen Welt mit klaren Trennungen konfrontiert. Um uns selbst als mehr als Objekte zu sehen und diese Wahrnehmung für länger als nur kurze Momente aufrecht zu erhalten, brauchen wir eine völlig andere Form der Wahrnehmung, eine Art des Wissens, das nicht den normalen geistigen Prozessen unterliegt. Die Mystiker versichern, daß dies möglich sei, doch gibt es irgendwelche Beweise für die Idee, daß Menschen aus sich selber eine neue Form der Wahrnehmung entwickeln können, die bereits verborgen vorhanden sein muß, aber besondere Bedingungen für ihre Entwicklung erfordert?

Es wird schon lange behauptet, daß die Menschen ungenutzte geistige Kapazitäten hätten. Solche Annahmen beruhen auf der ungeheuren Zahl von Neuronen in unserem zentralen Nervensystem und der enormen Möglichkeit für deren Kombination. In letzter Zeit hat die Wissenschaft umfangreiches Material neurologischer Untersuchungen gesammelt, das die These erhärtet, wir verfügten über ungenutzte, unentwickelte Fähigkeiten, die unter den richtigen Bedingungen «erweckt» werden könnten.[1] So haben die Forscher zum Beispiel herausgefunden, daß es bei neugeborenen Ratten mehr Nerven-zu-Muskel-Verbindungen gibt als bei ausgewachsenen. Während die Ratten heranreifen, fallen die multiplen Bahnen weg, bis nur noch das Eins-zu-Eins-System bleibt, das heißt, ein Nerv zu einem Muskel. Diese Entdeckung besagt, daß anfangs mehr Verbindungen bestanden als benötigt wurden; mit dem Heranwachsen des Tieres wird der Überschuß «gestutzt». Wahrscheinlich ist hierbei ein Prozeß selektiver Erhaltung beteiligt, eine Hypothese, die durch Untersuchungen über die optischen Bahnen von Affen gestützt wird. Man stellte fest, daß das Sehsystem von Affen bei Geburt in gewisser Weise disorganisiert ist: Verbindungen vom Gehirn zum rechten und zum linken Auge laufen durcheinander. Bei den erwachsenen Affen sind sie getrennt. Es sieht so aus, als funktioniere der Prozeß der selektiven Erhaltung genauso in dem Sehsystem der Affen wie in dem Muskelsystem der Ratten.

Es ließe sich einwenden, daß der Verlust der Neuronen genetisch programmiert sei und nicht mit den Erfahrungen des sich entwickelnden Tieres zusammenhänge. Um das zu erforschen, wurden weitere Experimente durchgeführt, bei denen ein Auge von neugeborenen Affen über einen längeren Zeitraum bedeckt wurde. Man wollte dadurch feststellen, ob sich das Muster des selektiven Verlusts änderte. Das Ergebnis war, daß die Verbindungen von beiden Hirnhälften zu dem offenen Auge *zugenommen* hatten, während die zu dem geschlossenen Auge fast alle verschwunden waren und es blind geworden war. Greenough und Juraska erläutern das so:

> Diese Ergebnisse besagen, daß das neugeborene Tier mit einem breiten Spektrum möglicher Muster der Gehirnorganisation ausgestattet ist, die nicht alle in einer bestimmten Umgebung erforderlich sind. Muster, die durch die Erfahrung des Tieres aktiviert werden, erleben eine Stärkung und Weiterentwicklung, während solche, die ungenutzt bleiben, verloren gehen oder geschwächt werden.[2]

Viele hundert Jahre zuvor hat Rumi gesagt:

> Neue Organe der Wahrnehmung entstehen als Ergebnis der Notwendigkeit.
> Deshalb, o Mensch, vergrößere deine Notwendigkeit,
> auf daß deine Wahrnehmung vergrößert werde.[3]

Natürlich konnte Rumi nicht von Synapsen, Dendriten und Neuronen sprechen. Aber wenn wir seine Äußerung mit den Untersuchungsergebnissen von Greenough und Juraska vergleichen, müssen wir uns fragen: Sind wir bei Geburt mit neuronalen Schaltkreisen ausgerüstet, die eine Entwicklung des direkten, intuitiven Wissens ermöglichen – was den Mystikern schon immer selbstverständlich war? Hängt die Entwicklung dieses Potentials zum Teil von den Reizen und Erfordernissen der Umwelt ab? Kann dieses Potential durch spezielle Übungen, die besondere Anforderungen an den Organismus stellen, wiederbelebt werden? Erfordert die Entwicklung dieser Fähigkeit, daß andere konkurrierende Schaltkreise verringert werden müssen?

Wenn die Antwort auf diese Frage ja lautet, hören die esoterischen Lehren und Praktiken der mystischen Traditionen auf, so unbegreiflich und irrational zu erscheinen. Sie können als geschickte Mittel betrachtet werden, die vor langer Zeit zur Ausbildung einer größeren Wahrnehmung entwickelt und durch Symbole, Metaphern und Strukturen weitergegeben wurden, die der jeweiligen Kultur, in der diese mystische Wissenschaft ausgeübt wurde, entsprachen. So fremd und unwissenschaftlich mystische Prozeduren einem auch vorkommen mögen, besonders wenn sie getrennt von dem System gesehen werden, in das sie integriert waren, so können wir doch Entsprechungen in der neurophysiologischen Forschung finden, die belegen, daß sich ein ungenutztes Potential an Gehirnfunktionen durch bestimmte veränderte Bedingungen aktivieren läßt.

Mystik und ihr Zusammenhang

Mit diesem Wissen können wir vielleicht besser verstehen, daß die mystische Wissenschaft nicht von dem Gebrauch eines religiösen oder spirituellen Vokabulars oder Kontextes abhängt. Sie wird und wurde auch in anderen Dimensionen vermittelt. Sie ist eine besondere Psychologie, deren Wirkung sich aus der neuen Wahrnehmung ableitet, die sie anstrebt. Ein Beispiel: Wenn ein Lehrer sieht, daß ein Schüler seine Fähigkeit zur Sorgfalt entwickeln muß – und wenn wir uns im Mittelalter befinden –, wird er ihm vielleicht auftragen, ein religiöses Dokument abzuschreiben und die Handschrift dann zu illuminieren. Im zwanzigsten Jahrhundert wird ein wahrer Lehrer nicht eine Aufgabe verordnen, die knapp tausend Jahre passend gewesen wäre, sondern etwas auswählen, das der Kultur und der Person entspricht. Das könnte sein, daß er dem Schüler aufträgt, einen Automotor in einer Reparaturwerkstatt zusammenzusetzen oder in der Universitätsbibliothek über ein Thema wie Lerntheorien zu

recherchieren. Es gibt keinen wirklichen Grund, religiöse Dogmen, Askese, geheimnisvolle Gewänder oder andere zu einer
Religion oder einem Kulturkreis gehörende Merkmale zu übernehmen. In der Vergangenheit schockten Mystiker häufig die religiöse Gemeinde, als deren Mitglieder sie betrachtet wurden,
indem sie erotische Dichtung schrieben und rezitierten, gewöhnliche Kleidung trugen, «verrücktes» Verhalten zeigten und
sich nicht um die religiöse Zugehörigkeit und den Glauben ihrer
Schüler scherten. Wenn die tiefe Erkenntnis der Wahrheit, die
den Mystikern zu eigen war, auch die Grundlage der meisten
institutionalisierten Religionen bildete, ist die Verbindung mit
Religion, die so viele heute starr für unabdingbar halten, gar
nicht nötig, eher sogar hinderlich. Mystische Wissenschaft in
nichtreligiösem Rahmen hat es durch die Jahrhunderte gegeben,
und sie besteht zweifellos auch heute noch – wenn auch unerkannt.

Gleichzeitig ist es heutzutage leicht, zu meinen, daß sich die
Mystik mit den Begriffen unserer Naturwissenschaften erklären
läßt, sei es psychologisch, neurobiologisch oder beides zusammen. Man mag dann zu der Annahme kommen, daß die eigene
Analyse moderner und tiefer ist als das, was die Mystiker über
ihre Entdeckungen berichten. Die Autoren mystischer Texte
sind sich dieses Problems immer bewußt gewesen und warnen,
daß sich ihre Wissenschaft nicht auf irgendwelche Prinzipien
oder Formeln zur Erklärung der Wirkungsweise reduzieren läßt.
So sollen auch die Dinge, die ich aus der mystischen Literatur
herausgearbeitet habe, und meine Übertragungsversuche mystischer Erkenntnisse in den Rahmen der westlichen Psychologie
nur als eine Art Brückenbau dienen und keinesfalls eine verbind-
liche Analyse darstellen. In Wahrheit läßt sich die Essenz der
Mystik nicht beschreiben – sie muß erfahren werden.

Schlag auf diese Stelle

Dhun-Nun, der Ägypter, erklärt anschaulich in einer Parabel, wie er Wissen herausfand, das sich in pharaonischen Inschriften verbarg.

Es gab eine Statue mit zeigendem Finger, worauf eingemeißelt stand: «Schlag auf diese Stelle für den Schatz.» Ihre Herkunft war unbekannt, aber Generationen von Menschen hatten auf die gekennzeichnete Stelle gehämmert. Doch da diese aus härtestem Stein war, hatte es ihr nur wenig anhaben können, und die Bedeutung blieb rätselhaft.

Dhun-Nun, der sich in die Betrachtung der Statue versenkt hatte, beobachtete eines Tages, genau um Mittag, daß der Schatten des ausgestreckten Fingers, jahrhundertelang unbemerkt, einen Strich auf das Pflaster zu Füßen der Statue warf.

Er kennzeichnete die Stelle, besorgte sich das erforderliche Werkzeug und stemmte mit Meißelschlägen die Platte auf, die sich als Falltür in der Decke einer unterirdischen Höhle erwies. Sie barg seltsame Gegenstände einer Handwerkskunst, die es ihm ermöglichten, auf das lange verlorene Wissen ihrer Herstellung zu schließen. So konnte er die Schätze erwerben und auch die von viel wesentlicherer Art, die damit verbunden waren.[4]

Auf dem Weg zu einem erweiterten Bewußtsein

Die evolutionäre Sicht der Mystik braucht von der Theorie her nicht überzeugender zu sein als jedes andere intellektuelle Schema. Sie gewinnt erst Wirklichkeit, wenn man sich aktiv auf den Erfahrungsweg einläßt. Um zu zeigen, wie das geschehen kann, gehen wir einmal davon aus, jemand lernt und arbeitet mit Lehrgeschichten, wie ich sie zitiert habe. Allmählich, über einen längeren Zeitraum, bekommt die Person ein geschärftes Bewußtsein dafür, wie Überzeugungen und Wahrnehmungen die Wirklichkeit zugunsten eigensüchtiger Motive oder aus Angst oder Eitelkeit verzerren oder leugnen, das heißt, im Dienst des Objekt-Selbst stehen. Diese Erkenntnis führt schließlich zu einer erhöhten Wachheit gegenüber der Korruptheit und den Vorurteilen in den meisten unserer Gedanken und Meinungen. Als Folge davon läßt die Autorität dieser Gedanken – unser Gefängnis der Vorstellungen – nach, und neue Möglichkeiten werden sichtbar.

Wie ich bereits gesagt habe, kennen wir aus der Psychotherapie einen ähnlichen Prozeß, bei dem unbewußte Phantasien, Emotionen und Strategien ins Bewußtsein gebracht werden, was zur Verringerung oder dem Verschwinden von Symptomen und einem Gewinn an Freiheit führt. Wir haben jedoch leider noch nicht die Mittel, diesen Prozeß auch auf das «Durchleuchten» unseres Alltags oder unserer verborgenen kulturellen und wissenschaftlichen Vorurteile auszudehnen. Mystiker vergleichen dieses Problem mit dem, wenn jemand einen Stein so dicht an die Augen hält, daß er nichts anderes mehr sehen kann. Hält er den Stein weiter weg, kommt die Welt ins Blickfeld.

Distanz von unseren Fixierungen und automatischen Gedankenmustern zu erreichen, ist für mich gleichbedeutend mit der Stärkung und Ausweitung des beobachtenden Selbst. Die mystische Wissenschaft kann, da sie das Feld ihrer kritischen Beobachtung so weit ausdehnt, daß das Gefängnis aller Vorstellungen mit eingeschlossen ist, dem Therapeuten und dem Laien gleichermaßen erkennen helfen, wie sehr sie eingeengt sind und wie die Befreiung aussieht. Wir kommen schrittweise zu der Einsicht, daß die Sinnlosigkeit und die Verzweiflung des «Ich-bin-allein» Produkte einer verstellten Sicht und einer unangemessenen Übertragung von Regeln sind, die lediglich für Objekte gelten, die nur für einen kleinen Teil von Phänomenen nützlich sind. Wenn man weiter an seinem Selbstbefreiungsprozeß arbeitet, wird einem die Idee der bewußten Evolution immer einsichtiger, weil man sie – wenn auch erst in bescheidenem Maß – an sich selbst erfährt.

In dem Ausmaß, wie Therapeuten diesen größeren Zusammenhang verstehen, wird ihre Arbeit sich mehr nach einer grundlegend positiven, optimistischen Perspektive ausrichten und nicht länger versteckt Sinnlosigkeit und existentielle Verzweiflung bestärken.

So liegt der Wert der Mystik für die Psychotherapie weniger in der Anwendung ihrer Praktiken am Patienten – im Sinne von technischen Hilfsmitteln, als wären sie psychische Antibiotika oder besondere Tranquilizer –, sondern in erster Linie darin, daß sie die Weltsicht des Therapeuten und seine Auffassung von den Möglichkeiten des menschlichen Lebens zu verändern vermag.

Kann die Mystik die Psychotherapie ersetzen?

Wenn die evolutionäre Auffassung auch darauf hindeutet, daß die Erleuchtung oder das Nirwana nicht das Endstadium ist, weil innerhalb der Konstruktion der linearen Zeit der Prozeß kein Ende hat, beschreibt die mystische Literatur das Erwachen der intuitiven Wahrnehmung doch als Punkt eines radikalen Wechsels. Er soll das Leiden beenden, das so typisch für das menschliche Schicksal in seiner unentwickelten Form ist. So riet Buddha: «Deshalb ... sollte jeder die Selbst-Verwirklichung suchen ... die Wahrheit, die allen Schmerz beendet ... die transzendente Wahrheit, die den aufgewühlten Ozean von Leben und Tod überspannt ...»[5]

Dementsprechend wird der erleuchtete Yogi oder Zen-Mönch als heiter, froh und frei von den üblichen Sorgen dargestellt. Geht man von solch einem heilsamen Effekt der Mystik auf die Entwicklung des Menschen mit seinem Leiden aus, stellt sich natürlich die Frage, ob diese nicht die Psychotherapie ersetzen kann. Die relevantere Frage ist jedoch: «Wer will Psychotherapie, und wer will Mystik?» Tatsache ist, daß das Ziel mystischer Schulung durch die Aufgabe der Selbstbezogenheit erreicht wird – etwas, woran die meisten nicht interessiert sind – jedenfalls nicht am Anfang. Hinzu kommt noch, daß das «Erwachen», auch wenn es positiv dargestellt wird und einen schließlich vom Leiden erlösen soll, eine ganz andere innere Ausrichtung verlangt, als die, persönlichen Nutzen zu suchen. Der Wunsch, zu erfahren, wer man wirklich ist und wohin man geht, ist dafür bestimmend. Im Gegensatz dazu leiden Menschen, die sich einer Psychotherapie unterziehen, an quälenden Symptomen, die ihre Arbeit, ihre Kontakte, ihre Lebensfreude stören. Solche Menschen sind zwangsläufig sehr auf sich selber ausgerichtet;

sie suchen sofortige Erleichterung von ihrem Leiden wie auch die Befriedigung enttäuschter Wünsche. Sie haben nicht das Interesse und die Energie für ein uneigennütziges Lernen, das notwendig ist, will man von den Lehren der Mystik profitieren.

Man muß die drängendsten Dinge zuerst erledigen. Wenn Leute nicht akut leiden, sondern sich eher der Mystik zuwenden, weil sie sich besondere Bewußtseinszustände erhoffen oder soziale Kontakte suchen oder Anerkennung, werden sie höchstwahrscheinlich enttäuscht werden, außer sie treten einer der vielen Organisationen bei, die solche Sehnsüchte befriedigen, aber nicht mystisch sind – mit Ausnahme des äußeren Drum und Dran.

Die mystische Wissenschaft ist für jene, die die Befriedigung ihrer weltlichen Bedürfnisse an den entsprechenden Quellen suchen und nicht – versteckt – auf dem spirituellen Gebiet. Weltliche Bedürfnisse müssen anderswo gestillt werden, damit sie den Lernprozeß nicht beeinträchtigen. Aus diesem Grund ist auch das Psychopathologische zuerst zu behandeln. Deshalb kann die Mystik die Psychotherapie nicht ersetzen und umgekehrt.

Der Beitrag der Psychotherapie zur Mystik

Die Frage, ob die Psychotherapie etwas zur mystischen Wissenschaft beitragen kann, ist ebenfalls wichtig. Die Antwort darauf beginnt mit der Einsicht, daß Gier, Unaufmerksamkeit und Arroganz – Haltungen, die einen Schüler daran hindern, mystische Lehren aufzunehmen – ihre Wurzeln in Phantasien, Angst und neurotischen Wirklichkeitsverzerrungen haben, Bereiche, mit denen sich die Psychotherapie befaßt. Gier, zum Beispiel, ergibt sich meist aus einer langen Abhängigkeitshaltung, dem Gefühl, daß jemand anderer einen mit dem versorgen muß, was man braucht, dem Gefühl, daß man sich etwas einverleiben muß, um nicht unglücklich zu sein, oder daß Sicherheit eine Frage des Anhäufens ist. Die Psychotherapie kann die Heftigkeit einer solchen Reaktion reduzieren, die neurotische Ich-Zentrierung abbauen helfen, die Fehlinterpretationen über die Welt korrigieren, die in der Kindheit begannen, und neue Strategien vermitteln, mit denen man sich gerechter wird. Ist diese Arbeit abgeschlossen, kann jemand leichter das aufnehmen, was die Mystik ihm zu bieten hat, und wirklich Schüler dieser Wissenschaft werden. Aufrichtige Schüler brauchen nicht völlig frei von Egozentrik zu sein, aber doch so weit, um nicht blind für die subtilen Vermittlungsweisen zu werden, mit denen die mystischen Schulen arbeiten. Die Psychotherapie kann also den Menschen helfen, das für die Teilnahme an der mystischen Schulung erforderliche Maß an Objektivität zu erreichen.

Das beobachtende Selbst als Brücke

Das beobachtende Selbst stellt einen Ort dar, von wo aus sich das willkürliche, das Vergängliche und das Begrenzte beurteilen lassen. Mit Hilfe des beobachtenden Selbst können die anfallenden Lebenserfahrungen dazu benutzt werden, das menschliche Schicksal zu verstehen. Wenn man zu erkennen beginnt, wie sich die Motivation auf die Weise, wie wir uns selbst und die Welt erfahren, auswirkt, kann man sich aus der Vereinnahmung durch das Objekt-Selbst (d.h. Ich-zentriert zu sein) herausentwickeln hin zu dem Dienst an der Aufgabe (d.h. selbstlos zu sein). Je weiter man vorankommt, desto besser harmoniert die eigene Handlung mit dem fundamentalen, dynamischen Feld, in dem wir existieren. Durch diese Erfahrung kann man eine größere Wirklichkeit und ein größeres Selbst kennenlernen.

Das beobachtende Selbst ist ein begrifflich schwer zu definierendes Phänomen. Es ist einerseits zusammen mit dem Gedanken-Selbst, dem Gefühls-Selbst und dem Handlungs-Selbst eine Phase des Bewußtseins, und dennoch darüber hinaus der Hintergrund für die Gedanken, Gefühle und Handlungen, die im beobachtenden Selbst Raum einnehmen, also Inhalte desselben sind. Dieses Paradox hängt damit zusammen, daß wir keine Ortsbestimmung vom beobachtenden Selbst geben können. Das sagt uns, daß das gültige psychologische Modell vom Menschen in einer grundlegenden Weise mangelhaft ist. Und es zeigt in ein ungekanntes Gebiet, dessen Erkundung ein völlig anderes Modell vom Selbst erfordert als das bisherige. Die Mystiker können uns hier sehr nützliche Führer sein.

Was ist dieses beobachtende Selbst? Man kann es vielleicht als etwas wie eine Brücke zwischen der gegenständlichen Welt und dem transzendenten Bereich betrachten. Es ist ein Spiegel für seine Inhalte, und es vermag das Transzendente zu reflektieren. Wird es «leer gemacht», ist der Spiegel klar, kann das höhere Bewußtsein erfahren werden. Doch darf es nicht als die Quelle unseres Seins betrachtet werden. Es führt zum höheren Selbst, ist aber nicht das höhere Selbst. Diese Quelle ist jenseits des normalen Bewußtseins. Die Mystiker nennen sie die Wahrheit oder das Wissen oder eben das höhere Selbst. Die Fähigkeit, das höhere Selbst zu erkennen, ist ein Resultat mystischer Entwicklung. Es zu erfahren, führt zu dem Wissen, daß alles eins ist, «Gott eins ist», und sogar zu solchen Äußerungen wie «Ich bin die Wahrheit». So ist die Grundvoraussetzung für den Weg zur Erkenntnis des höheren Selbst, daß das beobachtende Selbst erst einmal entwickelt und gestärkt wird.

Die Aufgabe des einzelnen

Die mystische Wissenschaft ist ein komplexes, integriertes, organisches Ganzes. Sie beinhaltet viel mehr als das stereotype Drama, in dem jemand einen Meister findet und nach langen Mühen mit der Erleuchtung belohnt wird. Glaubt man solchen Fabeln, so ist die mystische Entwicklung eine isolierte Transaktion zwischen dem Guru und dem Schüler. Doch die mystische Literatur beschreibt die Praxis der Schulung ganz anders. Sie benutzt die Metapher der Brotherstellung, um die einander folgenden Stadien der Arbeit zu veranschaulichen, die in diesem Prozeß durchlaufen werden müssen. Zuerst müssen die Felder gepflügt werden, dann wird die Saat ausgesät und nach einer bestimmten Zeit das Korn geerntet. Anschließend muß das Korn zu Mehl gemahlen und das Mehl mit Salz, Wasser und Hefe zu einem Teig verknetet werden, der in den Ofen kommt und dort bäckt. Erst dann erhält man den Laib Brot, der nährt und Leben erhält. Diese Stadien sind sowohl auf andere Kulturen als auch auf den einzelnen anwendbar.

Der Gedanke, daß jeder das höhere Selbst erfahren kann, ist irreführend, denn dieses Wissen kann nicht einfach durch Anstrengung und Können erworben werden. Der Ort, die Zeit und die Leute müssen richtig sein, damit die Arbeit der Entwicklung möglich ist. Das bezieht sich auf die Gesellschaft wie auf den einzelnen. Man kann nicht ernten, wenn noch nicht gesät wurde, der derzeitige Entwicklungsstand ist wichtig, man braucht jemanden, der einem den Weg zeigt, und es ist gut, mit geeigneten Leuten zusammenzusein. Im Augenblick ist unsere Gesellschaft wohl eher in dem Stadium, wo der Acker gepflügt oder das Korn ausgesät werden sollte. Die Rolle des einzelnen Schülers der Mystik, der entsprechend seinem Entwicklungszustand vorwärts kommt, trägt zur Entwicklung des Bewußtseins in der Gesellschaft bei, auch wenn das Brot dort vielleicht erst Generationen später gebacken wird.

Diese Sehweise unterscheidet sich deutlich von der weitverbreiteten Auffassung, daß die Erleuchtung im Besitz von irgendwelchen Weisen oder Heiligen ist, die sie an ihre jeweils besten Schüler auszuhändigen pflegen. Trotzdem ist die komplexere und langfristigere Sicht von der mystischen Entwicklung, wie sie in der Metapher vom Brotherstellen zum Ausdruck kommt, nicht nur realistisch, sondern auch voller Hoffnung. Sie gestattet den Menschen, zu sein, wie sie sein können, und zu tun, was sie, nur sie, tun können.

In der Bhagavad Gita heißt es: «Besser ist das eigene Dharma, auch wenn es nur unvollkommen erfüllt wird, als das wohlerfüllte Dharma eines anderen.»[6] (Dharma oder Dhamma ist die Lehre, sich entsprechend des evolutionären Stadiums, recht zu verhalten.)

In der Sufi-Tradition sagt man: «Ein Sufi zu sein, bedeutet, das zu werden, was man werden kann, und nicht zu versuchen, das anzustreben, was, zum falschen Stadium, Illusion ist.»[7]

Und eine chassidische Anekdote erzählt: «Vor dem Ende sprach Rabbi Sussja: ‹In der kommenden Welt wird man mich nicht fragen: Warum bist du nicht Moses gewesen? Man wird mich fragen: Warum bist du nicht Sussja gewesen?›»[8]

Die mystische Wissenschaft ist ein Entwicklungsprozeß, nicht eine bestimmte Lehre oder ein Dogma und auch keine bloße Technik. Sie steht nicht isoliert von der Gemeinschaft, innerhalb der sie arbeitet. Ihre Perspektive erstreckt sich über viele Generationen, eine Sehweise, die auch wir uns aneignen sollten, besonders wenn wir an den Sinn unseres individuellen Lebens denken. Gehen wir in der Richtung voran, die uns die mystischen Traditionen weisen, werden wir genügend Arbeit zu erledigen haben, um unsere Energien für lange Zeit zu beschäftigen. Dann besteht kein Bedarf, dem Exotischen, Fremden nachzujagen. Dagegen ist es nötig, besseren Gebrauch von den Erkenntnissen unserer Wissenschaften zu machen und das Wissen und die Perspektive der Mystik in die westliche Psychologie und unsere Gesellschaft zu integrieren. Das Ergebnis unserer Bemühungen wird ein tieferes Verständnis des Lebens sein und die Fähigkeit, die menschliche Evolution zu fördern.

Anhang – Wie wählt man eine mystische Schule aus

Einige Leser möchten sich vielleicht tiefer mit der mystischen Wissenschaft befassen und fragen sich, ob sie einer der zahlreichen spirituellen Gruppen, einem bestimmten Kult oder einer religiösen Organisation beitreten sollen, die in letzter Zeit wie Pilze aus dem Boden schießen. In Anbetracht der meisten dieser Gruppen heißt die Antwort: Nein. Ich hoffe, ich habe klarmachen können, daß das Etikett und die äußere Erscheinungsform einer Gruppe oder einer Person kein Maß für deren «Lebendigkeit» ist, die Fähigkeit, die von den Mystikern angestrebte Entwicklung zu fördern. Je mehr eine solche Gruppe der allgemeinen Auffassung vom Mystischen entspricht, desto schlechter ist es meist um ihre spirituelle Effektivität bestellt.

Angehende Schüler der mystischen Wissenschaft müssen sich, so gut es ihnen möglich ist, ihr eigenes Urteil über die spirituelle Echtheit einer mystischen Gruppe bilden, um nicht unnötig Zeit und Kraft zu vergeuden. Die Genauigkeit dieser Beurteilung hängt von ihrer Fähigkeit ab, zwischen ihrem echten Wunsch, zu lernen, und den mitbestehenden Wünschen nach Aufmerksamkeit, Unterhaltung, Macht, und so weiter zu unterscheiden. «Gier läßt dich Dinge glauben, die du normalerweise nicht glauben würdest.» [1] Unsere Vernunft ist oft der Diener unserer Wünsche, und nirgends mehr als auf dem Gebiet des Mystischen. Können wir nicht sagen, wann unsere niederen Beweggründe am Werke sind, bewerten wir fälschlicherweise leicht unser Hingezogensein zu einer bestimmten Gruppe und deren Lehrer als «intuitives» Erkennen. Deshalb hat jemand mit einer größeren Selbsterkenntnis mehr Aussicht auf Erfolg. Wie Nasrudin, der nach Geld suchte, um sich einen Elefanten zu kaufen, muß man über etwas Geld verfügen, um anfangen zu können.

Wenn man eine Gruppe, die behauptet, mystisches Wissen zu

vermitteln, prüfen will, sind folgende Anhaltspunkte wahrscheinlich recht hilfreich:

1. Arbeitet die Gruppe in der Weise, daß sie neuen Mitgliedern hilft, sich über die Motive ihres Kommens klar zu werden, oder geht sie davon aus, daß jeder Neuankömmling eben ein gutes Urteilsvermögen besitzt? Wenn das letztere zutrifft, ist Vorsicht geboten.

2. Bietet die Gruppe ihren Mitgliedern Mittel, die Motivationsmuster im alltäglichen Leben zu erkennen und zu verstehen? Wenn nicht, ist Vorsicht geboten.

3. Befriedigt die Gruppe Wünsche nach Abhängigkeit, neuen Erfahrungen, emotionalen Reizen, besonderem Status und Eitelkeit? Wenn ja, bleiben Sie fern.

4. Arbeitet die Gruppe mit Mitteln, wie dem Aufputschen von Gefühlen, Wiederholungen, Schuldgefühlen und Lob und Ablehnung durch die Gruppe? Dies sind die Hauptkennzeichen von Umerziehung oder Gehirnwäsche.

Sorgfältiges Achten auf solche Punkte wird den am Studium der mystischen Wissenschaft Interessierten helfen, die zahllosen unwirksamen Organisationen zu meiden, die dazu da sind, die eher primitiven Bedürfnisse von Schülern wie auch Lehrern zu befriedigen, aber nicht dem Ziel der bewußten Evolution dienen. Trotzdem darf man nicht übersehen, daß solche Kulte und religiöse Organisationen eine wichtige Funktion für ihre Mitglieder erfüllen. Sie stillen die Bedürfnisse der Menschen nach Anerkennung und Schutz und geben ihren Leuten oft Ansporn zu einer disziplinierten, gesunden und ausgeglichenen Lebensführung, verbunden mit guter Ernährung und körperlichen und geistigen Übungen. Indem sie auch Sicherheit, eine feste Richtung und ein kontrolliertes Gemeinschaftsleben bieten, können sie von therapeutischem Nutzen sein und anpassungsfähigeres Verhalten vermitteln. Die Lehre der Gruppe ist dabei ein sinn- und hoffnunggebender Rahmen, etwas, das die Mitglieder vor ihrem Beitritt im normalen Alltag schmerzlich vermißten. Zumindest verschaffen solche Gruppen Ablenkung, Unterhaltung und soziale Kontakte. Im schlimmsten Fall muß die elterliche und

Gruppen-Geborgenheit mit dem Preis der destruktiven Regression bezahlt werden.

Wie auch immer die tatsächliche Natur einer Gruppe sein mag, der Schüler wird sie als befriedigend erleben, wenn er insgeheim das sucht, was sie ihm bietet. Der traditionelle Ausspruch: «Wenn du es aufrichtig meinst, wirst du einen Lehrer finden» oder «Der Lehrer wird dich finden» kann auch so verstanden werden, daß man nur das finden wird, was man wirklich sucht. Sie und Ihr Lehrer verdienen einander – aus welchem Grund Sie auch immer zusammenkommen.

Ein Grund für die weitverbreitete Selbsttäuschung auf dem Gebiet der spirituellen Entwicklung ist der, daß die Leute dazu gebracht worden sind, sich «niedriger» Wünsche zu schämen, obwohl solche Wünsche durchaus ihren Platz und ihre Funktion haben. Wir brauchen ein gewisses Maß an sozialer Bestätigung, emotionaler Stimulanz, Aufmerksamkeit, Selbstwertgefühl und Sicherheit. Aber es hat sich ein Verständnis von «spirituell sein» entwickelt, wo all diese Bedürfnisse wie der Teufel auszutreiben sind. Als Folge davon tun die Leute so, als hätten sie die «richtigen» (d. h. «höheren») Motive. So suchen sie das eine unter dem Mäntelchen des anderen, und keines der Ziele wird wirklich erreicht.

Traditionell hatten die mystischen Schulen verschiedene Methoden, mit dem Problem der Selbsttäuschung umzugehen. Die eine war, das zu bieten, was die ungeeignet motivierten Schüler wollten, und sie auf diese Weise beschäftigt zu halten, während die wahre spirituelle Unterweisung mit den tauglichen Schülern im Verborgenen stattfand. Eine weitere Methode war es, daß die Schule sich einen unattraktiven, d. h. «weltlichen» Anstrich gab, damit die nicht geeigneten Schüler woanders hingingen. In anderen Worten: Wahre mystische Schulen arrangieren die Dinge so, daß der Schüler sich Klarheit darüber verschaffen kann.

Wenn Kulte und religiöse Organisationen also bestimmten Bedürfnissen von Leuten entgegenkommen, was auch immer das sei, können sie für den ernsthaft Suchenden zu einem großen Problem werden. Für sie ist die Bindung an eine «tote» Organisation womöglich recht negativ. Denn einmal üben Gruppen immer Druck auf ihre Mitglieder aus, um sie an die Gruppenwerte anzupassen. Dies dient dem – normalerweise unbewußten – Grundmotiv der Gruppe nach Fortbestand. Zum anderen halten die Mitglieder sehr an solchen Normen fest, weil diese ihnen helfen, ihre Identität zu sichern. Ein klares Beispiel für das Funktionieren solcher Normen ist die gleichförmige Kleidung und Sprache «revolutionärer» Gruppen. In solchen Vereinigungen wird meist zur Rebellion gegen die Welt draußen ermutigt; doch man duldet sie niemals gegen die eigene Gruppe.

Es ist schwer, sich dem Gruppendruck zu entziehen. Dieser Punkt spielt bei den üblichen Zwecken wohl keine zu große Rolle, aber für die mystische Unterweisung ist solch ein Druck schädlich, denn er dient den recht unreifen Motiven der Abhängigkeit, der Suche nach Bestätigung und so weiter. Auf diese Weise werden solche Motive nicht nur gestärkt, sondern ihre Erkenntnis erschwert, denn es liegt nicht im Interesse der Gruppe, daß ihre Mitglieder merken, was tatsächlich vor sich geht. Noch schlimmer ist, daß diese Gruppe oft die Erfüllung solcher egozentrischer Wünsche akzeptabel machen, indem sie diesen Prozeß als «spirituell» etikettieren. Als Folge davon glauben die Mitglieder leicht, daß die beschränkte Wirkungsweise der Gruppe wie altmodische Techniken, oberflächliche Meditationsübungen, Tänze und ähnliches den wahren Maßstab der mystischen Wissenschaft darstellen. Unter solchen Umständen wird der Schüler ahnungslos Gefangener einer sterilen Situation bleiben und die Möglichkeit zur Weiterentwicklung verpassen, oder er wird es ganz aufgeben und meinen, daß die Mystik ein einziger Betrug oder eine Art psychische Krankheit ist.

Deshalb sollte der ernsthafte Anwärter auf eine mystische Schulung nicht nur sorgfältig die Arbeitsweise einer spirituellen Gruppe durchleuchten, sondern besonders aufmerksam sein, was die eigenen Reaktionen betrifft. «Bin ich aufgeregt bei der Aussicht auf ungewöhnliche Bewußtseinszustände? Bin ich glücklich darüber, einen lächelnden Lehrer gefunden zu haben, der mich willkommen heißt und in der Schar seiner Anhänger aufnimmt? Würde mich andererseits auch eine Gruppe anziehen, in die man schwer aufgenommen wird, die mich hart herannimmt und Opfer verlangt?»

Indem man rigoros die in Frage kommende Gruppe und sich selbst beobachtet, kann die Suche auf dem Markt der Spiritualität mehr Nutzen bringen als das, was die jeweilige Gruppe einem tatsächlich zu bieten hat. So vermag einem der Prozeß des Beurteilens die erste Lektion im Lernen zu geben, wie man aus der eigenen Erfahrung lernt.* Und gerade diese Fähigkeit ist es, die die lebendigen, wahren mystischen Schulen am meisten zu vermitteln suchen.

* Hier spielt der Autor auf Idries Shas Buch «Wege des Lernens» an, das im Original «To learn how to learn» heißt. (Anm. d. Übers.)

Anmerkungen

Motto

Haidar Ansari, übers. u. hrsg. in I. Shah: *Wisdom of the Idiots*, 2 d ed. (London: Octagon Press, 1971)
Deutsch: Die Weisheit der Narren. Übers. v. Ursula Schottelius, (Freiburg: Herder, 1983)

Kapitel 1: Eine Einladung

1 H. Ellenberger: «Psychiatry from Ancient to Modern Times», in: *The American Handbook of Psychiatry*. vol. 1, ed. S. Arieti (New York: Basic Books, 1974), S. 6
2 E. Durkheim: *The Elementary Forms of the Religious Life* (New York: Free Press, 1965)
3 W. Hunt and A. Issacheroff: «History and Analysis of a Leaderless Group of Professional Therapists» in: *American Journal of Psychiatry* 132 (11) (1975), S. 1166
4 T. Lidz: «On the Life Cycle» in: *The American Handbook of Psychiatry*, a. a. O., S. 251
5 E. Schrödinger: *What is Life? Mind and Matter*. (London: [Cambridge University Press], 1969), S. 149
6 M. Greene, Hg.: *Toward a Unity of Knowledge*. Psychological Issues 6 (2), (New York: International Universities Press, 1969), S. 48

Kapitel 2: Mystik als eine Wissenschaft

1 M. Polanyi: *Personal Knowledge* (Chicago: University of Chicago Press, 1958)
2 H. Dingle: *The Scientific Adventure* (New York: Pitman, London Philosophical Library, 1953), S. 38 f. Zitiert in: D. Rapaport: *The Structure of Psychoanalytic Theory*, Monograph 6, 2:2 (New York: International Universities Press, 1960), S. 142
3 Ph. Kapleau: *Die drei Pfeiler des Zen*. Weilheim (O. W. Barth), 1972
4 W. Heisenberg: *Physics and Philosophy*. (New York: Harper and Brothers, 1958). Deutsch: Physik und Philosophie. Frankfurt/M – Berlin – Wien (Ullstein), 1959, S. 84
5 Dogen, zitiert in R. Masunaga: *The Soto Approach to Zen*. Tokyo: Layman Buddhist Society Press, 1970, S. 88

6 S. Nikhilananda: *The Upanishads*. vol. 1 (New York: Bonanza Books, 1949), S. 205

7 I. Shah: *The Magic Monastery*. (New York: E. P. Dutton, 1972 u. London: Jonathan Cape, 1972. Deutsche Ausgabe in Vorbereitung bei rororo transformation unter dem Titel *Das Zauberkloster*

Kapitel 3: Psychotherapie – eine Kunst

1 H. Ellenberger: Psychiatry from Ancient to Modern Times, in: *The American Handbook of Psychiatry*, vol. 1, ed. S. Arieti (New York: Basic Books, 1974), S. 3–20

2 Einleitung zu «Project for a Scientific Psychology», in *The Standard Edition of the Complete Psychological Works of Sigmund Freud*, vol. 1, ed. J. Strachey (London: Hogarth Press 1964), S. 293

3 M. Lampert, A. Bergin, and J. Collins, «Therapist-induced Deterioration in Psychotherapy», in *Effective Psychotherapy*, ed. A. Gurman and A. Razin (New York: Pergamon Press, 1977), S. 452–481

4 K. Mitchell, J. Bozarth, and C. Drauft, «A Repraisal of the Therapeutic Effectiveness of Associate Empathy, Non-possesive Wamth, and Genuiness», in *Effective Psychotherapy*, ebenda, S. 482–502

5 ebenda, S. 498

6 M. Polanyi, *Personal Knowledge* (Chicago: University of Chicago Press, 1958)

7 H. Ellenberger, *The Discovery of the Unconscious* (New York: Basic Books, 1970), S. 47–48

8 W. Condon, «Multiple Responses to Sound in Dysfunctional Children», in *Journal of Autism and Childhood Schizophrenia*, 5.1 (1975), S. 37–56

Kapitel 4: Die Ursprünge der Mystik

1 S. Rao, «Indian Philosophy», in *The Encyclopaedia Britannica*, vol. 12 (Chicago: Encyclopaedia Britannica, 1951), S. 248

2 S. Prabhavananda and C. Manchester, Übersetzer, *The Upanishads: Breath of the Eternal* (New York: New American Library, 1957)

3 W. Rahula, *What the Buddha Taught* (New York: Grove Press, 1959), S. 36–37

4 Platon, *Sämtliche Werke*, Band 3, (Reinbek: Rowohlt), S. 225

5 I. Shah, *The Way of the Sufi* (New York: E. P. Dutton, 1970), S. 80

6 ebenda, S. 110

7 ebenda, S. 102

Kapitel 5: Intuition

1 S. Freud, «Neue Folge der Vorlesungen zur Einführung in die Psychoanalyse», *Studienausgabe*, Band 1 (Frankfurt: S. Fischer, 1969), S. 514

2 I. Shan, Tales of the Dervishes (London: Jonathan Cape, 1967), S. 207

3 M. Westcott, *Toward a Contemporary Psychology of Intuition* (New York: Holt, Rinehart and Winston, 1968), S. 6

4 Platon, *Sämtliche Werke*, Band 2 (Reinbek: Rowohlt, 1957), S. 21

5 Platon, Sämtliche Werke, Band 3, a. a. O., S. 227

6 F. Waters, *The Book of the Hopi* (New York: Ballentine Books, 1963), deutsch: *Das Buch der Hopi* (Düsseldorf, Köln: Diederichs, 1980)

7 W. Barrett and H. Aiken, *Philosophy in the Twentieth Century: An Anthology*, vol. 3 (New York: Random House, 1962), S. 303 und 305

8 S. Freud, «Neue Folge», a. a. O., S. 587

9 H. Hartmann, *Essays On Ego Psychology* (New York: International Universities Press, 1952)

10 E. Kris, *Psychoanalytic Explorations in Art* (New York: International Universities Press, 1952)

11 J. Campbell, ed., *The Portable Jung* (New York: Viking Press, 1971), S. 114

12 ebenda, S. 20

13 J. Bruner, *On Knowing: Essays for the Left Hand* (Cambridge: Harvard University Press, 1963), S. 102

14 ebenda, S. 20

15 Westcott, a. a. O., S. 22

16 F. Capra, *The Tao of Physics* (Berkeley, Cal.: Shambala, 1975) deutsch: *Der kosmische Reigen.* (Bern, München, Wien: O. W. Barth Verlag, 1977), Neuausgabe unter dem Titel: *Das Tao der Physik*, 1983

17 L. LeShan, The Medium, *The Mystic and the Physicist* (New York: William Morrow, 1979)

18 G. Zukav, *The Dancing Wu Li Masters: An Overview of the New Physics* (New York: William Morrow, 1979), deutsch: *Die tanzenden Wu Li Meister* (Reinbek: Rowohlt 1981; Taschenbuchausgabe: rororo transformation, 1985)

19 M. Green, ed., *Toward a Unity of Knowledge*, Psychological Issues 6 (2) (New York: International Universities Press, 1969), S. 45

20 ebenda, S. 60

21 M. Polanyi, a. a. O., S. 131

22 A. Whitehead, *Science of the Modern World* (New York: Macmillan, 1960), S. 71–72

23 LeShan, a. a. O., S. 138

24 ebenda, S. 275

25 Heisenberg, a. a. O.

26 L. Bertalanffy, *Problems of Life* (New York: Wiley, 1952), S. 124

27 ebenda, S. 134

28 Capra, a. a. O., S. 139

29 B. d'Espignat, «The Quantum Theory and Reality», *Scientific American*, November 1979, S. 158–181

30 *Science News*, August 22, 1981, S. 117

31 B. d'Espignat, *Conceptual Foundation of Quantum Mechanics*, 2.d ed. (Reading, Mass.: W. A. Benjamin, 1976), S. 291

32 D. Thomsen, «Mystic Physics», *Science News,* August 4, 1979, S. 94

33 J. Bernstein, «A Cosmic Flow», *American Scholar,* Winter 1978/79, S. 6–9

Kapitel 6: Das Selbst als Objekt

1 M. Von Senden, *Space and Sight* (Glencoe, Ill.: Free Press, 1960)

2 P. Wolff, *The Causes, Controls and Organisation of Behavior in the Neonate,* Psychological Issues, 5 : 1, Monograph 17 (New York: International Universities Press, 1960)

3 R. Spitz, *The First Year of Life* (New York: International Universities Press, 1965), S. 41

4 J. Piaget, *The Origins of Intelligence in Children* (New York: International Universities Press, 1952), S. 331–338

5 L. Ames, «The Sense of Self of Nursery School Children as Manifested by Their Verbal Behavior», *Journal of Genetic Psychology* 81 (1952), S. 193–232

6 A. Gesell, *The First Year of Life: A Guide to the Study of the Pre-School Child* (New York: Harper and Row, 1940), S. 32

7 ebenda, S. 37

8 Ames, a.a.O., S. 229

9 ebenda, S. 232

10 R. M. Rilke, *Werk,* in drei Bänden (Frankfurt/M. 1966: Insel), S. 313

11 D. Shapiro, «A Perceptual Understanding of Color Response», in *Rorschach Psychology,* ed. M. Richers-Ovisiankina (New York: Wiley, 1960), S. 154–201

Kapitel 7: Motivation, Tugend und Bewußtsein

1 I. Shah, *The Way of the Sufi,* a.a.O., S. 164

2 S. Nikhilananda, *The Upanishads,* vol. 1 (New York: Bonanza Books, 1949), S. 187–188

3 S. Suzuki, Lecture, July 1968, Zen Mountain Center, *Wind Bell* 7 : 28 (1968)

4 S. Nihilananda, *The Upanishads,* vol. 2 (New York: Ramakrishna-Vivekananda Center, 1952), S. 33

5 M. Buber, *Die Erzählungen der Chassidim* (Zürich, Manesse 1949), S. 534

6 ebenda, S. 472

7 R. Spitz, a.a.O., S. 48

8 ebenda, S. 50

9 I. Shah, *The Way of the Sufi,* a.a.O., S. 165

10 D. Goddard, ed., A Buddhist Bible (Boston: Beacon Press, 1970), S. 102

11 L. Kohlberg, «Moral Development and Identification», National Society for the Study of Education, *Yearbook,* 1962, S. 277–332

12 ebenda, S. 277–332

13 L. Kohlberg and D. Elfenbein, «The Development of Moral Judgments Concerning Capital Punishment», *American Journal of Orthopsychiatry* 45 (4) (July 1975), S. 514–540

Kapitel 8: Das beobachtende Selbst

1 R. Maharshi, *Talks with Sri Ramana Marharshi* (Tiruvannamalai: T. N. Venkataranman, Sri Ramanasraman, 1972)

2 *The Standard Edition of the Complete Psychological Works of Sigmund Freud*, vol. 18, ed. J. Strachey (London: Hogarth Press, 1955), S. 238

3 ebenda, vol. 16, 1963, S. 287

4 ebenda, vgl. 12, 1958, S. 135

5 R. Ladouceur, «Habit Reversal Treatment: Learning an Incompatible Response or Increasing the Subject's Awareness», *Behavior Research and Therapy* 17 (4) (1979), S. 313–316

6 F. Perls, *Gestalt Therapy Verbatim* (Lafayette, Calif.: Real People Press, 1969), S. 30

7 ebenda, S. 43

8 ebenda. S. 44

9 ebenda, S. 49

10 A. Miller, K. Isaacs, and E. Haggard, «On the Nature of the Oberseving Function of the Ego», *British Journal of Medical Psychology* 38 (1965), S. 161–169

11 H. Kohut, The Analysis of the Self (New York: International Universities Press, 1971), S. XV

12 C. Evans, *The Subject of Consciousness* (New York: Humanities Press, 1970)

13 ebenda, S. 104

14 ebenda, S. 149

15 G. Globus, «On ‹I›: The Conceptual Foundations of Responsibility», *Archives of General Psychiatry*, 137 (4) (April 1980), S. 417–422

16 Miller et al., a. a. O.

17 ebenda

18 J. Blofeld, *The Zen Teaching of Huang Po* (New York: Grove Press, 1959), S. 49 und 56

19 W. B. Yeats, *The Collected Poems* (New York: Macmillan, 1951) S. 327–328

20 I. Shah, *The Way of the Sufi*, a. a. O., S. 219

Kapitel 9: Die Trance des gewöhnlichen Lebens

1 R. White, «A Preface to the Theory of Hypnotism», in *The Nature of Hypnosis*, ed. R. Shor and M. Orne (New York: Holt, Rinehart and Winston, 1965), S. 207

2 R. Shor, «Hypnosis and the Concept of the Generalized Reality-Orientation», in *The Nature of Hypnosis*, a.a.O., S. 291 und S. 295

3 R. Shor, «Three Dimensions of Hypnotic Depth», in *The Nature of Hypnosis*, a.a.O., S. 313

4 M. Orne, «The Nature of Hypnosis: Artifact and Essence», in *The Nature of Hynosis*, a.a.O., S. 89–123

5 T. Sarbin, «Contributions to Role-Taking Theory: I. Hypnotic Behavior», in *The Nature of Hypnosis*, a.a.O., S. 249

6 R. Shor, «Three Dimensions of Hypnotic Depth», a.a.O., S. 314

7 M. Erickson, E. Rossi, and S. Rossi, *Hypnotic Realities* (New York: Wiley, 1976), S. XVIII

8 J. Haley, *Uncommon Therapy* (New York: W. W. Norton, 1973), S. 21–22

9 R. Shor, «Three Dimensions of Hypnotic Depth.», a.a.O., S. 313

10 I. Shah, *The Way of the Sufi*, a.a.O., S. 104

Kapitel 10: Meditation

1 A. Deikman, «Experimental Meditation», *Journal of Nervous and Mental Disease* 136 (1963), S. 329–343

2 H. Hartmann, *Ego Psychology and the Problem of Adaption* (New York: International Universities Press, 1958), S. 88–91

3 M. Gill and M. Brenman, *Hypnosis and Relaxed States* (New York: International Universities Press, 1959), S. 178

4 A. Deikman, «Bimodal Consciousness», *Archives of General Psychiatry* 25 (December 1971), S. 481–489

5 D. Goleman, *The Varieties of the Meditative Experience* (New York: E. P. Dutton, 1977), S. 11

6 ebenda, S. 13

7 S. Prabhavananda and C. Isherwood, *How to Know God: The Yoga Aphorisms of Patanjali* (New York: New American Library, 1953), S. 64

8 ebenda, S. 32

9 D. Goleman, a.a.O., S. 24

10 ebenda, S. 30–31

11 P. Carrington, *Freedom in Meditation* (Garden City, New York: Anchor Press/Doubleday, 1977)

12 D. Shapiro and D. Giber, «Meditation and Psychotherapeutic Effects», Archives of General Psychiatry 36 (March 1978), S. 294–302

13 M. Raskin, L. Mi Bali, and H. Peeke, «Muscle Biofeedback and Transcendental Meditation», *Archives of General Psychiatry* 37 (January 1980), S. 93–97

14 S. Boorstein, *Transpersonal Psychotherapy* (Palo Alto: Science and Behavior Books, 1980), S. 177–178

15 ebenda, S. 178

16 ebenda, S. 186

17 D. Freedman and N. Freedman, «Ethnic Differences in Babies», *Human Nature* 2 (1) (January 1979), S. 36–44

Kapitel 11: Lehrgeschichten

1 I. Shah, *The Pleasantries of the Incredible Mulla Nasrudin*, (London: Jonathan Cape, 1968), S. 13

2 M. Buber, a. a. O., S. 740

3 M. Gazanaga, «The Split Brain in Man», in *The Nature of Human Consciousness*, ed. R. Ornstein (San Francisco: W. H. Freeman, 1973), S. 98

4 J. Jaynes, *The Origin of Consciousness in the Breakdown of the Bicameral Mind* (Boston: Houghton Mifflin, 1976); deutsche Ausgabe demnächst im Rowohlt Verlag, Reinbek

5 I. Shah, *The Exploits of the Incomparable Mulla Nasrudin* (New York: E. P. Dutton, 1972), S. 138

6 Zitiert in D. Galin, «Hemispheric Specialisation: Implications for Psychiatry», *Archives of General Psychiatry* 31 (October 1974), S. 573

7 R. Ornstein, J. Herron, J. Johnstone, and C. Swencienis, «Differential Right Hemisphere Involvement in Two Reading Tasks», *Psychophysiology* 16 (4), S. 398–401

8 O. Poetzl et al., «Preconscious Stimulation in Dreams, Associations, and Images», Psychological Issues 2 (1) (1960), S. 18

9 I. Shah, *Thinkers of the East* (London: Jonathan Cape, 1971), S. 176

10 I. Shah, *The Magic Monastery*, a. a. O., S. 47

11 I. Shah, *Thinkers of the East*, a. a. O., S. 123

Kapitel 12: Mystik und Psychotherapie

1 W. Greenough, «Development and Memory: The Synaptic Connection», in *Brain and Learning*, ed. T. Teyler (Stamford, Conn.: Greylock Publishers, 1978), S. 138–145

2 W. Greenough and J. Juraska, «Synaptic Pruning», *Psychology Today*, July 1979, S. 120

3 I. Shah, *Tales of the Dervishes* (New York: E. P. Dutton, 1970), S. 197

4 ebenda, S. 55

5 D. Goddard, ed., *A Buddhist Bible*, a. a. O., S. 86

6 S. Nikhilananda, *The Bhagavad Gita* (New York: Ramakrishna-Vivekananda Center, 1952), S. 119

7 R. Ornstein, The Mind Field (New York: Grossman / Viking 1976), S. 105

8 M. Buber, a. a. O., S. 394

Anhang: Wie wählt man eine mystische Schule aus

1 I. Shah, *Wisdom of the Idiots* (New York: E. P. Dutton, 1970), S. 107